LARS AMEND

IMAGINE

Eine magische Geschichte
über die Kraft der Musik,
große Träume und wahre Erfüllung

kailash

MIX
Papier | Fördert gute Waldnutzung
FSC® C014496

Penguin Random House Verlagsgruppe FSC® N001967

2. Auflage
Originalausgabe

Neumarkter Str. 28, 81673 München
Lektorat: Dr. Diane Zilliges
Satz: Satzwerk Huber, Germering
Umschlaggestaltung: Daniela Hofner, ki 36 Editorial Design, München
Druck und Bindung: GGP Media GmbH, Pößneck
Printed in Germany
ISBN 978-3-424-63233-0

www.kailash-verlag.de

INHALT

Hey du,

wie schön, dass mein Buch den Weg zu dir gefunden hat. Bevor du aber mit dem Lesen beginnst, empfehle ich dir meine exklusive Spotify-Playlist mit allen Songs, die in dieser Geschichte auftauchen. Du kannst die Playlist mit einem Klick abonnieren oder dir die Songs direkt auf dein Handy laden, sie während des Lesens hören oder auch eine Pause mit ihnen einlegen und dabei den Gefühlen in dir lauschen. Vielleicht inspirieren dich die Bilder, die dabei in deiner Fantasie entstehen sogar, den Soundtrack deines eigenen Lebens zu komponieren. Am Ende des Buches habe ich dir für deine Ideen und Gedanken extra ein paar Seiten Platz gelassen. Denn auch du schreibst, genau wie Erik, jeden Tag deine eigene Geschichte neu. Vergiss das niemals!

Nur Liebe für dich.
Dein Lars

Hier geht's zur Playlist:

»Ohne Musik wäre das Leben ein Irrtum.«

Nietzsche

»Ich schreibe diese Zeilen,
weil unsere Welt nicht perfekt ist.
Manchmal jedoch,
da findet man sich in einem perfekten Tag wieder,
auch wenn er nicht so beginnt.«

Lars Amend

1

INTRO

Es gibt Tage, die schöner nicht sein könnten. Du stehst morgens auf, die Sonne scheint, die süße Stimme von Nina Simone ertönt sanft aus den Wohnzimmerboxen und draußen auf dem Balkon wartet schon eine dampfende Tasse mit frisch gebrühtem Kaffee auf dich. Die Aufgaben, die an diesem Tag vor dir liegen, machen dir gute Laune, genau wie die Zahl auf deinem Bankkonto. Du bist gesund, fühlst dich fit und erholt und der Blick zu deinem Lieblingsmenschen, der gerade ein warmes Buttercroissant mit selbst gemachter Erdbeermarmelade für dich bestreicht, lässt dich dein Glück kaum in Worte fassen. Ja, solche Bilderbuchtage gibt es. Aber es gibt auch andere Tage. Da stehst du morgens schon mit Kopfschmerzen auf, weil der Druck dieser Welt einfach nicht vergehen will. Draußen regnet es in Strömen, es ist kalt und nass und weil du verschlafen hast, verlässt du ungeduscht und ohne zu frühstücken deine Wohnung, nur um zu jedem Termin, den du im Laufe dieses Tages haben wirst, unvorbereitet, verschwitzt und zu spät zu kommen. Du bist unkonzentriert und nie ganz bei dir, immer in Hektik und kannst deine Quote nicht halten. Um nicht völlig unterzugehen, legst du Extraschichten ein und da zu Hause niemand auf dich wartet, holst du dir dein Abendessen beim mittelmäßigen Burgerladen an der Ecke, wo du nie lange warten musst, weil nie viel Betrieb herrscht. Und während du an einem dieser wackligen Stehtische deine Pommes durch den Ketchup ziehst, denkst du darüber nach, wie du nur all die Rechnungen bezahlen sollst, die sich auf deinem Küchentisch stapeln. Tage zum Vergessen.

Es gibt also gute Tage und weniger gute Tage und dann gibt es noch besondere Tage. Das sind Tage, die in keine Kategorie passen, in keine Schublade, die aber alles verändern. Tage, die dich zweifeln und zugleich wachsen lassen. Tage, an denen Schmerz und Heilung Hand in Hand gehen. Tage der Erkenntnis. Tage der Wahrheit, der Hoffnung und der Magie. Tage, die dich für einen kurzen Moment mit der Ewigkeit verbinden. Tage, die in deinem alten Leben beginnen und in deinem neuen Leben enden. Von so einem besonderen Tag handelt diese Geschichte, die meinen Blick auf die Welt und meinen Platz darin völlig verändert hat.

Alles begann damit, dass ich eines Morgens eine E-Mail erhielt und so vom plötzlichen Tod einer alten Schulfreundin erfuhr. Ich hatte sie lange nicht mehr gesehen und wollte sie schon seit Jahren immer mal wieder besuchen. Wie das eben so ist, wenn man der alltäglichen Belanglosigkeit stets den Vorrang gibt und am Ende keine Zeit mehr bleibt für das, was wirklich von Bedeutung ist. Ich glaube, dass mein altes Leben schon an jenem Morgen den ersten Riss bekam. Die Fassade begann zu bröckeln, auch wenn mir das erst sehr viel später klar wurde. Ohne den Tod meiner Freundin wäre ich nicht auf ihre Beerdigung gefahren, hätte mir an ihrem Grab nicht diese Fragen gestellt, wäre kurz darauf nicht aus dem Zug ausgestiegen und wäre auch ganz sicher nicht in diesem merkwürdigen Dorf ohne Namen gelandet.

Wenn ich daran zurückdenke, dann frage ich mich, ob es diesen geheimnisvollen Plattenladen noch gibt und wie es dem alten Mann heute wohl geht? Ob Ella immer noch ihren berühmten Apfelkuchen backt und nachts, wenn alle schlafen, ihre Kinderbücher schreibt? Hin und wieder ertappe ich mich dabei, wie ich mich in Gedanken in mein Auto setze, unsere Playlist abspiele und einfach blindlings losfahre in der Hoffnung, wieder an jenem schicksalhaften Ort zu landen, der so viel in mir verändert hat. Ich vermisse den alten Mann. Ich vermisse unsere Gespräche und diese wohlige Wärme, die ich tief in mir spürte, während wir einfach nur dasaßen, in diesen alten Sesseln, und gemeinsam Musik hörten. Wann immer ich heute eine Pause von der Welt brauche, nehme ich eine Schallplatte aus dem Regal, lege sie auf meinen Plattenspieler, schließe die Augen und träume mich für einen kurzen Moment zurück an jenen Winterabend. Dann öffne ich, so wie damals, die Eingangstür eines Plattenladens namens *Imagine* irgendwo im Nirgendwo, trete ein in diese magische Welt voller Möglichkeiten und erinnere mich wieder, warum ich mich einst dorthin verirrt hatte: um meine wahre Bestimmung zu finden.

Auf dieser Reise habe ich gelernt, dass man selten die Tage bekommt, die man sich wünscht, aber immer die, die man gerade am meisten braucht. Wenn man dann jedoch, und mögen einige Momente noch so dunkel sein, genau hinsieht und versucht, die versteckte Botschaft zu entschlüsseln, kann Unglaubliches geschehen.

Mein Name ist Erik, ich bin siebenunddreißig Jahre alt und das ist die Geschichte von den unglaublichsten vierundzwanzig Stunden meines Lebens.

2

DIE ZUGFAHRT

Die E-Mail erreichte mich zum denkbar ungünstigsten Zeitpunkt. Ich versank in Arbeit. Eine Abweichung vom Plan konnte ich mir nicht erlauben. Anstatt Trauer überkam mich Wut. Warum ausgerechnet jetzt? Hätte sie nicht noch ein bisschen länger durchhalten können? Ich schämte mich für diesen Gedanken, aber in meinem Terminkalender gab es einfach keinen Platz für eine Beerdigung und schon gar nicht für eine Reise ans andere Ende des Landes. In einem halben Jahr vielleicht, im kommenden Sommer, wenn meine Kunden lieber Urlaub machen, als Online-Coachings zu buchen, das wäre ideal gewesen, aber schon in drei Tagen? Wie sehr ich es auch drehte und wendete, der Tod meiner alten Freundin brachte alles durcheinander. Für einen kurzen Moment überlegte ich sogar so zu tun, als sei die E-Mail ihrer Schwester nie bei mir angekommen. Gerade erst war ich mit meiner umstrukturierten Happy Life GmbH in neue Büroräume gezogen, hatte zwei neue Mitarbeiterinnen eingestellt und ein kleines Vermögen in neues Studio-Equipment investiert. Die monatlichen Kosten stiegen und stiegen, aber so auch meine Einnahmen. Wer Geld verdienen will, muss Geld ausgeben. Das hatte ich als selbstständiger Life Coach schnell gelernt.

Für die kommenden Tage hatte ich einen strikten Zeitplan. Ich musste mein nächstes Jahresprogramm vorbereiten, das bald seinen großen Launch hatte, aktuelle Inhalte sichten, reichweitenstarke Expertinnen anfragen, Moderationen schreiben, Videos produzieren. Der Großteil meines Jahresumsatzes hing am Erfolg dieses Programms. Ein gewaltiger Druck, der auf mir lastete, weswegen ich mir ständig neue Modul-Namen für die immer gleichen Inhalte ausdachte. Die hungrige Meute musste schließlich gefüttert werden. Bloß kein Stillstand und immer schön die Konkurrenz im Blick behalten. So lautete die Devise. Nach einer Krisensitzung mit meinem Team und dessen Zuspruch, dass sie einen Tag ohne mich auskämen, stellte mir mein persönlicher Assistent einen Reiseplan zusammen. Um nicht zu viel Zeit zu verlieren, sollte ich ausnahmsweise mit dem Zug zur Beerdigung fahren, damit ich während der Fahrt zumindest ein bisschen arbeiten konnte. Ganz früh hin, ganz früh wieder zurück. So der Plan.

Es war ein frostiger Morgen und entgegen aller Prognosen hatte es im ganzen Land geschneit. Über Nacht hatten sich die Städte, Dörfer, Felder und Seen in eine einzige Märchenlandschaft aus Puderzucker verwandelt. Und der Zug, in dem ich saß, fuhr mitten hindurch. Der Himmel war noch dunkel und dicke Schneeflocken wirbelten durch die Luft. Die Kulisse lud zum Träumen ein und wären nicht eine Million Gedanken gleichzeitig durch meinen Kopf gerast, hätte ich das auch liebend gerne gemacht. In den ersten zwei Stunden schaffte ich ein gutes Arbeitspensum, was auch daran lag, dass ich fast allein in dem Abteil saß. Doch je heller es draußen wurde, desto mehr Menschen stiegen in den Zug und dementsprechend erhöhte sich der Lärmpegel von Station zu Station. Zweimal wurde ich von Fans erkannt. Sie erzählten mir aufgeregt, dass sie jede Woche meinen Podcast hörten, mein Buch schon mehrfach gelesen und sich auch schon seit Monaten für mein neues Programm angemeldet hätten.

»Wir lieben dich, Erik. Du hast unser Leben verändert. Danke dir von Herzen.«

Zuhören, Nicken, Lächeln, Umarmung, Foto, Verabschiedung: Es war stets der gleiche Ablauf.

Die ältere Dame, die mir gegenübersaß und die letzte Stunde in ihr Buch vertieft war, sah mich plötzlich interessiert an. Zuerst bemerkte ich es nicht, aber sie schielte immer wieder über ihre Seiten hinweg zu mir herüber. Nach einer Weile lächelte ich zurück.

»Entschuldigen Sie bitte«, sagte sie mit freundlichem Blick und legte ihr Buch auf den Tisch. »Ich wollte Sie nicht stören, da Sie ja so emsig in Ihren Computer getippt haben, aber ich bin nun mal neugierig. Sind Sie berühmt? Gleich zwei nette junge Frauen kamen zu Ihnen. Allerhand! Sie müssen ja ein richtiger Star sein. Verzeihen Sie, dass ich Sie nicht kenne. Ich schaue schon seit Jahren kein Fernsehen mehr. Da kommt ja ständig nur das Gleiche. Volksverblödung sage ich immer. Die reinste Zeitverschwendung. Was machen Sie denn beruflich, wenn ich fragen darf?«

»Also, ich bin eine Art Influencer«, antwortete ich. »Und CEO meiner eigenen Firma und erfolgreich in den sozialen Medien. Auf Instagram und TikTok bin ich ziemlich berühmt. Um Ihre Frage aber genau zu beantworten: Ich bin kein Fernsehstar, aber sicher bin ich mir nicht, ob es in den sozialen Medien um weniger Volksverblödung geht. Wie dem auch sei, wenn das Jahr zu Ende geht, habe ich dort, so Gott will, zusammengerechnet über 400 000 Follower.«

»Sehr beeindruckend«, nickte die alte Frau. »Darauf sind Sie sicher sehr stolz. Und womit sind Sie berühmt geworden? Sie müssen ja irgendetwas tun. Worin liegt Ihre Expertise?«

»Im Prinzip ist es ganz simpel«, versuchte ich es ihr so einfach wie möglich zu erklären, denn ich erkannte natürlich, dass sie keine Ahnung von den sozialen Medien hatte. »Ich zeige den Menschen, wie sie glücklich und erfolgreich werden können, wie sie in ihre Kraft kommen können, um ihr bestes Leben zu leben. Ich bin ein Life Coach und eine Art Motivationsredner.«

»Ach, das ist ja toll. So wie Dale Carnegie?«

»Ja, so ähnlich«, lachte ich. »Aber Sie haben schon recht. Dale Carnegie hat dieses Business vor über hundert Jahren erfunden. Er ist eine Legende auf diesem Gebiet.«

»Als ganz junge Studentin habe ich einmal ein Buch von ihm gelesen. Ach, ist das lange her. Warten Sie, lassen Sie mich in meinem Gedächtnis graben. Irgendwo muss das ja sein. Ah ja: *How to Stop Worrying and Start Living.* Genau, jetzt erinnere ich mich. Ich habe es während meines Studiums auf Englisch im Original gelesen.«

»Sorge Dich nicht – lebe! Der Klassiker. Und wie fanden Sie das Buch? Hat es Ihnen damals geholfen?«

»Um ehrlich zu sein, habe ich seit über einem halben Jahrhundert nicht mehr an dieses Buch gedacht. Offenbar hat es keinen bleibenden Eindruck hinterlassen.«

»Ja, nicht jedes Buch ist für jeden geschrieben«, sagte ich.

»Da haben Sie recht. Die jungen Frauen erwähnten gerade, dass Sie auch ein Buch veröffentlicht haben. Gratulation, das ist wirklich ein toller Erfolg. Das schaffen nicht viele. Wie heißt das Buch denn? Ich werde es mir sofort in meiner Buchhandlung bestellen. Man trifft ja nicht jeden Tag einen berühmten Autor.«

Ich winkte mit einem Lächeln ab.

»Also, wenn Sie Dale Carnegie nicht mochten, dann werden Sie mein Buch wahrscheinlich auch nicht mögen.«

»Das wissen Sie nicht«, intervenierte sie vehement. »Jedes Buch hat seine Zeit. Ein Buch, das Sie am Anfang Ihres Lebens lesen, ist ein völlig anderes am Ende Ihres Lebens, weil das gelebte Leben die geschriebenen Worte konstant neu interpretiert. Wenn Sie noch nie verliebt waren, dann hat ein Liebesroman ja auch eine andere Wirkung auf Sie, als wenn Sie schon einmal den schmerzhaften und kaum zu ertragenden Verlust eines geliebten Menschen durchmachen mussten. Obwohl es die gleichen Worte sind, hinterlassen sie doch bei jedem Menschen eine andere Botschaft.«

Ich stimmte ihr schweigend zu und öffnete meine Tasche. Wenn ich unterwegs war, hatte ich es mir angewöhnt, immer ein bis zwei meiner Bücher dabeizuhaben. Für genau solche Situationen. Ich nahm ein Buch aus der Innentasche und schob es kommentarlos zu der alten Dame rüber.

»Donnerwetter«, nickte sie anerkennend und zeigte auf den Aufkleber: »Platz 1 Bestseller. Sie sind ja wirklich berühmt.«

Ich sagte nichts und schaute kurz aus dem Fenster. Das sanfte Rieseln des Schnees vom Morgen hatte sich zu einem ordentlichen Schneesturm entwickelt. Ich sah auf meine Uhr. In einer halben Stunde musste ich umsteigen. Ich atmete ein paar Mal tief durch und blickte wieder zu der alten Dame.

»Einer der führenden Experten für Glück und Erfolg«, zitierte Sie aus meiner Kurzbiografie, die auf der Rückseite des Buches stand.

»Soll ich es Ihnen signieren?«, fragte ich und wedelte schon mit einem Stift, den ich natürlich auch immer dabeihatte.

»Oh, das wäre wunderbar. Vielen lieben Dank. Das weiß ich sehr zu schätzen. Das Buch wird in meiner Bibliothek einen Ehrenplatz bekommen. Und ich werde es lesen. Versprochen.«

Wir lachten beide und schwiegen für eine Weile. Dann fragte sie mich etwas verhalten, ob sie mir eine Frage stellen dürfe. Ich nickte. Natürlich durfte sie.

»Was ist denn Glück und Erfolg überhaupt? Ich meine, für Sie ganz persönlich.«

»Glück ist für mich, dass mir niemand Befehle geben kann«, schoss es sofort aus mir heraus. »Ich bin mein eigener Boss. Ich mache nur, was ich wirklich will. Ich arbeite an Projekten, die mir Spaß machen, und muss nichts tun, nur weil irgendwer das von mir verlangt. Ich lebe ein Leben nach meinen Vorstellungen. Durch sehr viel Arbeit und nach vielen Jahren des Durchhaltens kann ich heute auf ein Leben blicken, wovon die meisten nur träumen. Darauf bin ich stolz. Auch weil ganz am Anfang niemand an mich geglaubt hat. Nicht mein Vater, nicht meine Freunde, niemand. Das Unmögliche geschafft und es damit allen gezeigt zu haben, jemand zu sein in diesem Leben, das ist *mein* Erfolg.«

»Sie können wirklich stolz auf sich sein«, sagte die alte Dame und machte mit ihrem Mund eine Mimik, die ich nicht verstand. Zuerst war ich neugierig und wollte nachfragen, aber dann entschied ich mich, lieber wieder aus dem Fenster zu schauen.

Schneeweiße Weihnachtszeit. Für die meisten Menschen die schönste Zeit des Jahres. Ich hingegen hatte noch keine Pläne für die Zeit zwischen den Jahren. Außer zu arbeiten natürlich. Wie jedes Jahr. Das große Onlineprogramm stand bei mir immer an erster Stelle. Einen Weihnachtsbaum konnte man schließlich auch im Büro aufstellen. Dazu kannte ich ausgezeichnete Lieferdienste. Ich musste also auch an den Feiertagen nicht auf leckeres Essen verzichten.

Vorsichtig sah ich zu ihr rüber und musterte sie. Ich schätzte sie auf über achtzig, da ihre Hände die untrüglichen Zeichen der Zeit trugen: ein leichtes Zittern, blaue Adern, viele Falten. Ihr Gesicht sah aber jünger aus, gerade wenn ihre Augen interessiert aufblitzten. Wie alt sie auch sein mochte, die alte Dame hatte sich gut gehalten, dachte ich und schaute sie gedankenverloren an. Sie erwiderte meinen Blick. Ich musste etwas sagen, sonst würde die Stille unangenehm werden. Ich spürte, wie ich ganz langsam zu schwitzen begann. Das passierte mir hin und wieder, wenn ich nicht der Herr über meine Gefühle war und mich unsicher fühlte.

»Und Sie?«, sagte ich schnell. »Was ist für Sie Glück und Erfolg?«

»Wie schön, dass Sie fragen«, sagte sie wieder mit ihrem gutmütigen Gesichtsausdruck. »Das verrate ich Ihnen gerne. Fangen wir mit Erfolg an. Aus meiner Erfahrung kann ich sagen, dass Erfolg höchst subjektiv ist. Es ist wie mit den Büchern. Was ist schon ein gutes Buch? Was mein Leben bereichert, kann meine beste Freundin zu Tode langweilen. Für mich kann ich die Frage ganz sicher wie folgt beantworten.«

Sie machte eine kurze Pause, überlegte einen Moment und setzte wieder an: »Wenn du alt bist und deine Kinder dich gerne besuchen kommen: Das ist für mich wahrer Erfolg. Dann hast du wirklich etwas erreicht in deinem Leben. Es gibt so viele Millionäre, die in ihren Luxusvillen sitzen und allen Reichtum dieser Welt haben, aber nur zweimal im Jahr von ihren Kindern hören. Soll das ein erstrebenswertes und nachahmenswertes Leben sein?

Wenn deine Kinder gerne Zeit mit dir verbringen, ihr Leben mit dir teilen und immer gerne nach Hause kommen, das ist es. Ja, das ist wirklich das Größte. Alles andere ist in meinen Augen nur Verblendung.«

Sie sagte das mit einem jugendlichen Eifer, ganz so, als ob es *ihre* Lebensaufgabe sei, Menschen dazu aufzurufen, Familien zu gründen und an den Wochenenden gemeinsam Filme zu gucken, Schokoladentorte zu essen, gemeinsam Zeit zu verbringen. Mir stockte trotzdem der Atem, aber ich versuchte, es mir nicht anmerken zu lassen.

»Wie viele Kinder haben Sie denn?«, fragte ich schnell.

»Zwei. Eine Tochter und einen Sohn.«

»Und haben die Kinder?«

»Ja, mein Sohn hat zwei kleine Jungs. Die sind ganz wunderbar. Ihnen dabei zuzusehen, wie sie die Welt für sich entdecken – das ist mit nichts zu vergleichen.«

»Und kommen Ihre Kinder denn gerne zu Ihnen nach Hause?«

»Ich rede jeden Tag mit ihnen.«

»Das freut mich«, sagte ich.

Die alte Dame nickte verständnisvoll. »Und wer ruft Sie an?«, fragte sie vorsichtig.

»Na ja, sagen wir so: Ich bin eher das Kind, das nur zweimal im Jahr zu Hause anruft.«

»Ah, jetzt verstehe ich Ihre Antwort etwas besser«, lächelte die alte Frau.

»Und was ist mit dem Glück?«, fragte ich.

»Für mich bedeutet Glück, mich jeden Tag mit Literatur beschäftigen zu dürfen. Als junges Mädchen habe ich gelesen und gelesen und gelesen und später habe ich Literatur studiert. Paris, London, Lissabon. Ich war überall. Sie können sich gar nicht vorstellen, wie sehr mich die Welt der Bücher fasziniert hat. Das war so spannend. Ich habe es wirklich geliebt und irgendwann wurde ich sogar Professorin für Literatur und durfte mit meinen Studentinnen und Studenten über Bücher reden. Was für ein Glück. Und dieses Glück ist mir bis heute erhalten geblieben. Jeden Tag tun zu dürfen, was man von Herzen liebt, das ist wahres Glück und für ganz viele Menschen dieser Erde nicht erreichbar, weil allein ihr Geburtsort das verhindert. Ich weiß, wie privilegiert ich bin, all diese faszinierenden Bücher lesen und genießen zu dürfen. Ich lerne jeden Tag von diesen wunderbaren Autoren und Autorinnen. Sehen Sie hier!«

Sie nahm ihr Buch in die Hand und wedelte damit durch die Luft. »Hier schreibt Ernest Hemingway seinem guten Freund F. Scott Fitzgerald, der gerade eine Schreibblockade hat und unter großen Selbstzweifeln leidet, einen Brief. Passen Sie auf.« Sie schlug das Buch auf und begann daraus vorzulesen: »Am 28. Mai 1934 schrieb Hemingway: *Um Himmels willen, schreibe und mach dir keine Gedanken darüber, was die Leute darüber sagen werden, ob es ein Meisterwerk wird oder nicht. Ich schreibe eine Seite, die ein Meisterwerk ist, und einundneunzig Seiten Scheiße. Ich versuche einfach, die Scheiße in den Papierkorb zu werfen.*«[1]

Die alte Dame schlug das Buch wieder zu und lächelte.

»Ist das nicht grandios? Sie müssen wissen, dass F. Scott Fitzgerald zu diesem Zeitpunkt schon *Der große Gatsby* geschrieben hatte, den Roman seines Lebens und eines der bedeutendsten Werke der amerikanischen Literaturgeschichte. Er musste niemandem mehr etwas beweisen, war längst weltberühmt und hochgeschätzt, und dennoch glaubte auch er, nicht gut genug zu sein. Hemingway, der voller Selbstvertrauen steckte, war zwar ebenfalls schon berühmt, aber sein, für viele Menschen, wichtigstes Werk – *Der alte Mann und das Meer* –, für das er sowohl den Pulitzerpreis als auch den Literaturnobelpreis erhielt, schrieb er erst achtzehn Jahre später. Sie sehen, einer ist noch vor seinem größten Erfolg, der andere hatte ihn bereits, aber wer von beiden hegt die Selbst-

---

1 Aus: *Letters of Note. Correspondence Deserving of a Wider Audience*, compiled by Shaun Usher. Canongate Books Ltd. 2021. Übersetzt vom Autor.

zweifel? Liegt Erfolg wirklich im Erreichen von Anerkennung im Außen? Ich frage mich, ob Hemingway oder Fitzgerald auch dachten, dass ihre größten Werke jene waren, die später Preise verliehen bekamen, und ob sie selbst diesen Werken gegenüber voller Selbstzweifel waren. Ich wüsste gerne, ob sie vielleicht ein anderes ihrer Werke viel außergewöhnlicher fanden. Sie sehen, diese kleine Passage löst so viele Gedanken in mir aus und macht mir deutlich: Auch diese außergewöhnlichen Autoren glaubten immer mal wieder in ihrem Leben, nicht gut genug zu sein.«

»Nun, ich habe gerade das Wort *auch* ein paar Mal gehört: Denken Sie, ich sei voller Selbstzweifel? Denn wenn ja, dann kann ich Ihnen eines versichern: Ich habe Selbstvertrauen für hundert Leben.«

Etwas beleidigt beendete ich meine Selbstverteidigung. Die alte Dame schien dies zu merken und lächelte liebevoll, wie es nur Großmütter können.

»Mir ist nur aufgefallen, dass Sie ein bisschen traurig aussehen. Ich wollte Ihnen keine Selbstzweifel unterstellen.«

»Alles gut«, sagte ich schnell, um das Thema zu beenden. »Falls ich vorhin etwas traurig gewirkt haben sollte, dann lag das wohl daran, dass ich auf dem Weg zu einer Beerdigung bin. Eine sehr gute alte Freundin ist gestorben.«

Ich versuchte mein schmerzerfülltes Gesicht aufzusetzen – Augen nach unten richten, Blick starr, Mund geschlossen – und fühlte mich gleichzeitig schlecht, dass ich so aktiv an diesem Gesichtszug arbeiten musste. Wahrscheinlich, weil ich im Zug keine Sekunde an Nora gedachte hatte, sondern total in meine Arbeit vertieft war, hatte ich mich gut gefühlt – und war nun der alten Frau aber auch wieder gewachsen. Ich hatte sie Schachmatt gesetzt, denn alles, was ihre scharfen Augen wohl wahrgenommen haben mochten, war nun auf Noras Tod zurückzuführen. Darauf konnte sie jetzt nichts erwidern. Ich hatte gewonnen, wieder einmal, und ging mit dem Sieg der Unantastbarkeit aus diesem selbsterklärten Duell. Die alte Frau war jedoch ehrlich betroffen.

»Oh, wie furchtbar«, sagte sie. »Das tut mir so leid, von ganzem Herzen tut mir das leid. Woran ist sie denn gestorben?«

»Wie bitte?«, fragte ich überrascht zurück.

»Ach, gar nicht wichtig. Es tut mir leid. Ich hatte nur gefragt, woran sie gestorben ist. Das ist so eine Marotte von uns alten Leuten. Der Tod lauert ab einem gewissen Alter ja ständig vor der Haustür. Vergessen Sie es einfach.«

Die Wahrheit war, ich wusste es nicht. Ich hatte nicht nachgefragt. Hatte ich denn überhaupt darüber nachgedacht? Ich hätte die alte Frau anlügen müssen. Das tat ich nicht. Ich schwieg einfach für die restlichen zehn Minuten unserer Fahrt und ärgerte mich darüber, dass ich die Oberhand nun doch wieder verloren hatte. Dann erreichten wir die Station, an der ich umsteigen musste. Ich verabschiedete mich schnell, aber höflich, wünschte ihr eine schöne Weihnachtszeit und verließ den Zug, ohne mich noch einmal umzudrehen.

Das Schneetreiben hatte sich etwas beruhigt. Ich wartete zwanzig Minuten in der Bahnhofshalle auf meinen Anschlusszug, der zum Glück keine Verspätung hatte, überflog meine E-Mails und kontrollierte im Zeitungsladen, ob es mein Buch dort zu kaufen gab. Ich fand es direkt am Eingang, bei den Bestsellern, machte kurz die Gewinnerfaust – mein kleines Ritual – und besorgte mir beim Bäcker ein Sandwich und einen heißen Kaffee. Die alte Frau hatte ich zu diesem Zeitpunkt schon längst aus meinem Gedächtnis gelöscht. Zumindest dachte ich das.

Die restliche Zugfahrt verlief ohne Komplikationen. Keine Gespräche, keine psychologischen Persönlichkeitsanalysen, keine Störungen. Ich nutzte die Ruhe, um weiter an meinem Onlineprogramm zu arbeiten. Nach zwei weiteren Umstiegen, die mit einem kurzen Sprint verbunden waren, kam ich wie durch ein Wunder mit nur wenigen Minuten Verspätung an meinem Zielort an. Ich sah auf die Uhr. Die Beerdigung begann in einer Stunde. Da stand ich nun. Eine Bahnhofshalle gab es nicht. Der ganze

Bahnhof bestand lediglich aus zwei Gleisen. Ich drehte mich einmal im Kreis. Hier gab es überhaupt nichts. Keine Geschäfte, keinen Kiosk, weit und breit nur gähnende Leere. Wie konnte man nur freiwillig an so einen trostlosen Ort ziehen?, fragte ich mich und lief in Richtung Ortskern. Dort wurde es zum Glück etwas belebter. Ich kam an einer Tankstelle vorbei, einem Supermarkt und einer kleinen Poststation. Auf der gegenüberliegenden Straßenseite entdeckte ich ein kleines Café. Eine gute Gelegenheit, um mich kurz aufzuwärmen und nach dem Weg zu fragen. So sparte ich mir hoffentlich das Taxi und konnte mir nach dieser langen Fahrt noch etwas die Beine vertreten. Ich bestellte einen doppelten Espresso und erfuhr von der netten Bedienung, dass diese Gegend doch tatsächlich eine beliebte Ausflugsregion sei, aber eben nur zu besonderen Anlässen. Die Touristen kämen zur Mandelblüte und zur Weinernte, würden Wanderungen und Fahrradtouren machen, aber im Winter sei diese Region wie ausgestorben. Der Friedhof befand sich am anderen Ende des Dorfes auf einer kleinen Anhöhe, am Rande des Waldes. Ich sollte einfach weiter die Hauptstraße entlanglaufen und nach etwa fünfzehn Minuten links in den Friedhofsweg abbiegen. Ich könne es gar nicht verfehlen. Die Frau verkaufte mir noch einen lauwarmen Schokoladenkeks, der frisch aus dem Ofen kam, winkte mir zu und ich ging weiter meines Weges.

Zum ersten Mal begann ich so richtig über Nora und ihren Tod nachzudenken. Was war nur geschehen? Sie war noch so jung, ein Jahr jünger als ich. Das wusste ich so genau, weil sie einen Tag vor mir Geburtstag hatte und wir während unserer Schulzeit unzählige Nächte zusammen um die Häuser gezogen waren und ich sie dabei immer »Kleine« genannt hatte. Wilde Zeiten waren das. Gott, was hatten wir Spaß. Und wir waren noch so jung. Ich erinnerte mich an einen Sommerabend während unseres letzten Schuljahres, als wir mitten in der Nacht gemeinsam mit anderen Leuten aus unserem Jahrgang über den Zaun des Freibades geklettert waren, um unser Abitur und unsere neue Freiheit zu feiern. Endlich würde uns die ganze Welt offenstehen. Nora war in meiner Erinnerung so positiv, so fröhlich und hatte nie schlechte Laune. Jedenfalls konnte ich mich nicht daran erinnern, dass wir jemals Streit hatten. Alles war leicht, es gab keinerlei Grenzen. Je länger ich über unsere gemeinsamen Jahre nachdachte, desto mehr Erinnerungen stiegen mir ins Gedächtnis. Nora liebte es zu tanzen, zu malen, zu singen, verrückt zu sein. Sie liebte alte Schwarz-Weiß-Filme und konnte sich gleichzeitig ganz schnell für Neues begeistern. Sie erzählte damals allen, dass sie nach New York gehen werde, um an einer dieser berühmten Schauspielschulen zu studieren und dann in Hollywood ganz groß rauszukommen. Und im nächsten Moment wollte sie dann Tierärztin werden und ihre Praxis mitten auf einem Bauernhof eröffnen. Sie liebte es, sich in spontane Abenteuer zu stürzen und das ganze Wochenende durchzufeiern. Sie war ein Party-Girl, extrovertiert, voller Leben und Lachen und gleichzeitig gewissenhaft, nostalgisch und manchmal nachdenklich. Die Nora aus meiner Erinnerung passte in keine Schublade, sie war so bunt wie das Leben selbst.

Aber all das war fast zwanzig Jahre her. Nicht nur gefühlt eine Ewigkeit. Wir beide lebten einfach völlig unterschiedliche Leben, verloren uns aus den Augen. Nach der Schule zog ich in die große Stadt, Nora blieb aus irgendwelchen und für mich nicht nachvollziehbaren Gründen in unserem Provinznest an der Küste. In den ersten zwei, drei Jahren hielten wir noch Kontakt und wir sahen uns, wenn ich am Geburtstag meiner Mutter und an Weihnachten nach Hause kam, aber nachdem sie mit ihrem Freund an diesen Ort hier gezogen war und ich an Weihnachten nicht mehr nach Hause kam, hörte auch das auf. Einmal im Jahr schrieben wir uns noch eine Geburtstagsnachricht, dass wir uns unbedingt wiedersehen müssten, wozu es jedoch nie kam. Eigentlich schrieb nur Nora und ich gratulierte ihr einen Tag zu spät zu ihrem Geburtstag. Ich hatte Nora das letzte Mal vor fünfzehn Jahren gesehen und wollte sie gerne auch so in Erinnerung behalten. Auf einen

Schlag wurde es real. Nora war tot. Ich konnte sie nur noch so in Erinnerung behalten, denn es würde keine Gelegenheit mehr geben, neue Erinnerungen mit ihr vorzubereiten. Nora war tot. Und das für immer.

3

DIE BEERDIGUNG

Vor dem Friedhof zählte ich etwa zwanzig Autos. Ich warf einen flüchtigen Blick auf die Kennzeichen. Entweder kamen sie aus dieser Region oder der Gegend, wo Nora und ich aufgewachsen waren. Als ich die ersten Trauergäste sah, begann sich mein ganzer Körper von oben bis unten einmal kräftig durchzuschütteln. Alles in mir wollte nicht an diesem Ort sein. Noras Schwester und ihre Eltern entdeckten mich und kamen auf mich zugelaufen. Wir umarmten uns wie damals und es war, als hätten wir uns erst gestern das letzte Mal gesehen. Vertraute Nähe. Noras Schwester brach sofort in Tränen aus. Ich hielt sie lange fest. Irgendwie schaffte ich es, meine eigenen Tränen zu unterdrücken. Die Kapelle des Friedhofs, in der die Trauerfeier stattfand, war überraschend modern. Die Wände waren aus Glas. Von innen hatte man einen guten Blick über die Gräber und den angrenzenden Wald. Die Kapelle war gut besucht, aber nicht voll. Ich erkannte zwei Gesichter von früher, konnte mich aber nicht an ihre Namen erinnern. Als sich unsere Blicke trafen, kamen sie zu mir und begrüßten mich.

»Hallo Erik, schön, dich mal wiederzusehen. Wenn auch aus einem traurigen Anlass.«

Ich nickte und schüttelte ihre Hände, sagte zwei, drei Sätze über nichts und ging weiter. Noras Schwester sah mich allein herumstehen, lächelte traurig, nahm meine Hand und stellte mir ihre Verwandtschaft vor: Tanten, Onkels, Cousinen, Nichten. Und Noras Ehemann. Sie hatten zwar erst geheiratet, nachdem sie hierhergezogen waren, aber ich kannte ihn noch von früher. Wir kamen nicht aus dem gleichen Freundeskreis und niemand von uns konnte nachvollziehen, was sie an ihm fand, aber sie ließ nie etwas auf ihn kommen. Hin und wieder war er damals auch auf einer Party dabei gewesen, aber nicht sehr oft. Außer Nora verband uns rein gar nichts, aber ich umarmte ihn kurz und sprach ihm mein Beileid aus. Schließlich hatte er die Liebe seines Lebens verloren. Das war selbst für mich Junggesellen eine dramatische Vorstellung.

Der Priester bat uns, Platz zu nehmen, und hielt seine Ansprache. Endlich bekam ich eine Antwort auf die Frage, die ich nie gestellt hatte. Bei Nora war ein unheilbarer Tumor in der Lunge entdeckt worden. Sie hatte in den letzten Jahren immer wieder Probleme mit dem Atmen, bekam schlecht Luft und konnte auch ihre geliebten Ausflüge und Fahrradtouren nicht mehr machen, aber sie ließ sich nie wirklich professionell untersuchen, spielte ihren Gesundheitszustand immer runter. Laut dem Priester wollte Nora keine Belastung für ihre Familie sein. Sie machte einfach munter weiter und verschwieg ihre Krankheit so lange es ging. Bis es zu spät war. Der Priester erzählte weiter und beschrieb einen Menschen, der mir völlig fremd war. Ja, Nora war munter, aber sie war auch ehrlich und vor allem war sie nie ängstlich gewesen. Die Nora, die ich kannte, hätte eine Krankheit angenommen und sie dann bekämpft und nicht anderen zuliebe damit gewartet, bis es nichts mehr zu kämpfen gab. So kannte ich Nora nicht. Und je länger ich zuhörte, desto schneller wollte ich wieder gehen. Ich sah aus dem Fenster auf das leere Grab, das gleich mit einem leblosen Körper gefüllt werden würde. Ein gelebtes Leben war vorbei. Meine Gedanken kreisten umher und ich hörte nicht mehr richtig zu, doch irgendwann drangen die Worte des Priesters wieder zu mir durch. Dieser beschrieb gerade Noras Lebensstationen, die sie mit ihrem Mann verband: Noras Mann hatte von seinen Großeltern ein Haus in diesem Ort geerbt und da er gelernter Elektriker war, war es sein Plan, hier seinen eigenen Betrieb zu eröffnen. Er war hier geboren, zog als Jugendlicher mit seinen Eltern zu uns, wo er Nora kennenlernte, und kehrte dann mit ihr in seine Heimat zurück. Sie arbeitete in seiner Firma als Sekretärin, kümmerte sich um Bestellungen, Termine, Abrechnungen und die Buchhaltung. Ich verstand die Welt nicht mehr. Nora hatte ihre Träume aufgegeben, damit sich ihr Mann seine erfüllen konnte. Aber warum nur? Diese Frage interessierte mich plötzlich so sehr, dass ich es nicht verstehen konnte, warum ich sie ihr nie gestellt hatte. Ihr Mann, der jetzt am Rednerpult stand, war ein lieber Kerl, aber ich glaube, er hatte keine Ahnung, wer seine Frau wirklich war. Oder aber ich hatte keine Ahnung, wer Nora wirklich war, denn unsere Versionen passten definitiv nicht zueinander.

Aus den Boxen ertönte ein Lied. *Your Song* von Ellie Goulding. Ich kannte das Lied, jeder kannte es, auch die Älteren. Es stammt im Original von Elton John und wurde veröffentlicht, als viele der jüngeren Anwesenden noch gar nicht geboren waren. Ein Riesenhit, damals wie heute, und wunderschön. Noras Mann erzählte, dass sie dieses Lied geliebt hatte und er glücklich sei, ein Lied gefunden zu haben, das auch ihm halbwegs gefiel. Auf seiner Beerdigung sollte allerdings lieber Heavy Metal laufen. Er meinte es sicher gut und es war ganz bestimmt als auflockernder Witz gemeint, aber niemand der Trauergäste reagierte darauf. Lediglich ein Räuspern aus der hintersten Reihe war zu hören. Er stockte für ein paar Sekunden und las dann weiter von seinem Blatt ab. Ich wurde plötzlich sauer auf ihn, obwohl ich dazu kein Recht hatte. Erstens, ich wusste gar nichts über diesen Mann auf dem Podium, ich kannte seine Geschichte nicht, ich sah nur, was ich gerade interpretierte, und erinnerte mich an das, was ich früher schon über ihn dachte: Unverständnis, warum Nora ihn gewählt hatte. Und zweitens hätte eher Noras Mann das Recht gehabt, auf *mich* sauer zu sein, denn was wahrscheinlich niemand hier im Raum wusste, war, dass Nora und ich eine heimliche Affäre hatten, schon während sie mit dem Heavy Metal liebenden

Witzbold zusammen war. Sie betrachtete das nicht als Fremdgehen, sondern als jugendliche Spielerei. Das betonte sie immer ganz deutlich. Sie wollte einfach Spaß haben, ganz im Moment leben und nicht nach Hause fahren, wenn es am schönsten war. Warum sie diese Augenblicke nicht mit ihrem eigentlichen Partner erleben wollte, sondern mit mir, verstand ich schon damals nicht. Es war mir wahrscheinlich nicht so wichtig. Wie gesagt, jugendliche Spielerei.

Aber wenn Nora mit mir ihre Nächte durchgemacht hatte, so kam es mir plötzlich in den Sinn, dann vielleicht ja später auch mit anderen Männern? Vielleicht führte Nora sogar ein Doppelleben, von dem keiner etwas ahnte. Wahrscheinlich waren wir diejenigen, die sie wirklich kannten. Ihr Mann und ihre Eltern hatten jedenfalls nicht die leiseste Ahnung, was in Nora all die Jahre wirklich vorgegangen war, davon war ich überzeugt und ich fühlte mich plötzlich zu einer Gruppe von Noras heimlichen Liebschaften gehörig, von der ich nicht einmal wusste, ob es diese überhaupt gab. Vielleicht täuschte ich mich auch, aber in den Trauerreden tauchte nichts von dem auf, was der alten Nora etwas bedeutet hätte. Und Noras Schwester weinte unablässig, sodass sie ihre Rede gar nicht erst halten konnte. Die Scheinheiligkeit dieser Welt machte mich schier wahnsinnig. Ich musste hier weg, und zwar ganz schnell, sonst würde ich noch den Verstand verlieren.

Als die Trauergesellschaft wenig später vor dem offenen Grab anstand, um Nora die letzte Ehre zu erweisen, wurde mir speiübel. Ich entschuldigte mich und verschwand schnell hinter einem der Bäume, die den Beginn des Waldes bildeten. Zuerst dachte ich, mein Magen würde sich wieder beruhigen, aber als ich tief einatmete und hinüber zum Grab schaute, kam alles, was ich während der Hinfahrt zu mir genommen hatte, wieder zum Vorschein. Ich erbrach mich gleich mehrfach. Was für eine Scheiße, dachte ich nur. Was für eine verdammte Scheiße. Ich holte ein paar Mal tief Luft, rieb mir den Mund mit dem frisch gefallenen Schnee aus, spuckte ein paar Mal aus und ging langsam zurück in die Reihe.

»Alles okay«, sagte ich zu den besorgten Blicken und nahm eine Rose aus dem Behälter. Dann stand ich vor dem Sarg und sah auf das dunkle Holz hinunter. In meinem Kopf herrschte beschämende Leere. Dann dachte ich unwillkürlich über die Zugreise nach. Die verschmitzten Augen der alten Dame blitzten auf. Sie erinnerten mich plötzlich an Nora, wenn sie wieder mal meinte, etwas durchschaut zu haben, und ich flüsterte: »Mach's gut, du wunderbarer Mensch. Ich bin mir sicher, du hast dein Bestes gegeben. Es tut mir leid, dass ich kein besserer Freund für dich war, und ich hoffe, es geht dir an dem Ort, wo du jetzt bist, besser, ohne Schmerzen und ohne den ganzen Scheiß, den du über Monate oder Jahre mit dir herumgetragen hast. Ich hoffe, du hast jetzt deinen Frieden gefunden. Und vielleicht siehst du ja gerade zu uns runter und lachst, weil wir hier in der Kälte stehen und uns den Arsch abfrieren. Ich weiß, dass dir das gut gefallen würde. Mach's gut, Nora.«

Ich warf die Rose auf den Sarg und ging allein in die Kapelle zurück, um meine Tasche zu holen. Neben dem Redepult stand ein Foto von Nora. Ich hatte es vorher übersehen, weil zu viele Menschen vor mir saßen und es durch einen gewaltigen Blumenstrauß verdeckt war. Auf dem Foto war sie Anfang zwanzig. Ja, so hatte ich meine Freundin in Erinnerung und genau so wollte ich sie auch in meinem Herzen aufbewahren. Ich setzte mich. Draußen wurde es allmählich dunkel, was auch daran lag, dass der Schneesturm wieder deutlich anzog. Ich blickte auf die Menschen und ging jeden Einzelnen durch: Führt sie ein glückliches Leben? Und er? Und sie? Oder würde auch bei ihren Beerdigungen irgendein Typ im Raum sitzen und verwirrt den Kopf schütteln?

Die alte Frau aus dem Zug kam mir erneut in den Sinn. Bei ihr kannte ich die Antwort auf die Frage nach dem Glück. Ich sah wieder zu Noras Foto und hörte plötzlich ihre süßliche Stimme in meinen Gedanken: »Erik, mein alter Freund. Mach dir keine Sorgen um mich. Wenn man an einem dunklen Ort ist, denkt man im ersten Moment, man wurde begraben, weil es ja offenbar auch so aussieht, aber in Wirklichkeit ist man nur neu eingepflanzt worden. Ich bin nicht tot. Ich bin ein Samen, der gerade heranwächst, zu etwas Neuem, an einem anderen Ort. Mach dir wegen mir bitte keine traurigen Gedanken. Es ist alles gut, so wie es ist.«

Ich bekam am ganzen Körper Gänsehaut. Hörte nur ich das? Und wo kam diese Stimme her? Ich drehte mich um. Niemand da. Ich sah wieder zu Noras Foto und spürte deutlich, dass ich hier ganz schnell wegmusste, um nicht durchzudrehen. Doch stattdessen sah ich ein Lächeln auf Noras Lippen und hörte erneut ihre unverwechselbare Stimme.

»Erik, mein lieber Freund«, begann sie. »Hast du noch ein paar Minuten Zeit für mich?«

Ich nickte stumm.

»Wie schön. Darf ich dir fünf Fragen stellen?«

Ich nickte erneut.

»Wenn du heute sterben würdest, hättest du dann wirklich ein erfülltes Leben geführt? Sei bitte ehrlich! Und wann warst du eigentlich selbst das letzte Mal so richtig glücklich? Sei auch hier bitte ehrlich! Und wann hast du das letzte Mal so laut gelacht, dass dir Freudentränen über die Wangen liefen? Ehrlich, bitte. Und wenn auch für dich schon morgen alles vorbei wäre, hättest du dann etwas zu bedauern? Und meine letzte Frage an dich, ebenfalls mit der Bitte um eine ehrliche Antwort: Hast du bei all deiner Arbeit, bei all dem Streben nach einem guten Leben in Wahrheit nicht das Wichtigste vergessen?«

Ich hörte diese Fragen wie einen Tornado auf mich einprasseln. Sie überrollten mich, ließen mich überfordert zurück, und die spontane Antwort auf all diese Fragen lautete: Ich weiß es nicht. Ich verlor die Kontrolle über meine Gefühle. Eine Mischung aus Scham, Unsicherheit und Wut überkam mich. Gefühle, die ich nur zu gut kannte, die immer wieder meinen inneren Verteidigungsmechanismus aktivierten. Ich musste die Alarmbereitschaft nicht bewusst ansteuern, es passierte einfach.

Nachdem ich mich wieder gefasst hatte, holte ich zum Gegenschlag aus. »Ach ja, das Wichtigste habe ich vergessen, sagst du? Und was wäre das bitte, Frau Lehrmeisterin Nora? Ausgerechnet *du* stellst mir all diese Fragen?«, rief ich ihr in Gedanken zu. Aber was wusste ich schon von Noras Glück? Ich hatte sie ein halbes Leben nicht gesehen. Mir stand keine Meinung zu. Das kurze Gespräch mit ihr erschien mir so echt und so wichtig, dass ich beschloss, ihre fünf Fragen an mich aufzuschreiben, um sie nie mehr zu vergessen. Hatte ich doch schon so viel vergessen, was sie betraf. Ich zückte zum zweiten Mal an diesem Tag meinen Stift und schrieb in mein Notizbuch:

5 Fragen aus dem Jenseits:

1. Wenn ich heute sterben würde, hätte ich dann wirklich ein erfülltes Leben geführt?
2. Wann war ich das letzte Mal von Herzen glücklich?
3. Wann habe ich das letzte Mal so laut gelacht, dass mir Freudentränen über die Wangen liefen?
4. Wenn morgen auch für mich alles vorbei wäre, gäbe es dann etwas zu bedauern?
5. Habe ich bei all meiner Arbeit, bei all dem Streben nach einem guten Leben in Wahrheit nicht das Wichtigste vergessen?

Ich las die Fragen durch und schämte mich so sehr. Was war nur mit mir passiert? Ich bin auf der Beerdigung meiner Freundin, schüttelte ich über mich selbst den Kopf, für die ich fünfzehn Jahre lang keine Zeit hatte, weil ich nur an mich und meine Karriere dachte, und jetzt sitze ich hier, nur wenige Meter neben ihrem Grab entfernt und denke ernsthaft darüber nach, wie ich aus diesen fünf Fragen, die nur für mich bestimmt sind, einen weiteren Onlinekurs machen kann, um ihn an andere Menschen zu verkaufen? Ich fühlte mich hundeelend, durcheinander und wollte einfach nur noch weg. Schnell diese wirren Gedanken vergessen und wieder zurück in die große Stadt, in der man seine Scham, seinen Selbsthass und all die aufgestauten Schuldgefühle so gut verdrängen konnte. Mein Kopf explodierte förmlich. Ich sah auf die Uhr und musste mich beeilen. Mein Zug zurück in die sichere Routine fuhr in knapp einer Stunde. Ich packte zusammen, verabschiedete mich noch einmal von Noras Bild, umarmte ihre Schwester und Noras Eltern, winkte ihrem Mann aus sicherer Entfernung zu und machte mich auf den Weg. Der Schnee blies mir nun heftig ins Gesicht. Ein gewaltiger Sturm zog auf.

»Augen zu und durch«, sagte ich laut zu mir selbst und lief ohne anzuhalten zurück zum Bahnhof. Ich hatte es fast geschafft. Schon bald würde dieser außerplanmäßige Horrortag endlich vorbei und nur noch eine Notiz in meinem Kalender sein.

4

DER SCHNEESTURM

Am Bahnhof herrschte eine gespenstige Atmosphäre. Außer mir war weit und breit keine Menschenseele zu sehen. Ich stellte mich unter die winzige Überdachung am Bahnsteig und hoffte darauf, dass der Zug bald kommen würde. Ich beobachtete die Schneeflocken, die im orangenen Licht der Straßenlaternen wild vom Himmel stürzten. Von der blauen Stunde war keine Spur, der ganze Tag und nun auch der Abend verliefen in einem einheitlichen Grau. Ich schickte meinem Assistenten eine Nachricht, dass ich die Beerdigung überstanden hatte und mich wieder auf dem Heimweg befand. Er solle für morgen früh im Studio alles vorbereiten. Ich versuchte, meine E-Mails zu checken, aber das Netz war so schwach, dass der Ladevorgang eine Ewigkeit dauerte. Ich steckte mein Smartphone wieder in die Tasche, zog meinen Schal fester um den Hals und stapfte eine Runde durch den Schnee. Schon als Kind liebte ich dieses wattige, knirschende Geräusch. Ich dachte eine Weile darüber nach. Schneeflocken bestehen aus unzähligen kleinen Eiskristallen, wunderschöne kleine Sterne sind das, von denen jeder einzigartig ist. Wie der Fingerabdruck eines Menschen. Keinen Stern gibt es zweimal. Und alle Sterne sind miteinander verbunden, als würden sie Händchen halten. Wenn wir Menschen nun durch den Schnee trampeln, brechen all diese feinen, zarten Sternchen und an genau diesem Geräusch erfreuen wir uns dann. Wir zerstören das Schönste, was die Natur zu bieten hat, für einen kurzfristigen Hörgenuss. Ich fand keine wirklich gute Analogie zu uns Menschen, aber auf eine gewisse

Art waren wir alle wie diese Schneeflocken. Wir fallen vom Himmel, werden in diese Welt geboren, sind einzigartig und wunderschön, wir schließen Freundschaften und schaffen Verbindungen zu unseren Mitmenschen, halten uns fest, bis dann jemand kommt und aus purem Vergnügen auf uns herumtrampelt.

Ich schrieb meine Gedanken nicht auf, dieses Mal nicht, denn sie erschienen mir einfach nur düster und ich konnte dem Ganzen wenig Motivierendes abgewinnen. Ich stand einfach nur da und beobachtete die Schneeflocken, wie sie durch die Luft flogen. Und dann, ich konnte es fast nicht glauben, fuhr der Zug ein. Ich sah ihn kaum, da er vollständig mit Schnee bedeckt war. Wie ein Geisterzug tauchte er aus dem Nichts auf. Erleichtert sah ich auf meine Uhr. Pünktlich auf die Minute. Ungewöhnlich. Aber perfekt.

Ich setzte mich gleich ins erste Abteil, schüttelte meinen nassen Mantel aus und hängte ihn zum Trocknen an den Kleiderhaken ans Fenster. Der Waggon war leer. Aus der Entfernung ertönte der leise Pfiff einer Trillerpfeife. Dann setzte der Zug langsam seine Reise fort. Ich war geschafft. Was für ein Tag. Nora war tot und hatte es dennoch geschafft, mir aus dem Jenseits eine Botschaft zu schicken. Fünf Fragen, die ich nicht beantworten konnte. Nora wusste schon immer, wie sie mich liebevoll nerven konnte. So war sie einfach. Ich lächelte bei dem Gedanken, dass sie mich gerade aus dem Himmel beobachtete. Und so absurd es war, ich fühlte mich plötzlich nicht mehr so allein.

Der Zug kämpfte tapfer gegen die dichte Schneewand an, die vom Himmel kam. Ich konnte mich nicht erinnern, dass es in den letzten Jahren jemals so stark geschneit hatte. Als wollte Gott damit eine Botschaft schicken. Aber Gott musste auch keine Angestellten bezahlen, keine Miete überweisen und sich nicht mit dem Finanzamt herumschlagen, das jedes Jahr wie ein Blutsauger mehr Geld forderte. Gedanken über Gedanken. Ich war so durcheinander wie lange nicht mehr. Ich schloss meine Augen und sah Nora, ich sah, wie wir in meinem ersten Auto, einem kleinen gebrauchten Golf, unsere Lieblingsstraße an der Küste entlangfuhren und ihre selbst aufgenommenen Kassetten hörten. Der Soundtrack ihres Lebens. Es waren ihre Lieblingssongs, nicht meine, aber ich liebte es, ihr dabei zuzusehen, wie sie jedes Wort ihrer Lieder lautstark mitsang. Dieses Lächeln, wenn sie den Kopf aus dem Fenster streckte, ihre Haare wild im Fahrtwind wehten und die Rolling Stones uns ein Gefühl von ewiger Freiheit schenkten. Jedes Tape, das sie für unsere Roadtrips aufnahm, begann mit dem gleichen Song: *You Can't Always Get What You Want.* Diese melancholische und gleichzeitig hoffnungsvolle Energie, die in Mick Jaggers Stimme lag, dieser Zauber, diese Sehnsucht, diese Tiefe: Du kannst nicht immer das bekommen, was du willst. Aber wenn du es hin und wieder versuchst, dann bekommst du vielleicht genau das, was du gerade brauchst.

Ich holte mein Smartphone aus der Tasche und hörte mir den Song an, wieder und wieder. Warum begann jedes ihrer Mixtapes mit diesem Song? Wäre es nicht viel passender gewesen, diesen Song auf ihrer Beerdigung zu spielen? Damals machte ich mir keine Gedanken darüber, aber nach ihrem Tod erschien vieles in einem anderen Licht. Was wollte Nora, das sie nicht bekommen konnte? Und was bekam sie stattdessen, was sie brauchte? Bekam sie es überhaupt oder starb sie vorher? Irgendwie versuchte ich Antworten zu finden, warum ihr Lebensweg so anders verlaufen war, als es damals den Anschein hatte. Waren ihre Träume, die sie nachts mit mir teilte, als wir auf dem Dach meines zerbeulten Autos lagen und die Sterne zählten, nur jugendlicher Leichtsinn gewesen, Fantasien eines Teenagers, ausgedacht wie in einer kitschigen High-School-Serie? Hatte der Refrain überhaupt eine Bedeutung für sie oder fand sie ihn einfach nur cool und hatte sie während des Sommers unseres letzten Schuljahres von Kalifornien träumen lassen? War überhaupt irgendetwas echt gewesen oder lebten wir damals lediglich in einer Seifenblase, in einer Fantasiewelt, in einem rosaroten Traum? Oder war am Ende doch alles ganz anders?

Was mich bei all diesen Gedanken jedoch am meisten beschäftigte, war die trostlose Gewissheit, dass ich es nie erfahren würde. Noras Geschichte hatte ein Ende gefunden. Ob es ein gutes oder weniger gutes war? Nora hatte ihre Wahrheit mit ins Grab genommen. Aber bleiben wir ehrlich: Ich hatte sie auch nie gefragt.

Das Grau hatte sich mittlerweile in ein dunkles Schwarz verwandelt. Der Schnee wirbelte über die Felder und meine Gedanken wurden von Sekunde zu Sekunde schwerer. Ich schloss meine Augen, konzentrierte mich auf das gleichmäßig klackernde Geräusch, das von den Schienen kam, und schlief ein. Ich kann nicht sagen, wie lange ich weg war, aber ich wachte wieder auf, weil der Zug immer langsamer fuhr und der Abstand des Klackerns konstant größer wurde. Schließlich blieb der Zug ganz stehen. Ich streckte meinen Kopf in den Gang. Niemand zu sehen. War ich etwa der einzige Fahrgast? Ich sah auf die Uhr. Noch würde ich meinen Anschlusszug erreichen. Jedenfalls hoffte ich das. Ich sah aus dem Fenster und hatte nicht den Hauch einer Ahnung, wo ich mich befand. Weit und breit nichts als Dunkelheit, kein Bahnhofsschild, nichts zu sehen. Auch mein Handysignal war tot, kein Internet, kein Empfang, nichts. Nach ein paar Minuten fuhren wir endlich weiter, im Schneckentempo zwar, aber immerhin bewegten wir uns. Ich atmete auf. Mehr konnte ich ohnehin nicht tun. Ich hasste solche Situationen, nicht die Kontrolle über mein Leben zu haben, den Ausgang des nächsten Moments nicht aktiv und vor allem nicht selbst, mit meiner eigenen Entscheidung, beeinflussen zu können. Alles, was ich tun konnte, war, hier zu sitzen und zu warten. Es klang wie eine Lektion aus dem Handbuch für Zen-Buddhisten: sitzen und warten, sitzen und warten, sitzen und warten. Schon bald hielt der Zug ein zweites Mal an. Nicht, dass wir weit gekommen wären. Aber jeder Meter zurück in mein altes Leben war ein guter Meter. Dieses Mal wartete ich nicht, sondern zog meinen Mantel an, schloss meine Tasche und marschierte nach vorn in Richtung Führerlock. Ich achtete auf jedes Geräusch, schaute in jedes Abteil. Aber es war tatsächlich kein anderer Fahrgast im Zug.

Die Tür zur Führerlok stand offen.

»Guten Abend, die Herren«, sagte ich und quälte ein förmliches Lächeln aus mir raus. Schon in diesem Moment hatte ich ein ungutes Gefühl. Der Schaffner und der Lokführer drehten sich überrascht zu mir um.

»Guten Abend«, antwortete der Lokführer und sah wieder nach vorn. Sein angestrengter Gesichtsausdruck ließ nichts Gutes vermuten.

»Ich habe Sie gar nicht einsteigen sehen, sonst wäre ich natürlich schon früher zu Ihnen gekommen«, sagte der Schaffner. »Entschuldigen Sie bitte. Wir dachten hier vorn, der Zug ist leer. Auf dieser Strecke ist das um diese Uhrzeit schon mal möglich. Und bei so einem Wetter! Da bleibt man ohnehin besser zu Hause.«

»Das ist schon okay«, nickte ich bestätigend. »Wie ist denn die Lage?«

»Meine Meinung?«, grummelte der Lokführer. »Hier geht heute gar nichts mehr.«

»Vor uns ist gleich in mehreren Bereichen die Strecke gesperrt worden«, erklärte der Schaffner. »Umgestürzte Bäume, der viele Schnee, so genau wissen wir es auch nicht. Der Sturm hat seine Spuren hinterlassen.«

»Ich muss heute noch in die Hauptstadt«, sagte ich und die beiden sahen mich an, als hätte ich gerade einen sehr, sehr schlechten Witz erzählt.

»Das können Sie vergessen«, antwortete der Lokführer sofort. »Wir sitzen hier erst mal fest.«

»Was sagt denn die Zentrale?«, wollte ich wissen.

»Wir warten auch noch auf eine finale Antwort«, sagte der Schaffner, »aber ich befürchte, dass mein Kollege recht hat. Es sieht nicht gut aus.«

»Können wir nicht rückwärtsfahren zum Ausgangsbahnhof?«, fragte ich und ging alle möglichen Szenarien in meinem Kopf durch.

»Guter Mann, das ist ein alter Zug«, antwortete der Lokführer. »Der hat hinten keine Lok. Es müsste erst eine angefordert werden, aber das kann bei so einer Wetterlage locker zwei bis drei Stunden dauern, eher länger. Wir befinden uns auf der Prioritätenliste ganz unten. Sie sehen ja selbst: Sie sind unser einziger Fahrgast! Und Sie sind kein gebrechlicher alter Mann, keine schwangere Frau und auch kein Kleinkind, für die wir im Notfall den Rettungsdienst oder die Feuerwehr rufen könnten. Mal abgesehen davon, dass die wegen des vielen Schnees auch nicht so einfach herkommen könnten. Wir können wirklich nichts weiter tun, als hier zu warten.«

Ich nickte und setzte mich wieder. Und wartete. Die folgenden Minuten fühlten sich wie Stunden an und meine innere Unruhe wuchs mit jeder Sekunde. Ich wusste, warum ich mein Leben in der Stadt verbrachte. Dort konnte so etwas nicht passieren. Dort wäre ich einfach ausgestiegen und in ein Taxi eingestiegen. In der Stadt gab es alles, zu jeder Zeit, in tausend Varianten. Hier hatte man nicht einmal Internet. Als wäre die Zeit stehen geblieben.

»Es tut sich was«, hörte ich den Lokführer rufen.

Der Schaffner zeigte auf das Display in der Fahrerkabine. Ich erkannte es nicht sofort und musste mich erst kurz orientieren, aber dann las auch ich das Wort, das jede Hoffnung platzen ließ: »Vollsperrung.«

Doch mein innerer Krieger wurde plötzlich geweckt und ich ging in den Kampfmodus über. So sollte dieser Tag nicht enden. Nicht so und vor allem nicht hier. Ich hatte in meinem Leben schon ganz andere Krisen gemeistert. Ich wäre auch nicht so erfolgreich in meinem Beruf, wenn ich immer auf irgendwas oder irgendwen gewartet hätte.

»Richten Sie sich auf einen langen Abend ein«, sagte der Schaffner in meine Richtung, aber ich war in Gedanken schon längst woanders. Es musste einen Ausweg geben. Ich stand vor einem Problem, für das es irgendwo eine Lösung gab. Ich musste sie nur finden. Ich sah auf mein Handy. Immer noch kein Empfang.

»Es gibt etliche Noteinsätze«, rief der Lokführer. »Habe ich gerade aus der Zentrale erfahren. Und wie gesagt, wir müssen von allen am längsten warten. Wir stecken hier die nächsten Stunden fest.«

Ich ließ meine Tasche stehen und lief den Gang des Zuges auf und ab. Ich konnte schon immer am besten nachdenken, wenn ich in Bewegung war. Die Kunst, eine gute Entscheidung zu treffen, liegt darin, sie schnell zu treffen, und der schlimmste Weg, den man wählen kann, ist der, keinen zu wählen. Zu warten kam für mich nicht infrage. Ich versuchte, die Lage rational zu bewerten. Es war zwar dunkel, aber noch lange nicht Nacht. Es musste doch irgendwo jemanden geben, der mich zu einem Flughafen bringen oder in die nächste Stadt fahren konnte. Eine Entscheidung musste her, und zwar schnell. Als ich wieder nach vorn kam, sah ich den Schaffner draußen auf den Gleisen eine Zigarette rauchen. Die Seitentür des Zuges stand offen. Der Schnee, der vom Himmel kam, wurde weniger. Zumindest redete ich mir das ein. Vorsichtig stieg ich in das Gleisbett hinab und ging zu ihm.

»Unter uns, wie stehen die Chancen, dass wir heute noch hier wegkommen?«

Der Schaffner blies den Zigarettenrauch in die Luft und schüttelte den Kopf: »Realistisch betrachtet? Gegen Mitternacht.«

Ich akzeptierte die neue Situation als Tatsache und sah mich um. Viel war nicht zu erkennen, aber die Scheinwerfer des Zuges waren zumindest eine kleine Hilfe. Ich ging ein paar Meter nach vorn. Ich glaubte, in der Ferne ein Licht zu erkennen, war mir aber nicht sicher.

»Was ist das?«, fragte ich den Schaffner. »Sehen Sie das auch?«

»Was meinen Sie?«, fragte er und kam ein paar Schritte auf mich zu. »Da hinten. Das ist doch ein Licht. Ist das ein Haus?«

»Nein, das müsste die Landstraße sein, die sich hier wie eine Schlange durch die vielen kleinen Ortschaften bis nach oben in die Berge zieht. Ich würde aber nicht mein Leben darauf verwetten.«

»Wissen Sie was?«, sagte ich und drehte mich zu ihm um. »Ich probiere das jetzt.«

Ich klatschte in die Hände und ging zurück in den Zug, um meine Tasche zu holen.

»Was wollen Sie probieren?«, hörte ich den Schaffner hinter mir rufen. »WAS WOLLEN SIE PROBIEREN?«

Der Lokführer, der unser Gespräch aus seiner Kabine natürlich gesehen, aber nicht gehört hatte, nahm seine Füße vom Armaturenbrett und steckte neugierig seinen Kopf in meine Richtung.

»Gibt es Neuigkeiten?«, fragte ich zur Sicherheit.

»Tote Hose«, antwortete er trocken.

»Dann trennen sich jetzt unsere Wege. Warten ist nicht so mein Ding. Ich wünsche Ihnen alles Gute. Passen Sie auf sich auf und haben Sie ein frohes Weihnachtsfest.«

Ich sprang wieder aus dem Zug. Der Entschluss, durch die Dunkelheit in Richtung des Lichts zu gehen, gab mir einen gewaltigen Adrenalinschub, den ich, ehrlich gesagt, auch bitter nötig hatte.

»Das ist doch Wahnsinn«, sagte der Schaffner. »Sie kennen sich hier nicht aus. Es ist dunkel. Das Handynetz ist ausgefallen. Wer weiß, ob der Sturm wirklich vorbei ist oder nur eine Pause eingelegt hat. Die Wege sind nicht gestreut, alles ist eisglatt. Und in den Wäldern sind wieder Wölfe gesehen worden. Jedenfalls sagt man sich das. Wenn Ihnen da draußen etwas passiert, wird Sie keiner finden. Sie werden erfrieren. Ich will den Teufel nicht an die Wand malen, aber das ist einfach nur idiotisch! Wo wollen Sie denn hin?«

»Einfach nur weg von hier«, lächelte ich und schüttelte zum Abschied seine Hand.

Ich rutschte vorsichtig die Böschung hinunter und ging auf einem Feldweg, der anfangs noch parallel zu den Schienen verlief, dem Licht entgegen.

5

DAS LICHT

Zu gerne hätte ich einen Blick in die Zukunft geworfen, um zu sehen, ob ich die richtige Entscheidung getroffen hatte. Aber leider funktioniert das Leben so nicht. Man kann nicht vorspulen wie bei einem Spielfilm, um zu sehen, ob die Geschichte tragisch endet oder in ein Happy End mündet. Schon wieder dachte ich daran, wie ich aus diesem Erlebnis einen neuen Onlinekurs kreieren könnte. Vielleicht als Bonus für mein Jahresprogramm? Die Life-Coach-Maschinerie in meinem Kopf begann sofort Fahrt aufzunehmen. Doch schon bald meldete sich die Stimme der Vernunft, die mir sehr ernsthaft erklärte, dass man den Tag buchstäblich nicht vor dem Abend loben sollte. Noch waren die Hauptstadt und das Aufnahmestudio meiner Firma weit weg. Nicht nachdenken, über nichts, sondern laufen. Einfach nur laufen. Wach und konzentriert bleiben. Keine kostbare Energie vergeuden. Es zählte nur der nächste Schritt, und der nächste, und der nächste. Und immer schön das Licht im Auge behalten. Das war meine einzige Aufgabe. Der Schneefall hatte erneut etwas abgenommen, was ich dankbar zur Kenntnis nahm. Ich überquerte einen großen Acker und mehrere Felder, auf denen ein paar einsame Bäume standen, und konnte es kaum erwarten, endlich auf diese Landstraße zu treffen, um wieder festen Boden unter meinen Füßen zu haben. Ich kam an eine leichte Steigung und drehte mich um. Der Zug stand weit weg noch immer am selben Fleck. Doch das war Vergangenheit. Ich atmete tief ein, schloss für einen kurzen Moment die Augen und wusste, dass es kein Zurück mehr geben würde. Ich wusste aber auch, dass das Licht nicht mehr weit entfernt sein konnte, obwohl es manchmal aus meinem Sichtfeld verschwand, bevor es dann plötzlich wieder auftauchte. Ich konnte mir dieses Phänomen nicht erklären. Ob das Licht nur eine optische Täuschung war?

Als ich am Ende der Steigung angelangt war, bekam ich auf fast alle meine Fragen der letzten Minuten eine Antwort, denn ich hatte es gefunden. Bis vor Kurzem schien es noch unerreichbar zu sein und nun stand ich direkt davor. Das Licht, das wir von den Gleisen aus gesehen hatten, war kein Laternenpfahl von einer Landstraße, wie der Schaffner vermutete, sondern eine Gebetskapelle. Was leuchtete und in der Dunkelheit immer wieder aufflackerte, war ein großer Weihnachtsstern oben auf dem Dach, der einen Wackelkontakt hatte. Ich wusste nicht, ob ich darüber lachen oder weinen sollte, denn mein Ziel, heute noch meine Heimreise anzutreten, hatte gerade einen herben Rückschlag erlitten.

Die Kapelle war winzig. Dahinter begann ein Waldstück und es führte ein Weg direkt von der Kapelle mitten hindurch. Doch bevor ich mir meine nächsten Schritte überlegte, öffnete ich die Tür und trat ein. Ich stellte mir für einen kurzen Moment vor, wie Nora und ich noch einmal gemeinsam ein Abenteuer erleben würden – ein schönes Gefühl war das, schön und unrealistisch. In der Kapelle standen überall Kerzen, die auch fast alle noch brannten und dem Raum eine geheimnisvolle, fast schon mystische Atmosphäre verliehen. Die Kapelle war sehr schlicht eingerichtet. An den Wänden hingen mehrere kleine Kreuze und Bilder mit christlichen Symbolen und in der Mitte stand eine große Madonna aus Holz, vor der einige Blumensträuße lagen. Auf einem für diese Kapelle viel zu großen Eisenständer, der ebenfalls mit brennenden Kerzen versehen war, lag eine aufgeschlagene Bibel, die die Größe eines Fotobandes hatte. Ich machte einen Schritt darauf zu und warf einen Blick hinein. Die beiden Seiten waren wunderschön illustriert. Ich war überrascht. Auf der linken Seite war ein Wanderer zu sehen, der durch ein Gebirge lief, und rechts stand, mit Hand in einer altmodischen Schrift geschrieben, der Psalm 23:

»Der Herr ist mein Hirte, mir wird nichts mangeln. Er weidet mich auf einer grünen Aue und führet mich zum frischen Wasser. Er erquicket meine Seele. Er führet mich auf rechter Straße um seines Namens willen. Und ob ich schon wanderte im finsteren Tal, so fürchte ich kein Unglück. Denn du bist bei mir, dein Stecken und Stab trösten mich. Du bereitest vor mir einen Tisch im Angesicht meiner Feinde. Du salbest mein Haupt mit Öl und schenkest mir voll ein. Gutes und Barmherzigkeit werden mir folgen mein Leben lang, und ich werde bleiben im Hause des Herrn immerdar.«

Ich las mir den Text erneut durch. Ich war nie besonders gläubig im religiösen Sinne gewesen. Ich glaubte an die Macht echter Arbeit. Ich glaubte an mich und die Kraft, die aus meinen eigenen Entscheidungen erwuchs. Ich glaubte daran, dass man sich seine Ziele visualisieren konnte und sie somit auch erreichte, aber ich glaubte nicht an einen fiktiven alten weißen Mann mit Bart. In diesem Augenblick jedoch lief mir ein Schauer über den Rücken. *Und ob ich schon wanderte im finsteren Tal, so fürchte ich kein Unglück*. Dieser Satz brannte sich tief in mein Herz. Als hätte ihn jemand nur für mich geschrieben. Als wollte mir jemand den Weg weisen. Für einen kurzen Moment dachte ich nicht an morgen, sondern war ganz da, in diesem Moment, an diesem Ort. Ich nahm eine neue Kerze aus der Schachtel und zündete sie an einer brennenden Kerze an. Ich blickte tief in die Flamme und eine Stimme in meinen Gedanken sprach zu mir: »Es ist besser, ein einziges Licht anzuzünden, als die Dunkelheit zu verfluchen. Sei du dieses Licht und erhelle damit die Dunkelheit in deinem Leben.«

Diese Vorstellung, dieses Bild in meinen Gedanken gab mir neue Hoffnung und verlieh diesem furchtbaren Tag einen Sinn, zumindest kurzzeitig. Ich warf einen Blick auf meine Uhr. Es war an der Zeit weiterzugehen. Vor der Kapelle sah ich noch einmal kurz zu den Spuren im Schnee, die mich hierhergeführt hatten. Dann drehte ich mich um und setzte meinen Weg fort. Zum ersten Mal hatte ich wirklich Respekt davor, was gerade geschah, denn der Wald sah nicht wirklich einladend aus. Dort war es nicht nur dunkel, es war finster. Als ich am Anfang des Pfades stand, der durch den Wald führte, konnte ich keinen Ausgang erkennen. Ich hatte keine Ahnung, wie lange ich für diesen Weg brauchen würde. Ich sah auf mein Handy. Kein Empfang. Ich wunderte mich nicht, aktivierte den Flugmodus, um Akku zu sparen, und ließ es zurück in die Manteltasche gleiten. Umzukehren wäre einer Niederlage gleichgekommen, also ging ich weiter.

Ich kam gut voran. Im Wald war es zwar noch etwas kälter, aber dafür fiel mir das Gehen auf dem gefrorenen Erdboden leichter, da die Bäume den meisten Schnee abgefangen hatten. Ein sonderbares Gefühl von Erleichterung machte sich in mir breit. Ich konnte es noch nicht genau einordnen, aber ich fühlte mich, obwohl ich Angst vor der Ungewissheit hatte, nicht ängstlich, sondern beschützt. Trotzdem war ich besorgt, denn je tiefer ich in den Wald eindrang, desto unheimlicher wurde es. Weit und breit war kein Ausgang zu erkennen. Ich hatte seit Stunden nichts getrunken, hatte keinen Proviant dabei und die Geräusche des Waldes trugen auch nicht gerade zur Aufmunterung bei. Ich wusste, dass das, was ich tat, leichtsinnig war und genau der Moment in einem Horrorfilm, bei dem man als Zuschauer denkt: »Ist der dumm, warum geht er nicht zu den anderen zurück?« Aber in mir gab es diese deutliche Stimme, die mir sagte, dass ich durch diesen Wald gehen sollte.

Um mich zu motivieren und etwas von der düsteren Realität abzulenken, begann ich, mit mir selbst zu reden: »Ich möchte dich an einen interessanten Fakt erinnern: Bis heute liegt deine

Quote an schlimmsten Tagen, die du überlebt hast, bei 100 Prozent. Du hast alles überstanden, genau wie du auch diesen Tag wieder überstehen wirst. So stark bist du. Erik, sag es dir immer wieder: Mein Weg geht weiter! Wenn du aufgeben willst, warte noch ein bisschen und geh einfach weiter, okay? Und wenn du richtig ins Zweifeln kommst und schon kurz davor bist, die Hoffnung zu verlieren, dann habe ich einen Vorschlag für dich: Respektiere deine Zweifel. Nimm sie ernst und rede mit ihnen. Anstatt sie zu unterdrücken und damit nur stärker zu machen, mach ihnen einen Vorschlag. Sag ihnen: ›Ja, vielleicht morgen. Vielleicht gebe ich morgen auf. Aber nicht heute. Morgen vielleicht. Aber nicht heute. Noch nicht.‹«

Ich nickte mir selbst zu und ging weiter. Schritt für Schritt für Schritt für Schritt. Gott sei Dank war der Waldweg deutlich erkennbar, da ihn links und rechts Bäume säumten, die über mir wieder zusammenfanden, ganz so, als ob sie die Köpfe zusammensteckten. Es wirkte, als ob es nur diesen einen Weg geben würde, ohne Abzweigungen, ohne Unterbrechungen. Ich überlegte, ob unter dem Schnee vielleicht eine asphaltierte Straße war, die durch den Wald führte, und gewöhnte mich langsam an die Atmosphäre dieses gespenstigen Ortes.

»Weißt du, mein Freund«, sprachen meine Gedanken weiter, »manchmal bringt das Leben uns in eine Situation, die alles von uns abverlangt. Du musst dich entscheiden und das Einzige, was du ganz sicher weißt, ist die Tatsache, dass es wehtun wird. Egal, wie du dich entscheidest, es wird immer wehtun. Die Frage ist nur, welchen Schmerz du wählst: Nimmst du den Schmerz des Bedauerns oder den Schmerz der Disziplin? Ich kenne niemanden, der in seinem Leben nicht auf die ein oder andere Weise gelitten hat. Und das ist der springende Punkt: die ein oder andere Weise. Du hast nämlich immer eine Wahl. Entweder du entscheidest dich für den Schmerz des Bedauerns und sitzt weiter in diesem Zug und wartest, bis irgendwas passiert. Ja, du wirst dort sitzen und dich in jeder Sekunde fragen, was passiert wäre, wenn du ausgestiegen wärst. Dieser Schmerz macht dich fertig, er zermürbt dich, weil du nichts an ihm ändern kannst. Oder du wählst den Schmerz der Disziplin und quälst dich so lange weiter, bis du dein Ziel erreicht hast. Diese Perspektive, mein Freund, wird dir hoffentlich in schweren Zeiten die Augen für die Wahrheit öffnen und dir Kraft geben, um den nächsten Schritt zu gehen – und den nächsten und den nächsten und den nächsten. Und sie ist eine hervorragende Überschrift für ein neues Onlineprogramm: Wähle deinen Schmerz!«

Ich lief weiter und baute mir in Gedanken schon dieses neue Programm zusammen. Was blieb mir auch anderes übrig? Irgendwann würde der Wald schon enden, dachte ich und fing sofort an zu schmunzeln, denn das Zitat eines berühmten Filmemachers, dessen Name mir jedes Mal entfiel, kam mir in den Sinn, das ich schon immer ziemlich gut fand. Es hieß: »Wenn du Gott zum Lachen bringen möchtest, erzähl ihm von deinen Plänen.« Meine Pläne klangen in Anbetracht meiner aktuellen Lage ziemlich bedeutungslos. Um ehrlich zu sein, klangen sie lachhaft. Ich hatte mich mächtig verlaufen, befand mich irgendwo in einem dunklen Wald, ohne Orientierung. In der Situation an eine anstehende Videoproduktion zu denken und welches Outfit darin am besten zu mir passen würde, kam selbst mir irgendwann albern vor. Ich hatte eine Entscheidung getroffen und das Einzige, was für mich nun wirklich zählte, war, hier irgendwie unbeschadet rauszukommen.

Und plötzlich stand ich, ohne es kommen zu sehen, am Ausgang des Waldes. Der Weg war zu Ende und ich staunte nicht schlecht, denn direkt vor mir, leicht abschüssig in einem Tal gelegen, befand sich eine kleine Ortschaft. Das mattgolden schimmernde Licht der Straßenlaternen kam mir nach meiner Nachtwanderung durch den Wald wie das grellste Flutlicht vor. Ich war auf einen Schlag der glücklichste Mensch der Welt, denn ich hatte mich für den richtigen Schmerz entschieden. Außerdem hatte es aufgehört zu schneien, was mir im Wald gar nicht aufgefallen war. Umso besser, freute ich mich. Meine Chancen, hier wegzukommen, waren wieder deutlich gestiegen. Ich folgte einem Pfad, der merkwürdigerweise ordentlich vom Schnee befreit worden war und direkt in den Ort führte. Auf der anderen Seite des Tals erkannte ich, hinter dicken Nebelschwaden versteckt, die Berge. Unten angelangt überquerte ich eine Brücke, unter der ein kleiner Fluss eines meiner Lieblingsgeräusche erzeugte, und stand auch schon vor dem ersten Haus. Meine Füße waren eiskalt, mein Mantel schon lange nicht mehr warm und mein Schal voller kleiner Eiszapfen. Trotzdem wollte ich mir zuerst einen Eindruck von diesem sonderbaren Ort machen, bevor ich von Tür zu Tür ziehen würde, um nach Hilfe zu fragen. Ich ging weiter den Weg des Abenteurers, vielleicht durch die Erkenntnis der letzten Stunden, dass auch mein Leben schon morgen vorbei sein könnte.

Sofort fiel mir auf, dass ich nirgendwo ein Ortsschild entdecken konnte. Menschen sah ich auch keine auf den Straßen. Die meisten Häuser waren dunkel, die Rollläden heruntergelassen, nur ab und zu schien Licht aus einem der oberen Fenster. Völlig ausgestorben war der Ort jedenfalls nicht. Ich ging weiter durch die kleinen Gassen, an verschiedenen Geschäften vorbei und blieb gar nicht erst stehen, da auch dort alles dunkel war. Ich hatte bisher noch kein geparktes Auto gesehen, nicht ein einziges, was ich ebenfalls merkwürdig fand. Würde ich hier etwa doch kein Taxi finden, das mich meinem Ziel, zurück in die Stadt zu kommen, näher bringen könnte? Hatte ich etwa doch nicht so viel Glück? Ich ging weiter. Darin hatte ich ja nun genug Übung und landete zu meiner erneuten Überraschung auf einem wunderschönen Marktplatz, auf dem in der Mitte ein großer Weihnachtsbaum stand, der nicht nur prachtvoll geschmückt war, sondern auch glanzvoll erstrahlte. Wo so etwas Schönes steht, dachte ich und musste schmunzeln, da muss es auch Leben geben, und sah mich weiter um. Ich drehte meine Runde um den Marktplatz, aber außer dem Weihnachtsbaum war es sonst überall erstaunlich dunkel. Es war einfach sonderbar, aber was war an diesem Tag schon normal?

Ich schaltete mein Handy wieder ein, doch ein Blick darauf konnte mir auch keine neuen Erkenntnisse liefern, denn es gab hier ebenfalls keinen Empfang. Doch dann sah ich in einer Gasse, die vom Marktplatz wegführte, ein Schaufenster, in dem Licht brannte. Meine Rettung, jubelte ich und betete, dass nicht jemand aus Versehen einfach nur vergessen hatte, das Licht auszuschalten. Als ich wenig später vor dem Schaufenster stand, traute ich meinen Augen kaum. Ein Plattenladen? Hier? In dieser Gegend? Ich rieb mir die Augen, um zu überprüfen, ob das gerade wirklich passierte. Nachdem ich sie wieder öffnete, war klar, dass es den Plattenladen wirklich gab. Was in der Auslage angepriesen wurde, stellte mich vor ein weiteres Rätsel, denn dort stand eingerahmt auf einem Leuchtspiegel-Podest mit der Überschrift »Das Lied des Tages«: *You Can't Always Get What You Want* der Rolling Stones als 7-Inch-Single in einer Sonderedition, erschienen auf Decca Records. Ein Schauer durchfuhr meinen ganzen Körper. Hatte Nora mich etwa hierhergebracht? War es ihr Geist, der mich all diese unvernünftigen Entscheidungen hatte treffen lassen? Und wenn ja, warum?

In meinem Kopf liefen plötzlich hundert Filme auf einmal ab. Ich blickte nach oben auf das Schild, um den Namen des Ladens zu erfahren. Dort stand er, schlicht und ohne zu leuchten: *Imagine*. Im Laden selbst konnte ich niemanden erkennen und es lief auch keine Musik. Von außen war zumindest nichts zu hören. Mein Herz klopfte wie wild und ich spürte, dass mein nächster Schritt in den Laden hineinführen musste. Vorsichtig zog ich an der Eingangstür.

»Bitte, lieber Gott«, sagte ich leise. »Bitte lass sie sich öffnen. Nora, ich will hier wirklich nicht einbrechen müssen. Du hattest genug Spaß für heute!«

6

DER ALTE MANN UND DER PLATTENLADEN

Das Schloss gab nach und die Tür öffnete sich einen Spalt. Sofort kam mir eine wohltuende Wärme entgegen. Erst jetzt spürte ich in vollem Maße, wie durchgefroren ich wirklich war. Mein Körper schüttelte sich wie ein nasser Hund, als wollte er sofort die Kälte der letzten Stunden loswerden. Ich trat ein, schloss die Tür wieder, stellte meine Tasche ab und sah mich um. Schallplattenregale, wohin man nur blickte. Überall. An den Wänden hingen signierte Tourplakate von James Brown, Lauryn Hill, Aerosmith und Jamiroquai, was mir sofort ein Lächeln ins Gesicht zauberte. Von außen sah der Laden gar nicht so groß aus, aber von innen kam er mir, wenn ich durch den Gang in die hinteren Räume blickte, schier endlos vor. In der Mitte gab es eine gemütliche Sitzecke mit einem Kamin, in dem ein frischer Scheit Feuer brannte. Sofort ging ich einen Schritt auf ihn zu und kniete mich davor, um mir die Hände zu wärmen. Sie zuckten zusammen, als die Wärme auf sie fiel. Über dem Kamin hing eingerahmt eine Goldene Schallplatte von Alice Cooper. Wo war ich hier nur gelandet?, fragte ich mich mit einer Mischung aus kindlichem Staunen, logischer Verwunderung und geistiger Überforderung. Früher, in meinen Teenagerjahren, als ich selbst noch Schallplatten gesammelt hatte, verbrachte ich viel Zeit in solchen Läden, aber noch nie hatte ich auch nur in Ansätzen so einen sonderbaren und unwirklichen

Ort gesehen. Nachdem meine Hände halbwegs aufgetaut waren, richtete ich mich wieder auf.

»Hallo? Ist jemand hier?«, rief ich und drehte mich einmal im Kreis.

Ich sah noch einmal nach hinten, aber es kam keine Antwort. Auch hinter dem Tresen war niemand. Ich wusste nicht so recht, was ich jetzt tun sollte. Ich zog erst mal meinen Mantel, meine Schuhe und meine Socken aus und legte alles zum Trocknen seitlich neben den Kamin. Ich rieb mir die Augen und ließ mich erschöpft in einen der beiden Sessel fallen. Meine Füße legte ich auf den warmen Kaminsims und dachte über meine nächsten Schritte nach. Plötzlich ertönte aus den versteckten Raumboxen, die über mir an den Wänden befestigt waren, ein Lied, das ich seit zwanzig Jahren nicht mehr gehört hatte. Sofort sprang ich aus dem Sessel auf und sah mich überall um, aber es war noch immer niemand zu sehen. Zumindest wusste ich jetzt aber, dass noch jemand hier sein musste. Mein Herzschlag normalisierte sich wieder und mein Kopf begann, im Takt zu nicken. Schöne Erinnerungen kamen hoch, wie ich auf dem Schlafzimmerboden meiner Mutter saß und in ihren kleinen Schwarz-Weiß-Fernseher starrte, der in der Ecke auf einem Hocker stand, und zum ersten Mal *Smells Like Teen Spirit* von Nirvana hörte. Es war das erste Musikvideo, das ich jemals auf MTV gesehen hatte, das magische Tor zu einer anderen Welt. Dieser Moment war fast schon ein Erweckungserlebnis, denn danach war meine Jugend nicht mehr die gleiche. Auch mich hatte das Grunge-Fieber gepackt, ich wollte mich nicht mehr anpassen, unabhängig sein. Damals hatte ich noch große Träume, wollte auf meinem Skateboard die große weite Welt entdecken, die Freiheit mit all ihren Möglichkeiten spüren, aber vor allem wollte ich auch so ein cooles T-Shirt tragen wie Kurt Cobain in seinem Video. Er hatte es am Tag des Videodrehs für einen Dollar an irgendeiner Tankstelle gekauft und nicht etwa, weil es so stylisch war, sondern weil es das einzige T-Shirt war, das es dort gab. Diese Geschichte wurde damals so erzählt. Jeder kannte sie. Das berühmte Ein-Dollar-Tankstellen-T-Shirt von Kurt Cobain. Ich musste lächeln bei dem Gedanken, dass überall auf der Welt verträumte Kids wie ich mit ihrem Taschengeld losgezogen sind, um sich für zwanzig, dreißig oder noch mehr Dollar T-Shirts zu kaufen, die aber aussehen sollten, als seien es abgetragene und löchrige Ein-Dollar-Shirts von der Tankstelle. Was für Zeiten waren das, als wir Kinder noch glaubten, alles sei möglich in dieser großen weiten Welt, in der nicht einmal der Himmel eine Grenze für uns darstellte und selbst Gott persönlich uns nicht aufhalten konnte?

»Ist es nicht interessant, was für eine Kraft in diesen Tönen steckt?«, hörte ich plötzlich eine Stimme hinter mir.

Ich zuckte zusammen und drehte mich um.

»Ein einziges Lied schafft es mit ein paar wenigen Akkorden, die Träume einer ganzen Generation zu speichern. Wenn das nicht Magie ist.«

Vor mir stand ein alter Mann in schwarzen Chucks, einer löchrigen Jeans und einem ausgewaschenen Mötley-Crüe-T-Shirt. Keine Ahnung, wo er so schnell herkam, aber er stand auf einmal einfach da.

»Bemühe dich nicht, Junge. Bleib ruhig sitzen«, sagte er mit einer schnellen Handbewegung und ging zum Tresen, wo er sich auf einen Drehstuhl setzte und den Tonarm vom Plattenspieler nahm. »Ich habe eine wichtige Frage an dich!«

Ich rückte meinen Sessel etwas mehr in seine Richtung, damit ich den alten Mann besser sehen konnte.

»Weißt du, wie Dave Grohl, der Drummer von Nirvana, das Schlagzeugspielen gelernt hat?«

Das sollte eine wichtige Frage sein? Der alte Mann schob das Album wieder in seine durchsichtige Plastikhülle und legte es neben sich. Ich kannte die Antwort nicht, also zuckte ich nur mit den Schultern und schüttelte zur Sicherheit den Kopf.

»Indem er sich schon als Kind in jeder freien Minute in Plattenläden herumgetrieben und die Musik von Punk-, Soul- und

Rockbands gesammelt hat. Die anderen Kids gingen auf den Spielplatz, Dave hörte Musik. Er konnte keine Noten lesen, also hat er die Songs anderer Musiker nachgespielt. Led Zeppelin, Sex Pistols, Chic, Nile Rodgers, The Police, Earth, Wind & Fire, das waren seine Lehrer. Und bevor du wegen The Police deine Augen verdrehst, lass dir eine Sache gesagt sein: Sting ist eine verdammte Legende, ein Genie. Frag Bob!«

»Wen soll ich fragen?«

Ich verstand kein Wort von dem, was der alte Mann hier von sich gab. Ich hatte meine Augen nicht verdreht und hatte es auch nicht vor. Ich liebte Sting. *Message In The Bottle* und *Shape Of My Heart* waren echte Lieblingslieder, *Roxanne* auch.

»Bob Marley«, antwortete der alte Mann. »Frag ihn nach seiner Meinung zu Sting. Du wirst dich wundern. Aber okay, das führt jetzt zu weit. Kommen wir zurück zu Dave Grohl. Der kleine Dave sitzt also in seinem Kinderzimmer und hat nicht einfach nur Musik gehört, er hat die geheime Welt entdeckt, die sich in der Musik verbirgt. Er saß da und hat ganz genau zugehört. Das war seine Schule. Er war so wissbegierig, dass er alles über Musik in Erfahrung bringen wollte – wie man sie komponiert, textet, aufnimmt, einfach alles. Er saß als Teenager stundenlang auf seinem Bett, mit einem zerfledderten Beatles-Songbook, und spielte ihre Lieder nach, Tag und Nacht. Er fühlte durch die Musik die Magie des Universums und wusste ganz genau, wie er den Rest seines Lebens verbringen wollte: Schlagzeug spielen wie Ringo Starr und in einer Band sein wie die Beatles. Und je älter er wurde, desto stärker manifestierte sich dieser Wunsch. Nichts anderes konnte er sich vorstellen. Aus einem Traum wurden Gedanken und aus Gedanken wurden Taten und jene Taten führten schließlich zu sichtbaren Ergebnissen. Dave begann so groß zu träumen, dass ihm regelrecht schwindelig davon wurde, und eines Tages, Jahrzehnte später, wachte er auf und befand sich in seinem eigenen Tonstudio in Los Angeles zusammen mit seinen Nirvana-Bandkollegen Krist Novoselic und

Pat Smear sowie Paul McCartney von den Beatles. Nur die vier, sonst niemand, um gemeinsam zu jammen, zu komponieren, zu spielen, die Magie zu fühlen. Sie machten einfach das, was sie am meisten liebten. Die Musiker begannen also zu spielen, Paul McCartney entlockte seiner Gitarre eine wunderschöne Melodie und die anderen stiegen mit ein. So ging das eine ganze Weile. Jeder brachte seine Ideen ein. Es wurde nicht viel mit Worten gesprochen, die Kommunikation fand über die Instrumente statt. Irgendwann sang Paul McCartney den Refrain ein, und die drei Musiker von Nirvana konnten gar nicht glauben, was gerade geschah. Sie waren vollkommen verzaubert. Dann gab Paul McCartney Dave Grohl ein Zeichen, dass er zu ihm in die Aufnahmekabine kommen sollte. Dave dachte, dass er vielleicht eine zweite Hintergrundstimme sein sollte, aber Paul McCartney antwortete nur: ›Nein, nein, du doppelst einfach das, was ich gesungen habe. So haben John Lennon und ich das immer gemacht.‹«

Der alte Mann machte eine kurze Pause und sagte: »Das Leben ist genau für Momente wie diese gemacht. Stell dir vor, jedes Kind, das einen Traum hat, könnte einen Blick in seine Zukunft werfen und all die Möglichkeiten sehen. So viel bunter und schöner wäre unsere Welt, weil all die traurigen Kinderherzen, die in Millionen von erwachsenen Körpern schlagen, nicht gebrochen wären.«

Mir stockte der Atem. Wer war dieser alte Mann? Und was erzählte er mir hier für Geschichten über Bob Marley und Paul McCartney, Dave Grohl und gebrochene Kinderherzen? Was sollte das? Ich war völlig verwirrt.

»Warum bist du hier?«, fragte mich der alte Mann auf einmal ziemlich direkt.

»Duzen wir uns?«, fragte ich zurück, weil ich selbst keine Antwort auf seine Frage hatte und so etwas Zeit schinden wollte.

»Wir sind in einem alten Plattenladen, nicht in einer schicken Anwaltskanzlei«, lachte er. »Also, junger Mann. Ich habe drei einfache Fragen an dich: Warum bist du hier, was kann ich für dich tun und warum trägst du keine Socken?«

Ich wusste noch immer nicht, was ich antworten sollte. Warum war ich hier? Eine gute Frage, auf die ich selbst gerne eine Antwort bekommen hätte.

»Das Unwetter hat mich hergebracht, schätze ich.«

»Ah ja, das verstehe ich natürlich«, sagte der alte Mann und blickte durch die Schaufensterscheibe nach draußen. »Das war ein heftiger Sturm und die Nacht, die vor uns liegt, wird ganz sicher nicht weniger stürmisch werden. Mach dich auf was gefasst.«

Wie meinte er das? Draußen hatte sich doch alles wieder beruhigt. Es segelten nur noch vereinzelt ein paar Schneeflocken vom Himmel. Ich konnte nicht länger darüber nachdenken, denn schon stand er direkt vor mir und fragte mich ganz direkt: »Frage eins wäre geklärt, was ist mit Frage zwei?«

»Wenn Sie mich so direkt fragen«, antwortete ich und korrigierte mich sofort. »Ich meine natürlich, wenn du mich so direkt fragst: Hast du ein Auto und kannst es mir leihen oder kennst du jemanden, der mir ein Auto leihen könnte?«

»Nein.«

»Dann ist die Sache klar. Du kannst nichts für mich tun«, sagte ich und fand mich langsam, aber sicher mit der Tatsache ab, nicht mehr von diesem Ort wegzukommen. »Und was deine letzte Frage angeht: Ich komme von weit her und bin den ganzen Weg gelaufen. Ich bin völlig durchnässt.«

Ich erzählte dem alten Mann von Nora und ihrer Beerdigung, der Zugfahrt, dem Sturm, der Kapelle und meiner Wanderung durch den Wald. Er hörte sich alles in Ruhe an. Dann stand er auf, ging an ein Regal und zog zielsicher eine Schallplatte heraus.

»Die meisten Menschen da draußen haben das Leben nicht verstanden«, sagte er kopfschüttelnd und setzte sich wieder auf seinen Drehstuhl. Sie warten stets, bis jemand stirbt, um die magischen drei Worte zu sagen: Ruhe in Frieden! Warum warten die Menschen immer, bis es zu spät ist und die Toten es nicht mehr hören können? Wie schön wäre es, diese Redewendung, die ja wirklich auf der ganzen Welt verwendet wird, umzudichten und den Lebenden, die wir lieben, zu widmen: Hey du, lebe in Frieden! Warum erkennen die Menschen das Offensichtliche nicht? Lebe in Frieden! Ja, diese Version ist so viel besser.«

Ich nickte zustimmend.

»Lebst du in Frieden?«, fragte er mich wieder in einem strengen Ton, der etwas in mir auslöste, das mir gar nicht passte. Die Art, wie er plötzlich zu mir sprach, schmeckte mir nicht. Ich war dem alten Mann zwar überlegen, so dachte ich zumindest, aber dennoch schaffte er es, dass ich unsicher wurde.

»Lebst du in Frieden?«, wiederholte der alte Mann seine Frage.

»Ja, das tue ich.«

»Wirklich?«

»Ja, alles läuft sehr gut bei mir.«

»Bist du dir sicher?«

»Ja!«

»Würde Gott dir glauben?«

Mir ging das alles zu schnell. Auf einmal war ich in einen Schlagabtausch verwickelt, den ich nicht kommen sah. Wer war dieser Kerl und warum stellte er mir all diese Fragen? Und was war das überhaupt für eine sonderbare Situation, in der ich mich befand: ein Ort ohne Namen, ein Plattenladen irgendwo im Nirgendwo, ein komischer alter Mann, der mir noch komischere Fragen stellte.

»Du bist langsam«, sagte der alte Mann. »Hast du keinen Respekt vor der Zeit? Weißt du, was Seneca über sie gesagt hat? Ich verrate es dir: Es ist nicht zu wenig Zeit, die wir haben, sondern es ist zu viel Zeit, die wir nicht nutzen. Also, mein sockenloser Freund. Hier kommt deine Eine-Million-Dollar Frage: Nutzt du deine Zeit?«

»Sorry, aber das geht mir hier zu weit«, sagte ich entschlossen. »Ich komme mir vor wie in einem Verhör. Stehe ich vor Gericht? Was sollen all diese Fragen?«

»Ich bin einfach kein Freund von Smalltalk«, grinste der alte Mann. »Dafür liebe ich Geschwindigkeit. Warum denken die Menschen, man müsse erst wertvolle Lebenszeit mit Sinnlosigkeit vergeuden, mit irgendwelchen Floskeln, die keinerlei Bedeutung haben, bevor sie endlich über das sprechen, was ihnen wirklich auf der Seele brennt? Klare Worte, geradeheraus. Schon interessant, dass so viele Menschen damit ihre Schwierigkeiten haben, hmm?«

Ich sagte nichts, sondern tastete meine Socken ab, ob sie schon trocken waren, um so schnell wie möglich weiterzuziehen. Hier konnte und wollte ich unmöglich die Nacht verbringen.

»Was hat es mit dem *Lied des Tages* auf sich?«, fragte ich zurück und zeigte auf das Schaufenster, auch um den Fokus von mir wegzulenken.

»Schön, dass du fragst«, lächelte der alte Mann. »Jeden Morgen gehe ich durch meinen Laden und fühle, welches Lied an diesem Tag als Erstes von mir gehört werden möchte. Dann setze ich mich da vorn auf das Sofa, schaue durch das Fenster nach draußen und fühle, welche Verbindung ich mit dem Song habe. Es ist meine morgendliche Routine, meine tägliche Meditation.«

»Und was hast du heute Morgen gefühlt, bei *You Can't Always Get What You Want* von den Rolling Stones?«

»Das war wirklich interessant, denn die Schwingungen, die mich erreicht haben, waren stark und intensiv. Ich fühlte, dass der heutige Tag ganz im Zeichen des Lichts stehen würde. Immer wieder fühlte ich Licht, starkes Licht, und Licht ist bekanntlich das Symbol der Erkenntnis. Tja, wie es scheint, haben wir heute den Tag der Erkenntnis. Wunderbar!«

Wie passte das alles zusammen? War das alles nur eine Aneinanderreihung von Zufällen? Noras Lieblingslied von damals ist ausgerechnet heute das Lied des Tages? An genau dem Tag, an dem ich vor diesem Laden stehe? Und dann steht dieser Tag auch noch im Zeichen des Lichts, vielleicht sogar jenem Licht, das mich hierhergelotst hat? Aber wozu? Was sollte ich denn hier? Meine

Gedanken drehten und drehten sich und mir wurde schwindelig. Draußen begann es wieder stärker zu schneien. Auch der Wind zog deutlich an, genau wie der alte Mann es vorhergesagt hatte.

»Wann immer ich Schneegestöber sehe, muss ich an einen Tag vor vielen Jahren hoch oben auf dem Dach der Welt denken«, fing er an zu erzählen. Er stand nun direkt am Schaufenster und blickte den vorbeiwehenden Schneeflocken hinterher. Vorsichtig ging ich auf Zehenspitzen zu ihm nach vorn und setzte mich auf das Sofa. Ich war immer noch barfuß.

»Ich war etwa in deinem Alter, etwas älter vielleicht, als ich mit einer kleinen Gruppe die Berge des Himalajas wanderte. Wir waren nicht ganz oben auf der Spitze, aber auch nicht weit davon entfernt. Wir waren gut unterwegs. Eines Morgens besuchten wir einen Tempel und wurden von den Mönchen zu einer geführten Meditationssitzung eingeladen. Wir sollten über unseren Tod meditieren. Ja, wir sollten darüber nachdenken, wie verletzlich unser Leben ist und wie auch wir eines Tages sterben würden. Wir sollten uns mit der Vorstellung wohlfühlen, frei zu leben, und uns mit den Niederlagen abfinden, vor denen wir immer wieder weglaufen, sodass wir unsere wahren Träume nicht verwirklichen können, weil wir zu sehr damit beschäftigt sind, uns über Kleinigkeiten aufzuregen, die wiederum nichts mit unserem wahren Weg zu tun haben. Die Idee hinter diesen Sitzungen war die, sicherzustellen, dass es uns egal wird, was andere über uns denken, weil die Welt uns sowieso vergessen wird, wenn unsere Zeit auf Erden vorbei ist. Aber unsere Seelen werden sich immer an diese Reise erinnern und für sie sollten wir uns fragen: Warum gehen wir nicht hinaus in die Welt und leben ein wenig mehr, erleben dieses einmalige Geschenk des Lebens ein wenig mehr.«

Der alte Mann drehte sich um und wiederholte den letzten Satz.

»Warum gehen die Menschen nicht hinaus in die Welt und leben ein wenig mehr, erleben dieses einmalige Geschenk des Lebens ein wenig mehr?«

Ich sah aus dem Fenster, um mich vor einer Antwort zu drücken.

»Was passiert denn nach einer Beerdigung?«, sprach der alte Mann weiter und sah gemeinsam mit mir nach draußen. »Innerhalb weniger Stunden sind die ersten Tränen schon wieder getrocknet. Deine Familie wird damit beschäftigt sein, genug Essen und Getränke für die Trauergäste bereitzustellen. Einige deiner Familienangehörigen werden nicht mehr nur über dich, sondern gemütlich bei Kaffee und Kuchen auch über aktuelle Geschehnisse reden, über Fußball, Politik und die Wirtschaftslage. Einige der geladenen Gäste sind erst gar nicht gekommen, weil sie keine Zeit für dich freischaufeln konnten, andere sind zwar da, bleiben aber nicht zum Leichenschmaus, weil sie den letzten Zug zurück in die große Stadt nicht verpassen wollen.«

Ich fühlte mich ertappt, auch wenn ich nicht wusste, ob der alte Mann mich persönlich mit dieser kleinen Spitze meinte. Er sah mich nicht an und redete weiter.

»Die Firma, für die du gearbeitet hast, hat deine Stelle bereits ausgeschrieben und die ersten Bewerbungsgespräche finden statt, um deinen Platz neu zu besetzen. In einigen Tagen gehen deine Kinder zurück zur Schule oder auf die Arbeit, und in einem halben Jahr wird sich deine Frau eine Comedy-Show im Fernsehen angucken und zum ersten Mal nach deinem Tod wieder herzhaft lachen. Klar, für einige wenige Menschen wirst du immer irgendwie wichtig bleiben, sie werden dich immer auf die eine oder andere Art spüren, aber die Welt als Ganzes wird dich in einer atemberaubenden Geschwindigkeit vergessen, ob die Menschen dich gekannt haben oder nicht. Es stecken keine bösen Absichten dahinter. Die Welt dreht sich einfach nur weiter und neue Menschen bekommen ihre Zeit auf Erden. Wenn dich die Menschen also so leicht und so schnell aus ihrem Gedächtnis verbannen und du es nie geschafft hast, einen Platz in ihren Herzen einzunehmen, dann frag dich einmal ganz ehrlich: Für wen lebst du dieses Leben? Du verbringst es damit, dich darum zu sorgen, was andere über dich denken könnten. Nun, die Wahrheit ist, sie denken gar nicht an dich. Also lebe dein Leben auch nicht für sie, lebe es für dich.«

Der alte Mann machte eine Pause und ich dachte über seine Worte nach.

»Aber an Jesus erinnert man sich doch auch noch«, sagte ich und war mir sicher, ein geschicktes Gegenargument gefunden zu haben.

»Mein Junge, keiner erinnert sich heute mehr an Jesus, wie er wirklich war. Es sind lediglich Bilder, wie er angeblich gewesen sein soll, die uns heute begleiten«, gab der alte Mann, ohne zu zögern, zurück. »Die Menschen erzählen die Geschichte von Jesus so, wie sie ihnen heute am meisten dient.«

»Ist das nicht traurig?«, sagte ich nach einer Weile. »Ich meine, dass man einfach so vergessen wird.«

»Nein, ist es nicht. Das ist der ganz normale Ablauf des Lebens. Es ist nur traurig für jene Menschen, die nicht ihre wahre Bestimmung gefunden und nie wirklich gelebt haben. Die Bilder deiner Lieblingsmenschen vergilben, Erinnerungen verblassen, und schon bald wirst du dich nicht mehr an ihren Geruch und ihre Stimmen erinnern. Dein Geist räumt auf. Er schafft Platz für Neues. Die Liebe hinterlässt immer ihre Spuren. Den Geruch und die Stimme von Menschen, die man liebt, vergisst man langsamer, aber man vergisst sie.«

Ich dachte an Nora und dass ich wirklich nicht mehr wusste, wie sie roch, und auch nicht, wie sie am Ende ihres Lebens aussah. Um ehrlich zu sein, war sie schon vor vielen Jahren für mich gestorben, ganz einfach, weil sie kein realer Teil meines Lebens mehr war. Sie war nur noch eine blasse Erinnerung. Mein Geist hatte Platz geschaffen. Traurig, aber wahr. Ich war in den letzten Jahren so sehr auf meinen beruflichen Erfolg gepolt, dass ich alles andere aus meinem Bewusstsein verdrängt hatte. Nichts durfte mich ablenken. Schon gar nicht meine eigenen Gefühle. Ich lebte nur für meine Arbeit, für meinen Erfolg, für das, was andere in mir sehen sollten, und für mein Ego, das immer mehr wollte und nie zufrieden war.

»Hast du sie geliebt?«

»Wen?«, fragte ich.

»Deine Freundin von der Beerdigung«, sagte der alte Mann.

»Nora?«

»Wurde heute noch jemand in deinem Umfeld beerdigt?«

»Ach, das ist eine Ewigkeit her. Die Bilder vergilben, die Erinnerungen verblassen. Du weißt schon.«

Der alte Mann nickte verständnisvoll und fragte: »Welches Lied wurde gespielt?«

»Auf der Beerdigung?«

»Wo denn sonst?«

Ich lachte. Immerhin befanden wir uns in einem Plattenladen, wo ja ständig Lieder gespielt wurden.

»*Your Song* von Elton John, aber in der Version von Ellie Goulding«, antwortete ich.

»Sehr schön«, sagte der alte Mann anerkennend. »Ich liebe Ellie. Sie ist ein Engel. Ihre Stimme verzaubert mich jedes Mal. Du solltest dir mal den Anfang von *Don't Say A Word* anhören. Nur die ersten vierzig Sekunden. So hört sich das Universum an. Der Klang der Unendlichkeit. Wenn du dir diese Stelle richtig anhörst, so wie Dave Grohl damals in seinem Kinderzimmer den Beatles richtig zugehört hat, dann bekommst du Antworten auf all deine Fragen. Elton John hatte übrigens recht, als er sagte, dass Musik eine heilende Kraft besitzt und nur sie es schaffen würde, Menschen für ein paar Stunden aus sich selbst herauszuholen. Kennst du die Geschichte zu dem Lied?«

»Meinst du die Geschichte zu *Your Song*?«

»Du musst mir nicht immer eine Gegenfrage stellen, um dich abzusichern«, lachte der alte Mann. »Ich bin schnell. Schon vergessen?«

Ich musste grinsen. Obwohl ich seine direkte und unverblümte Art nicht ausstehen konnte, mochte ich den alten Mann irgendwie.

»Nein, ich kenne nur das Lied, nicht die Geschichte.«

»Eine geniale Idee, die Bernie Taupin da hatte. Er ist einer der größten Songschreiber aller Zeiten und hat *Your Song* Elton John auf den Leib geschrieben. *Candle in the Wind*, das Lied, das Elton John der verstorbenen Lady Diana widmete und das als meistverkaufte Single aller Zeiten in die Geschichte einging, stammt übrigens auch aus seiner Feder. Ein genialer Dichter. Die Idee zu *Your Song* ist so einfach wie wunderschön: Ein Pärchen hat kein Geld, um sich teure Geschenke zu machen. Sie lieben sich, sind glücklich, aber pleite. Sie können sich nichts leisten. Also schenken sie sich gegenseitig Lieder. Hier bitte, mein Schatz. Hier ist mein Geschenk, das ist mein Lied für dich, your song.«

Ich hatte das Lied schon so oft gehört, aber nie richtig auf den Text geachtet. Was für eine schöne Idee, sich gegenseitig Lieder zu schenken. Nora hatte mir auf unseren Roadtrips mit ihren Mixtapes auf ihre Weise auch ihre Lieder geschenkt. Nicht ein Mal hatte ich dem eine größere Bedeutung beigemessen. Und nicht ein Mal hatte ich ihr eine Kassette zurückgeschenkt. Aber sie hatte ja auch kein Auto. Wir hörten ihre Lieder immer in meinem Auto. Das war unser Deal. Mein Auto, ihre Musik, unser gemeinsames Abenteuer. Wenn Nora den Song später während ihrer Ehe so oft hörte, dann war das vielleicht ihre Art, ihrem Mann zu sagen: Hey Liebster, das ist mein Geschenk für dich und ich warte auf dein Geschenk an mich. Das nie kam. Vielleicht wollte sie einfach nur gesehen werden und *Your Song* war ihre Art des Hilferufes. Oder alles war ganz anders, ganz banal und meine Gedanken völliger Unsinn. Nach diesem Tag war ohnehin alles möglich. Ich hatte Durst. »Hast du etwas zu trinken für mich? Ich bin völlig ausgetrocknet. Ein Glas Wasser würde schon reichen.«

»Klar, bedien dich ruhig«, antwortete der alte Mann. »Geh einfach nach hinten in die Küche und nimm dir, was du brauchst.«

Ich stand auf und ging zum Kamin zurück. Zu meiner Freude waren meine Socken bereits trocken und schön warm. Ich zog sie an und ging weiter in die Küche, in der es lecker nach Essen roch.

Auf dem Herd stand ein großer Topf, der auf kleiner Flamme vor sich hin köchelte und wahrscheinlich für das köstliche Aroma verantwortlich war. Ich überlegte, den Deckel zu öffnen und einen Blick hineinzuwerfen, ließ es aber sicherheitshalber bleiben. In der Ecke standen gestapelt mehrere Wasserkisten mit kleinen Glasflaschen. Ich öffnete eine Flasche ohne Kohlensäure und trank sie in einem Zug aus. Dann nahm ich zwei Flaschen mit Kohlensäure, öffnete sie und ging mit ihnen zurück nach vorn.

»Wenn du heute, an diesem Abend, also hier und jetzt, das letzte Mal Musik hören könntest«, sagte der alte Mann, als ich ihm eine Flasche überreichte und wir miteinander anstießen, »welche Songs würdest du auswählen?«

Eine weitere Frage, auf die ich keine Antwort fand.

»Keine Ahnung«, sagte ich. »Es gibt so viele Lieder. Wie soll man da auf die Schnelle die richtigen auswählen? Das geht doch gar nicht.«

Ich dachte noch kurz darüber nach, schüttelte aber nur den Kopf, worin ich mittlerweile ziemlich gut war.

»Du denkst zu viel nach«, sagte der alte Mann. »Du musst lernen, deinen Geist auszuleeren und mit dem Herzen zu fühlen. Es geht in der Musik, übrigens wie im ganzen Leben, immer um Verbindungen – die Verbindung zu dir selbst, zu anderen Menschen, zum Universum. Alles ist mit allem verbunden. Weißt du, was das Leben der Menschen wirklich verändert? Es sind die Begegnungen und die Verbindungen, die dadurch entstehen. Wenn du auf einen anderen Menschen triffst, zapfst du ganz automatisch eine magische Quelle im Universum an. Du schaffst Verbindung und ein Kraftfeld entsteht, auf das du reagierst. So entstehen neue Gedanken, neue Räume, neue Erkenntnisse. Das ist Kreativität und die Kraft, die Neues im Universum entstehen lässt. Komm, ich will dir was zeigen!«

Der alte Mann ging zum Tresen, nahm das Album in die Hand, das er vorhin aus dem Regal gezogen hatte, und wedelte damit vor meinen Augen herum.

»Diese Platte hat dein Leben verändert«, sagte er.

»Wie bitte?«, sagte ich ungläubig. »Zeig mal her!«

Ich nahm die Schallplatte in die Hand und betrachtete das Cover. Drei Männer waren darauf zu sehen, die altmodische Jacken trugen und ihre Hemden in die Hosen gesteckt hatten. Frisch aus einem Modekatalog der Achtzigerjahre. Über den Männern stand in goldener Schrift: *Gap Band 4*. Ich gab dem alten Mann seine Platte zurück und sagte: »Von der Gap Band habe ich schon gehört. Das ist eine Soul Band, aber dieses Album kenne ich nicht. Überhaupt habe ich noch nie Songs von denen gehört. Jedenfalls nicht wissentlich. Wie soll also etwas, was ich nicht kenne, mein Leben verändert haben?«

Der alte Mann lächelte und sagte: »Wir sind ja auch unterbrochen worden. Kommen wir zurück zu Dave Grohl. Als Kind hat er Platten gesammelt und diese Musik dann auf seinem Schlagzeug nachgespielt. So hat er sich, auch wenn man das auf den ersten Blick nicht vermuten würde, vor allem vom Disco-Sound der Siebziger- und Achtzigerjahre inspirieren lassen. Und dieses Album hier hat er rauf und runter gehört. Das legendäre Schlagzeug-Intro von *Smells Like Teen Spirit* hat sich Dave beim ersten Song auf diesem Album hier abgeguckt. Es sind exakt die gleichen Drums. Als ich das herausgefunden habe, sind in meinem Kopf tausend Lichter aufgegangen. Der Song heißt *Early In The Morning*. Komm, lass uns ihn gemeinsam hören. Du wirst Augen machen.«

Der alte Mann legte die Platte auf. Es begann zu rauschen und zu knacken und dann begann ein Hahn zu krähen. Ich sah den alten Mann an, doch der winkte nur ab, als wollte er mir sagen: »Wart's ab, Junge. Die Lichter kommen gleich.« Und sie kamen. Die Musik begann und als das Schlagzeug einsetzte, konnte ich es nicht glauben. Ich sprang auf und hüpfte im Kreis. Ich konnte nicht erklären, was mit mir passierte, aber der Druck des ganzen Tages schien auf einen Schlag von mir abzufallen. Das Lied hatte so eine gewaltige Energie, dass ich bis zum Schluss, die vollen 6:30 Minuten durch den Laden tanzte.

»Das gefällt mir«, lachte der alte Mann. »Du wärmst dich auf, schüttelst Ballast ab. Sehr gut! Tanzen ist ja eine Form der Meditation und sowieso immer eine gute Idee.«

Ich setzte mich wieder zu meinen Sachen vor den Kamin. Das Holz war schon fast abgebrannt, aber es musste noch kein neuer Scheit nachgelegt werden. Ich nahm einen großen Schluck aus meiner Wasserflasche. Die kurze Tanzeinlage, über die ich mich selbst wunderte, hatte mir gutgetan.

»Musik ist die Verbindung zu allem«, erzählte der alte Mann weiter. »Nicht nur die Musik selbst, auch die Geschichten dahinter, weil sie die Musik greifbar machen. 1967 gründeten drei Brüder, Charlie, Ronnie und Robert Wilson in Tulsa, Oklahoma, eine Disco-Soul-Funk-Gruppe namens Gap Band, und 1991 machten ebenfalls drei Jungs, Kurt Cobain, Krist Novoselic und Dave Grohl, aus diesem kurzen Drumloop eines der berühmtesten Lieder aller Zeiten, das wiederum Millionen Jugendliche auch heute noch zum Träumen bringt. Alles ist mit allem verbunden.«

»Alles ist mit allem verbunden«, wiederholte ich leise die Worte des alten Mannes, ohne wirklich zu verstehen, was er damit meinte.

»Obwohl Dave Grohl die Musikwelt wie kaum ein Zweiter beeinflusst hat, zuerst mit Nirvana und später mit den Foo Fighters, so hält er sich selbst übrigens nur für einen durchschnittlichen Drummer. Wirklich wahr, das hat er selbst gesagt. Für den *Rolling Stone* jedoch, immerhin das wichtigste Musikmagazin der Welt, zählt er zu den einhundert besten Schlagzeugern aller Zeiten. In dieser Liste befindet er sich vor dem besten Hiphop-Drummer der Welt, Questlove von The Roots, vor Sheila E., der legendären Schlagzeugerin von Prince, und sogar vor Tony Thompson, dem Drummer von Chic, der ja wiederum eines der großen Vorbilder von Dave Grohl war und zu dessen Musik er als junger Kerl schon geübt hat. Wenn der Schüler auf dem Weg zur Meisterschaft seinen Lehrer überholt.«

»Wenn der Schüler auf dem Weg zur Meisterschaft seinen Lehrer überholt«, wiederholte ich erneut die Worte des alten Mannes.

»Glaubst du an Zufälle oder glaubst du an Zeichen?«, fragte er mich und unterbrach meinen Gedankengang. »Glaubst du, dass sich das Universum einfach so dieses Lied ausgesucht hat, als du vorhin durch diese Tür gekommen bist? Oder glaubst du, dass dahinter eine Botschaft stecken könnte? Ich weiß es nicht, deswegen frage ich dich.«

»Alter Mann, ich weiß nicht, wann ich das letzte Mal in so kurzer Zeit so viele Fragen gestellt bekommen habe. Was willst du denn damit bezwecken? Ehrlich, was soll das alles?«

»Ich stelle doch nur Fragen«, gab der alte Mann als Antwort. »Nur Fragen, ganz harmlos. Okay, ich versuche es anders. Was hast du gefühlt, als du vorhin diesen Ort hier betreten hast? Was hast du gesehen? Welche Bilder sind dir in den Kopf geschossen?«

Ich nahm den letzten Schluck aus der Wasserflasche und stellte sie neben den Kamin.

»Was ich gefühlt habe? Wärme. Was ich gesehen habe? Mich als Teenager, wie ich zum ersten Mal in die fantastische Welt von MTV eingesogen wurde. *Smells Like Teen Spirit*, das war die pure Freiheit für einen kleinen Jungen mit großen Träumen. *Freiheit* ist der Begriff, der dieses Lebensgefühl wohl am besten beschreibt. Grenzenlosigkeit, Unbekümmertheit, Reinheit. Rausgehen in die Welt, was reißen, Skateboard fahren, Musik hören, ein Superstar-DJ sein, Erfolg haben, Anerkennung, kein Spießer sein, Geld haben, coole Menschen treffen, Partys feiern, auf Festivals gehen, Mädchen treffen, Surfen gehen, Lagerfeuer am Strand, unter Palmen liegen und die Sterne beobachten, nicht an den nächsten Morgen denken, sein Ding machen, das Leben genießen, einfach alles, nur nicht langweilig sein.«

»Na, das klingt für mich nach großen Träumen«, lächelte der alte Mann. »Und wenn du ganz ehrlich zu dir bist, was ist von all dem, wenn du dir dein aktuelles Leben ansiehst, heute noch übrig geblieben?«

Ich lehnte mich nach hinten und ging meine Worte in Gedanken Punkt für Punkt durch. Meine Laune verschlechterte sich augenblicklich, was ich mir aber nicht anmerken ließ. Der alte Mann sprach weiter: »In dieser Phase unseres Lebens, wenn wir noch sehr jung sind und gerade beginnen, die Welt in all ihren Facetten zu entdecken, da reift in uns ein ganz spezielles Samenkorn heran. Interessen bilden sich, Leidenschaften, und plötzlich machen die Kinder Dinge, nicht weil sie müssen, sondern weil sie sich wirklich dafür begeistern. Eine magische Flamme wird in uns entzündet und ein Weg öffnet sich, den man als Bestimmung bezeichnen könnte. Jedes Kind fühlt es. Jedes Kind weiß, dass da etwas Wunderschönes in ihm heranwächst. Wie du gerade selbst beschrieben hast, ist in dieser Zeit alles möglich. Alles scheint so leicht und so einfach zu sein und kleine Kinderträume bekommen plötzlich riesige Flügel. Und dann passiert genauso plötzlich etwas Unerklärliches. Die magische Flamme der persönlichen Bestimmung wird von einer dunklen Macht heimgesucht, sodass die Träume all dieser jungen Menschen langsam und qualvoll ersticken. Wie ein Feuer, das allmählich erlischt. Die Glut brennt zwar noch eine Weile, aber irgendwann bleibt nichts als ein Haufen Asche zurück.«

Mir liefen die Tränen. Seine Worte trafen mich direkt ins Herz. Ich drehte mich zur Seite, damit der alte Mann meine Tränen nicht sehen konnte. Es waren nur ein paar, trotzdem wollte ich sie vor ihm verbergen. Es war mir unangenehm. Ich dachte über meine Antwort nach und musste mir schmerzhaft eingestehen, dass, außer ein bisschen Geld auf dem Konto, nicht viel von meinen Jugendträumen übrig geblieben war. Immer wieder hörte ich diesen einen Satz in meinen Gedanken: Du kannst der ganzen Welt etwas vorspielen, aber nicht dir selbst. Du kannst der ganzen Welt etwas vorspielen, aber nicht dir selbst. Du kannst der ganzen Welt etwas vorspielen, aber nicht dir selbst.

Der alte Mann kam hinter seinem Tresen hervor und ging in die andere Ecke seines Ladens. Bei den Rap-Alben blieb er stehen, suchte eine Weile und kam wenig später mit einer Platte zurück, die er kommentarlos auf den Tresen stellte, damit ich das Cover sehen konnte: *Moment Of Truth* von Gang Starr.

»Es gibt Momente im Leben, da musst du der Wahrheit ins Gesicht blicken«, sagte der alte Mann. »Ich gehe jetzt aber erst mal nach dem Chili gucken, das ich heute Morgen für uns angesetzt habe. Ich hoffe, du hast Hunger.«

Der alte Mann klopfte mir auf die Schulter und verschwand pfeifend in der Küche. Wer war dieser Mann?, fragte ich mich erneut, während ich ihm hinterhersah. Und woher wusste er, dass ich heute hierherkommen würde? Dann senkte ich meinen Blick und schaute in die Glut des Kamins. Ich ging auf die Knie und pustete gegen das glimmende Holz. Eine neue Flamme wurde entfacht. Ich nahm etwas Brennholz, das in einem Korb ordentlich übereinandergestapelt war, und legte es vorsichtig über die Glut. Ich sah direkt in die Flammen. Dann hörte ich wieder diese Stimme in meinen Gedanken, von der ich glaubte, es sei Noras Stimme, die ich wohl doch noch nicht vergessen hatte: »Erik, du fragst dich die ganze Zeit, wer dieser alte Mann ist, und übersiehst dabei die viel wichtigere Frage: Wer bist du? Kannst du das beantworten? Frag dich endlich ganz ehrlich: Wer bin ich wirklich, wenn ich niemand sein muss?«

7

DER MOMENT DER WAHRHEIT

Der alte Mann kam mit zwei kleinen Schüsseln zurück.

»Hier, probier mal! Das Chili ist noch nicht ganz fertig. Es muss noch ein bisschen länger durchziehen, aber es schmeckt schon jetzt himmlisch.«

Ich nahm dankend meine Schüssel entgegen. Viel war nicht drin, ein Löffel Chili und ein kleines Stück abgebrochenes Baguette.

»Einfach für den Geschmack, damit du weißt, worauf du dich freuen kannst«, lächelte der alte Mann. »Das Geheimnis eines guten Chilis liegt im Rotwein. Du brauchst richtig guten Rotwein, der schön lange sein Aroma verbreitet. *In vino veritas. Im Wein liegt die Wahrheit.* Kennst du den Ursprung dieser alten Weisheit?«

Ich tupfte das Baguette durch den Saucenklecks und schüttelte bestimmt zum hundertsten Mal an diesem Tag den Kopf. Das Chili war der absolute Wahnsinn. Der alte Mann hatte nicht zu viel versprochen.

»Der Satz stammt aus dem antiken Griechenland und kommt von einem Lyriker namens Alkaios von Lesbos. Später haben die Römer diese Redewendung dann in ihren Sprachgebrauch übernommen und in wichtigen Ratssitzungen oder vor Gericht immer viel Wein getrunken, weil sie glaubten, dass niemand lügen könne, der betrunken sei.«

»Willst du mich betrunken machen?«, lachte ich zurück.

»Gibt es denn eine Lüge in deinem Leben, für die du ein Wahrheitsserum bräuchtest?«, fragte der alte Mann und nahm dankend meine Schüssel entgegen. Ich lachte nur und verstand das als rhetorische Frage, auf die ich nicht antworten musste, was ich ohnehin nicht getan hätte.

»Liebst du dein Leben?«, fragte der alte Mann, als er aus der Küche zurückkam und eine frische Flasche Mineralwasser neben mich stellte. »Liebst du deine Reise? Erfüllt sie dich? Oder ist dein aktueller Lebensweg nur ein Mittel zum Zweck für dich? Erzähl mir davon. Erzähl mir aus deinem Leben. Wer bist du in diesem Moment? Was beschäftigt dich?«

»Puh, viele Fragen auf einmal, erneut, und absolut nicht der Tag, an dem ich die Muße habe, sie zu beantworten. Doch wegen deiner Gastfreundschaft will ich es versuchen«, lächelte ich, obwohl mir gar nicht zum Lachen war. Konnte er meine Gedanken lesen? »Wo soll ich da nur anfangen? Es ist kompliziert.«

»In der Regel sind die Dinge nie so kompliziert, wie wir glauben. Wir denken das nur, damit wir eine Ausrede für uns selbst haben, um nichts verändern zu müssen. Wie eine negative, sich selbsterfüllende Prophezeiung. Pass auf, ich stelle dir eine kurze Frage und du antwortest darauf ganz schnell, ohne lange darüber nachzudenken. Frage – Antwort, Frage – Antwort. Zack, zack! Verstanden?«

»Verstanden«, nickte ich.

Der alte Mann sah mir tief in die Augen und fragte: »Wer bist du?«

»Es kommt ganz darauf an, wen du fragst. Für die einen bin ich ein Life Coach, ein Speaker, ein Motivator. Für andere bin ich ein Entrepreneur, ein Gründer, ein Geschäftsführer. Und für manche bin ich sogar ein Guru.«

»Sehr gut«, nickte der alte Mann und stellte direkt die zweite Frage: »Und wer bist du für dich?«

»Ein Suchender«, sagte ich.

»Und was beschäftigt dich gerade am meisten?«

»Mein ganzes Leben«, antwortete ich sofort.

»Und wenn du an dein *ganzes Leben* denkst, was stört dich daran besonders?«

»All der Fake in meinem Kosmos!«

»Wow, sehr gut«, sagte der alte Mann. »Gute Antworten, Erik. Wirklich sehr gut. Endlich hast du deine Mauer einen Spalt geöffnet, endlich bist du wahrhaftig. Weiter so! Was genau meinst du mit *Fake in meinem Kosmos*? Erkläre mir das!«

Ich atmete tief ein und aus, denn ich wusste, welche Worte gleich meinen Mund verlassen würden.

»Weißt du, jeder bewegt sich ja in seiner eigenen Blase, und meine Blase nennt sich *Persönlichkeitsentwicklung*. Das ist mein Kosmos und glaube mir, der ist riesig. Darin tummeln sich Coaches und Mentoren aus den unterschiedlichsten Bereichen mit verschiedenen Schwerpunkten, Psychologen und Therapeutinnen, ehemalige Profisportler, Speaker, YouTuber, Influencer, Podcaster, Schamanen, Heiler, Psychologen, Ärztinnen, Yogalehrerinnen, Mentaltrainer, Experten für Fitness, Meditation und Atmung, aber auch für Onlinemarketing, berufliche Selbstständigkeit und den eigenen Markenaufbau. Du findest in dieser Welt Menschen mit und ohne Ausbildungen, Menschen, die wirklich Ahnung von dem haben, was sie tun, und absolut seriös sind, und Menschen, die einfach nur das, was bei anderen gut funktioniert, schamlos kopieren. Im Prinzip findet dort jeder einen Platz, der die Wörter Liebe und Licht fehlerfrei in einem Satz unterbringen kann.«

»Warum so zynisch?«, fragte der alte Mann ruhig.

»Weil von Liebe und Licht nicht mehr so viel übrig bleibt, wenn man erst mal einen Blick hinter die Kulissen geworfen hat. Nach außen haben sich in dieser Blase alle lieb, nichts und niemand wird kritisiert. Es wird auch nicht so genau hingesehen, was jemand macht und wie dieser Jemand wirklich sein Geld verdient. Hauptsache, jeder unterstützt jeden und alles ist immer *super inspirierend.* In Wahrheit geht es jedoch immer nur um den eigenen strategischen Vorteil, nach dem Motto: Ich helfe dir jetzt, damit du mir in einem halben Jahr bei meinem Projekt auch hilfst. Das ist keine Liebe, sondern Politik. Und alles, wirklich alles in dieser Blase ist wunderbar. Das reinste rosarote Märchenparadies, in dem sich alle lieb haben. Sooo unheimlich lieb. One Big Happy Family. Und hat man mal eine oder einen nicht mehr so lieb, weil man vielleicht herausgefunden hat, dass er eine Ratte oder sie eine falsche Schlange ist, dann wird öffentlich schön die Klappe gehalten, denn in diesem Märchenparadies soll bitte alles immer positiv sein – Good Fucking Vibes Only! Aber weißt du was, alter Mann? Dieser Fake frisst mich auf. Ich bin nicht den ganzen lieben langen Tag positiv. Und ich habe auch nicht jeden lieb. Im Kern reden sie alle von Authentizität. Doch wie authentisch ist es, wenn man immer nur die guten und positiven Dinge anspricht und all jene Momente, in denen die Seele schmerzt und man wirklich nicht weiterweiß, all jene Momente, in denen man einer anderen Person widersprechen möchte oder ihr einfach mal die Meinung sagen will, im eigenen öffentlichen Auftritt total ausklammert? Mir ist kein einziger Fall bekannt, in dem sich führende Persönlichkeiten aus meiner Blase öffentlich kritisiert oder gar gestritten hätten. Geht es am Ende womöglich vorrangig doch nur um Ruhm, Reichweite und den eigenen finanziellen Vorteil und wenn überhaupt, erst sehr viel später um die Liebe und das Licht? Ich verrate es dir, denn es war ja eh keine echte Frage. In meiner Branche zählt nur noch die Fassade, wie etwas aussieht. Das ganze Leben in diesem Kosmos ist zu einer gigantischen und inszenierten Marketingshow verkommen. Kapitalismus, Narzissmus und Egoismus in ihrer pursten Form. Und ganz ehrlich, ich versuche, da nicht mitzumachen. Ich biete keine überteuerten Programme an. Ich versuche in meiner Funktion als Life Coach wirklich die Menschen im Herzen zu erreichen, damit sie gute Entscheidungen treffen, die zu einem erfüllten Leben führen. Ganz oft verschenke ich mich sogar. Zumindest gehe ich immer als gutes Beispiel voran. Ich poste auch mal, wenn es mir nicht so gut geht. Ich gebe auch mal zu, wenn ich etwas nicht weiß oder kann oder verstehe. Ich zeige mich öffentlich von allen Seiten, nicht nur von meiner Sonnenseite. Das ist in meinen Augen Authentizität, nicht dieser durchgefilterte Hochglanzscheiß der anderen.«

Der alte Mann sagte nichts. Er sah auf den Boden und bewegte seine Füße hin und her. Dann drehte er langsam seinen Kopf zu mir und fragte: »Du arbeitest also als Life Coach, demnach bist du eine Art *Lehrer fürs Leben*, richtig?«

»Ja«, antwortete ich und trank einen Schluck Wasser.

»Deine Berufsbezeichnung liegt also darin, das Leben verstanden zu haben und dieses Wissen nun an andere weiterzugeben. Ist das korrekt?«

»Na ja, daran ist zumindest nichts falsch«, sagte ich.

»Glaubst du, die Sonne interessiert es, was der Mond oder die Sterne machen?«, fragte mich der alte Mann. »Glaubst du, eine Rose kümmert es, was die Nelken und Gänseblümchen auf der Wiese den ganzen lieben Tag lang treiben? Glaubst du, eine Schneeflocke interessiert sich dafür, was die Millionen anderen Schneeflocken denken, die neben ihr zur gleichen Zeit vom Himmel fallen? Erik, mein Freund, du bist nicht bei dir. Du verbringst dein Leben im Außen. Du handelst nicht aus deinem Inneren heraus, dort, wo sich dein wahres Ich befindet. Du handelst nicht aus Liebe zu dir, sondern nach einem kalkulierten Plan: Was denken die anderen über mich? Wie kann ich dieses Produkt verkaufen? Wie kann ich die Menschen manipulieren? Wie kann ich ihre Ängste so nutzen, dass sie mir dienen? Du denkst zwar, dass du dich an die Menschen verschenkst, aber wie kann etwas ein Geschenk sein, wenn immer ein Preisschild dranhängt? Auch unsichtbare Preisschilder bleiben Preisschilder. Dein wahrer Kern hat das erkannt und deswegen fühlst du dich so schlecht, deswegen bist du bei all deinem Erfolg im Außen tief in dir drinnen nicht glücklich. Alles in deinen Worten schreit danach.«

Wir beide machten eine Pause. Der alte Mann schaute mir tief in die Augen und stellte eine weitere Frage: »Was haben all diese Menschen aus deiner Blase, von denen du gerade gesprochen und die du vor deinem geistigen Auge hattest, mit dir zu tun?«

»Nichts.«

»Sind sie dir wichtig?«

»Nein.«

»Und wieso verbringst du dann so viel Zeit mit ihnen?«

Der alte Mann faltete wartend seine Hände, damit ich darüber nachdenken konnte. Das war eine gute Frage, eine sehr gute Frage.

»Wieso tauschst du das Wertvollste, was du hast, deine Lebenszeit, dagegen ein, um mit Menschen dein Leben zu verbringen, die du nicht einmal leiden kannst? Zeit, die du in Gedanken verbringst, ist auch Lebenszeit. Gewinner denken über Ideen nach. Verlierer denken über Gewinner nach. Warum möchtest du ein Verlierer sein?«

»Ich bin kein Verlierer«, protestierte ich.

»Du bist neidisch auf die, die erfolgreicher sind als du, und ganz tief in dir schämst du dich dafür. Du schämst dich dafür, der Mensch geworden zu sein, der du bist, denn in Wahrheit, und die tut so richtig weh, bist du nicht besser als diese anderen, denn wie du selbst gesagt hast: Du bist auch nicht den ganzen lieben langen Tag nur positiv. Und um diesen Schmerz zu ertragen, findest du deine ganze Branche lächerlich. Aber eine weitere Wahrheit ist, dass das alles nur Ablenkungsmanöver von deinen echten Problemen sind.«

Ich wurde sauer, obwohl ich es nicht wollte. Ich fühlte mich dermaßen angegriffen und holte prompt zum Gegenangriff aus: »Du verstehst das einfach nicht. Du hast keine Ahnung von meinem Business und mal ehrlich: Wer bist du schon? Wer bist du, dass du mir kluge Ratschläge erteilen kannst? Was hast du schon erreicht in deinem Leben? Sieh dich doch an!«

»Ah ja«, lächelte der alte Mann. »Sag du's mir. Wen erkennst du, wenn du mich ansiehst? Leg los, komm schon. Halte nichts zurück! Wer bin ich für dich?«

Ich drehte mich um und biss mir auf die Zunge, weil ich den alten Mann mit meinen Worten nicht verletzen wollte, und weil ich merkte, dass mein Ego mich mal wieder in Geiselhaft genommen hatte.

»Ist schon gut«, sagte ich leise, doch der alte Mann sprang mit einem gekonnten Satz aus seinem Schneidersitz. Er stand nun direkt vor mir und sagte: »Ich verrate dir, was du über mich denkst, denn offenbar hast du nicht den Mumm, es selbst auszusprechen. Das ist nur ein alter Mann mit einer alten Hose, die Löcher hat, und alten Chucks und einem noch älteren T-Shirt, der in einem kleinen Plattenladen irgendwo im Nirgendwo versauert. Was hat der schon erreicht in seinem Leben? Was soll ich schon von so einem alten Knacker lernen? Was weiß der schon vom Business? Na, hab ich recht?«

Beschämt sah ich in die andere Richtung des Ladens, um seinen Blicken auszuweichen. Ich fühlte mich ertappt.

»Weißt du, was dein Problem ist?«, sprach der alte Mann weiter. »Du siehst nicht genau hin. Du lässt dich von deinem kranken Verstand täuschen. Du denkst, dass du nur von Menschen lernen kannst, die das haben, was dir fehlt. Du glaubst deinen eigenen fehlerhaften Gedanken, hältst sie für die Wahrheit und ignorierst so all die Möglichkeiten, die vor dir liegen. Warum? Weil du, anstatt dich mit deiner Wahrheit zu beschäftigen, einer Illusion hinterherläufst. Woher weißt du denn, dass ich nicht ein Imperium leite, mit Geschäften in New York, Tokio, Los Angeles, Paris, London, Dubai? Vielleicht ist das hier ja nur ein Hobby von mir? Vielleicht bin ich morgen schon im Silicon Valley und schließe einen großen Deal ab? Vielleicht gehört mir dieses Haus hier, diese Straße, dieses Dorf? Wie würdest du dann über mich denken? Ich, der gleiche Mensch, wie er jetzt vor dir steht. Wäre ich in deinen Augen dann erfolgreicher? Würdest du mir dann richtig zuhören? Hättest du dann mehr Respekt vor mir? Hätte ich dann deine volle Aufmerksamkeit? Hätten meine Worte dann mehr Gewicht? Tja, wer bin ich wirklich? Das ist offenbar die Frage des Tages. Nicht wahr, Erik?«

»Ich möchte nicht unhöflich klingen«, erwiderte ich. »Immerhin bin ich hier in deinem Haus, und das respektiere ich, aber woher nimmst du die Annahme, ich würde mich nicht mit meiner Wahrheit beschäftigen?«

Der alte Mann lächelte.

»Niemand wäre aus diesem Zug ausgestiegen, der nicht vor etwas wegläuft.«

Ich setzte mich wieder und der alte Mann fuhr fort.

»Der Grund, warum du als Erwachsener nicht glücklich bist, ist, dass der kleine Junge mit dem Skateboard und dem Nirvana-T-Shirt, von dem du vorhin erzählt hast, immer noch in dir lebt und jeden Tag darum bettelt, von dir gesehen zu werden. Er will nicht von deinem Erfolg gesehen werden, sondern von dir. Dieser Junge lebt noch in dir und wird jeden Tag aufs Neue von dir enttäuscht, weil du ihm keinen Raum gibst. Hör ihm zu, gib ihm endlich ein Stimmrecht. Nimm ihn ernst.«

Da war er: der wunde Punkt. Die schmerzende Wahrheit. Meine Wahrheit. Mir liefen wieder die Tränen, aber dieses Mal versteckte ich sie nicht.

»Du musst dich nicht mehr schämen«, sprach der alte Mann weiter. »Du kannst den kleinen Jungen jetzt wieder zu dir holen, ihm sagen: Alles ist gut. Komm mit mir nach Hause. Du musst keine Angst mehr haben. Erik, du bist nicht glücklich, weil du nicht deiner wahren Bestimmung folgst. Du hast dich von der Welt da draußen oder deiner Blase, wie du sagst, so beeinflussen lassen, dass du deiner inneren Stimme nicht mehr vertraust. Oder kannst du wirklich von ganzem Herzen von dir behaupten, dass du in deinem Leben machst, was Dave Grohl in seinem Leben macht?«

»Auf dem Bett sitzen und Musik hören?«

Ich konnte mir diese Spitze nicht verkneifen.

»Ganz genau«, lächelte der alte Mann. »Auf dem Bett sitzen, oder in einem Sessel, und Musik hören.«

»Ach, so wie du, meinst du. Und was bringt dir das? All das Stöbern in der Musik? Bezahlt das deine Miete? Kannst du damit Likes sammeln oder irgendwen da draußen beeindrucken?«

»Du musst verstehen, ich möchte gar keine Likes sammeln. Auch muss ich niemanden beeindrucken oder gar von mir überzeugen. Selbst dich nicht. Zum Thema Geld kommen wir vielleicht später noch zurück, das hat Zeit. Was mir die Musik bringt, fragst du? Ich fülle mein Herz damit. Und das jener Menschen, die den Weg zu mir finden. Ich möchte dir eine Geschichte erzählen. Vorhin, als ich dir ein paar Bands aufgezählt habe, die Dave Grohl als Kind inspiriert haben, da habe ich auch die legendäre Disco-Band *Chic* erwähnt. Du kennst garantiert ihre großen Hits wie *Good Times* oder *Le Freak.*

»Klar kenne ich die«, nickte ich.

»Sehr gut«, sagte der alte Mann und klatschte in die Hände. »Gegründet wurde die Band von Nile Rodgers, der später zu einem der einflussreichsten Gitarristen, Komponisten und Musikproduzenten aller Zeiten wurde. Diesen Mann in wenigen Sätzen zu beschreiben, ist unmöglich, aber sagen wir so: So ziemlich jeder Disco-Hit aus den Siebzigern stammt aus seiner Feder. Und in den Achtzigern ging das so weiter: Diana Ross, Madonna, Duran Duran, Grace Jones. Er hat auch *Let's Dance*, den größten Hit von David Bowie, produziert. Einer der wenigen ganz Großen, okay?«

»Ja, okay«, antwortete ich, ohne Emotionen zu zeigen, was dem alten Mann wohl nicht so gut gefiel, denn er sprang auf und kam wenig später mit zwei Platten zurück.

»Du kapierst es nicht«, rief er mir zu. »Ohne Nile Rodgers wäre heute nichts, wie es ist. Bevor wir uns weiter unterhalten, müssen wir seine Musik hören. Wir brauchen seine Energie hier im Raum, sonst wird das nichts. Wir beginnen mit *Lost in Music* von Sister Sledge. Eines der besten Lieder aller Zeiten. Achte auf den Text, die Melodie, das Gitarrenriff, den Groove, lass dich ganz fallen und verliere dich in der Musik. Und dann werde ich einen weiteren Nile-Rodgers-Klassiker auflegen: *Everybody Dance* von Chic. Achte auch bei dem Lied auf die Anfangszeilen.«

Der alte Mann begann zu singen: »*Music never lets you down. Puts a smile on your face, any time, any place. Dancing helps relieve the pain. Soothes your mind, makes you happy again.*«

Dann setzte der Beat ein, der alte Mann tanzte vor seinem Plattenspieler, und so sehr ich mich auch wehrte, ich konnte nicht anders, als ebenfalls mit meinem Zeigefinger im Takt der Musik zu wippen, mit der flachen Hand auf mein Bein zu klopfen, um dann die andere Hand neben meinem Ohr mit einer imaginären Rassel zu bestücken und im Beat der Musik mitzuschwingen. Am Ende ließ ich mich ganz mitreißen und schwang die Hüften wie John Travolta in seinen besten Tagen, was dem alten Mann dann doch ein breites Grinsen ins Gesicht zauberte. So schnell wechselten die Emotionen in diesem seltsamen Plattenladen.

Fünfzehn Minuten später, denn so lange liefen die beiden Songs in voller Lautstärke, ließ ich mich wieder in den Sessel fallen. Der alte Mann hatte recht, das Tanzen hatte mir erneut gutgetan. Er setzte sich neben mich und sagte: »Ich muss dir später noch eine spannende Geschichte von Nile Rodgers und Prince erzählen, aber jetzt erst mal diese hier. Nile Rodgers steht im Jahr 2012 zusammen mit Pharrell Williams im Studio von Daft Punk in Paris, um ihren gemeinsamen Song *Get Lucky* aufzunehmen. Nachdem alles im Kasten ist, spielen Daft Punk den beiden einen Song vor, den sie gerade erst fertig produziert hatten: *Giorgio by Moroder*. Giorgio Moroder, geboren in Südtirol, ist ebenfalls eine Legende. Ende der Sechzigerjahre ist er nach München gegangen, um dort mit seinem Synthesizer den Disco-Sound der Siebzigerjahre neu zu erfinden. Was den Legendenstatus angeht, steht er Nile Rodgers in nichts nach, ein absoluter Held. In den Achtzigern hat er zum Beispiel den Soundtrack von *Flashdance* und *Top Gun* produziert. Du siehst, mehr Legende geht kaum. Daft Punk haben das auch so gesehen und wollten einem der großen Pioniere der elektronischen Musik ein Denkmal setzen und luden ihn nach Paris ein. Giorgio Moroder saß also bei Daft Punk im Studio, redete über sein Leben, und wann immer er in seiner Erzählung ein neues Jahrzehnt erreichte, tauschten sie das Mikrofon aus. Es musste immer ein Originalmikrofon aus der jeweiligen Zeit sein. Daft Punk erzählten diese Geschichte später Nile Rodgers und er fragte, warum sie das gemacht hätten, denn schließlich würde niemand den Unterschied hören. Nicht einmal Profimusikern würde der Klangunterschied auffallen. Da lächelten sich Guy-Manuel de Homem-Christo und Thomas Bangalter, die beiden Namen hinter Daft Punk, verschmitzt an und sagten: ›Doch, uns.‹«

Der alte Mann sah mich mit leuchtenden Augen an.

»Darin, in dieser Kleinigkeit, die niemand im Außen erkennt, liegt der Schlüssel zu einem wirklich glücklichen Leben. Die beiden Musiker von Daft Punk haben diesen Aufwand nur für sich betrieben, nur für ihr eigenes Seelenwohl, für niemanden sonst. Genau das macht den Unterschied aus, ob du abends mit einem Gefühl von Zufriedenheit ins Bett gehst und dich auf den nächsten Morgen freust, oder ob du dich in einem Zustand der Gleichgültigkeit befindest. Wenn du aufhörst, den falschen Dingen nachzujagen, Erfolg im Außen zum Beispiel, gibst du den richtigen Dingen die Chance, an deine Tür zu klopfen. Und dann, mein Freund, erlangst du irgendwann das Größte überhaupt: Seelenfrieden.«

Der alte Mann machte nur kurz eine Pause, um dann gleich zu sagen: »Komm, wir hören uns den Song an. Hör mal auf den Text und erinnere dich dabei an meine Geschichte.«

Der alte Mann ging in eines der hinteren Zimmer und kam nach wenigen Minuten mit einem weißen 12"-Bootleg zurück, einer dieser besonderen Pressungen, die man nicht offiziell kaufen kann.

»Eine kleine Rarität«, zwinkerte er mir zu. »Am besten du schließt die Augen, damit du die Reise voll genießen kannst. Ich werde mich neben dich setzen und das Gleiche tun.«

Dann hörte ich das Knistern der Schallplatte, schloss meine Augen und verschwand für die kommenden zehn Minuten in einem Traumland. Wie es aussah, kam ich hier so schnell nicht weg. Also gab ich mich hin.

»König ist nur, wer seine eigenen Leidenschaften beherrscht.«

»Wie bitte?«

Ich war noch leicht benommen von meiner kleinen Auszeit, sodass ich nur die Stimme des alten Mannes irgendwo aus der Ferne vernahm, aber nicht hörte, was er gesagt hatte.

»König ist nur, wer seine eigenen Leidenschaften beherrscht«, wiederholte er gut gelaunt. »Das hat Sokrates gesagt. Er meinte damit, dass nur der König über sein eigenes Königreich sein kann, der sich seiner wahren Ziele im Klaren ist, der seine Gefühle nicht verdrängt, sondern voll und ganz annimmt und sich nicht blindlings von temporären Bedürfnissen steuern lässt.«

»Und?«, fragte ich nach. »Was willst du mir damit sagen?«

»Für dich möchte ich den Satz umformulieren: König ist nur, wer seine Leidenschaften erkennt und sie dann aktiv erlebt. Das wird dein Schlüssel sein. Finde deine wahre Leidenschaft und verbringe dein Leben mit ihr. Finde etwas, was dich morgens aufstehen und weite Wege gehen lässt, ohne dass es dir etwas ausmacht. Finde etwas, worin du einen Sinn erkennst, auch wenn dich andere für verrückt erklären. Werde wieder König in deinem eigenen Königreich. Aktuell ist dein Königreich nicht mehr als ein gut ausgestattetes Gefängnis. Ich weiß, warum du unsicher bist. Du versuchst, jemand zu sein, der du nicht bist. So wirst du vielleicht weiter auf einem Thron sitzen, aber dein Herz wird immer in Ketten gelegt sein. Du fragst, was du lernen kannst, wenn du Musik hörst? Giorgio Moroder hat es dir gerade persönlich in dem Song erklärt: Kein Geld zu haben, aber einen Traum im Gepäck. Eine Idee von seinem Leben zu haben und seine Tage damit zu verbringen, sie umzusetzen. Das ist das größte Lebensglück, nicht die Zahl auf deinem Bankkonto. Ob du Musiker, Arzt oder Bäcker bist, ist völlig egal, denn jeder von uns begeistert sich für etwas anderes. Entscheidend ist, dass du dich dieser einen Sache, die du liebst, völlig hingibst. Diese Begeisterung wird dir alle Türen auf dieser Welt öffnen, da diese Sprache von jedem Menschen verstanden wird. Ja, das kann Musik dich lehren, mein Freund. Die Macht der Begeisterung.«

»Und was, wenn man nicht weiß, was einen begeistert? Was, wenn das, was mich begeistert, schon Tausende Menschen vor mir besser an andere weitergeben konnten?«

»Ach, es ist kaum zu glauben!«

»Was meinst du?«, fragte ich.

»Ich kann gar nicht glauben, dass du dich Life Coach nennst. Du bist kein Trainer des Lebens, oder siehst du dich wirklich so? Du hast die einfachsten Regeln des Lebens nicht verstanden, denn du machst immer noch andere Menschen dafür verantwortlich, dass du nicht glücklich bist. Warum tust du das?«

Ich schluckte.

»Ich kann es dir sagen: weil du in Wahrheit neidisch bist. Du bist neidisch auf ihren Erfolg. Obwohl du selbst offenbar ziemlich erfolgreich bist, bist du neidisch auf die, die noch mehr haben als du. Du bist neidisch auf sie, weil sie sich für ihre Sache begeistern können, für die du dich seit Jahren abquälst. Deswegen leidest du.«

»Diese Begeisterung gab es auch bei mir einmal, aber jetzt habe ich einfach meinen Kompass verloren, alter Mann«, sagte ich leise. »Das verstehe ich allmählich.«

»Du sagst zwar nach außen, dass es nicht darauf ankommt, was andere über dich denken, aber selbst handelst du nicht danach. Ich frage dich, was dich an deinem Leben stört, und du redest nur von anderen Menschen. Das bedeutet, du handelst kalkuliert, um im Außen eine Reaktion zu erzeugen: Liebe mich. Finde mich toll. Bewundere mich. Ist es das, was du willst: bewundert werden?«

Ich schaute auf die vielen bunten Plattencover, die über dem Tresen an der Wand hingen: Sade, Slum Village, Roy Ayers, J Dilla, Sérgio Mendes, Aretha Franklin, Jerry Butler. Dann wurde ich wieder aus meinen Gedanken gerissen.

»Du redest oft von Selbstliebe«, sagte der alte Mann.

»Woher weißt du das?«

»Ich bin alt und nicht lebensfremd. Selbstliebe bedeutet, nichts von anderen Menschen zu erwarten und sie so sein zu lassen, wie sie sind. Ja, mit all ihren Fehlern und schlechten Angewohnheiten. Denn nur dann erlaubst du dir, ebenfalls so sein zu dürfen, wie du bist. Du stehst nicht zu dir und deinen wahren Träumen, und deswegen geht es dir schlecht. Du glaubst, das wäre nicht genug, du wärst nicht genug. Und anstatt in deinem Leben aufzuräumen und eine neue Struktur zu schaffen, die dich wieder von innen strahlen lässt, fokussierst du dich auf andere und zählst deren Schwächen auf.«

»Aber es kotzt mich einfach so an«, rechtfertigte ich mich. »Diese Scheinheiligkeit. Wenn du wüsstest, wie es hinter den Kulissen meiner Welt zugeht. Es geht nur ums Geld, ums Ego, um Reichweite, um den eigenen finanziellen Vorteil.«

»Schon wieder bist du nicht bei dir. Außerdem wiederholst du dich. Und scheinheilig bist nur du, denn niemand sonst zählt für mich in diesem Moment. Wenn du über sie redest, dann meinst du in Wahrheit dich selbst. Das musst du verstehen. Eine weitere Wahrheit ist, dass diese Menschen das Gleiche wollen wie du. Sie haben die gleichen Träume wie du. Genauer gesagt sind sie du und du bist sie. Es gibt keinen Unterschied zwischen euch, denn auch ihr seid durch eine unsichtbare Kraft miteinander verbunden. Du suchst nach Liebe, das fühle ich. Erik, wenn du verzeihst, dann liebst du. Und wenn du liebst, dann scheint das Licht Gottes auf dich, die ganze Kraft des Universums. Verzeih ihnen, aber verzeih vor allem dir. Wenn du das schaffst, hat sich der weite Weg, den du hinter dir hast, schon gelohnt.«

»Ich komme mir vor, wie in der schwierigsten Master Class meines Lebens. Du musst mir helfen, alter Mann. Wie soll ich das alles nur schaffen?«

»So wie alles andere auch, was du bereits geschafft hast in deinem Leben. Du weißt, wie es geht. Du musst es nur umsetzen.

Du musst deine letzten Kapitel schließen und ein neues öffnen. Und das heißt: Verzeihen.«

»Aber wie?«

»Okay, setz dich gerade hin!«

»Verstanden.«

»Nimm all die Personen aus deiner Branche, die du vorhin in deinen Gedanken gesehen hast und die du so euphorisch verachtest, und schicke ihnen all deine Liebe.«

Sofort öffnete ich meine Augen.

»Was soll ich tun?«

»Was ich dir sage«, antwortete der alte Mann. »Du wirst es gleich verstehen. Schließ deine Augen und stell dir vor, du hättest von Gott persönlich als Superkraft all die Liebe übertragen bekommen, die im Universum existiert. In deinem Herzen würde sich in konzentrierter Form nun ein gigantischer Feuerball an Liebe befinden. Stell es dir bildlich vor, wie dein Herz brennt und du die ganze Liebe des Universums in dir spürst. Du bist Liebe in ihrer reinsten und stärksten Form, unzerstörbar. Okay?«

Ich nickte still, meine Augen waren geschlossen, und der alte Mann sprach weiter.

»Und jetzt greif mit deiner rechten Hand an dein Herz, nimm all deine Liebe und schicke sie in gleichen Teilen zu den Menschen aus deiner Branche. Fühle, wie deine Liebe ihre Körper erreicht und sie durchdringt. Spüre, wie sie durch deine Liebe erblühen. Du hältst nichts zurück. Du gibst alles, was du hast, und für einen kurzen Augenblick werdet ihr eins, seid verbunden, untrennbar. Eine Liebe. Du schaust sie an, diese Menschen, die all deine Liebe empfangen haben, und denkst dir: Wenn ich mit ihnen eins werden kann, mit Menschen, die ich nicht mag oder gar verachte, dann kann ich das auch mit jedem anderen Menschen schaffen. Du sollst diesen Menschen nicht verzeihen, damit sie sich besser fühlen. Darum geht es nicht. Es geht nur um dich. Du darfst dich frei und ganz fühlen. Du darfst erkennen, dass diese Menschen für dein Leben völlig unwichtig sind und sie dich nur in deiner Vergangenheit gefangen halten. Davon darfst du dich nun befreien und nach vorn schauen. Genau das hast du gerade getan. Und jetzt öffne deine Augen.«

Ich fühlte mich erstaunlich gut, unsicher und auch ein bisschen eingeschüchtert, aber doch war mir plötzlich warm ums Herz.

»Und, wer bist du jetzt?«, fragte der alte Mann.

»Wer ich bin?«, sagte ich traurig. »Ein Mann, der fast die Hälfte seines Lebens gelebt hat und noch immer nicht gefunden hat, wonach er sucht.«

»Dafür gibt es ja die zweite Hälfte des Lebens«, lächelte der alte Mann.

»Es ist merkwürdig«, sagte ich. »Obwohl ich mich gut fühle, glaube ich, dass ich krank werde. Es ist schwer zu beschreiben. In mir fühlt sich alles so komisch an.«

»Die Energie des Neubeginns«, sagte der alte Mann. »Kein Wunder, dass du dich krank fühlst, denn wir leben in einer kranken Gesellschaft, in einem kranken System, das kranke Menschen hervorbringt. Sieh einfach mal in den Spiegel! Die Menschen verneigen sich vor Geschäftsleuten, weil sie deren Macht sehen. Sie verneigen sich vor Millionären, weil sie deren Geld sehen. Sie verneigen sich vor Prominenten, weil sie deren Ruhm sehen. Sie verneigen sich aber nicht mehr vor normalen Menschen, weil sie bei ihnen plötzlich nicht mehr genau hinsehen. Sie sind nur noch geblendet von der Oberfläche, die golden schimmert, von Status und Titeln. Was andere über uns denken könnten, ist wichtiger geworden als unser eigener innerer Frieden. Wenn man nur nach äußerem Erfolg strebt, besteht das Risiko, dass man die Freude an den kleinen Dingen verliert, an den besonderen Momenten und schönen Augenblicken. Man beginnt, sie zu übersehen, an ihnen vorbeizulaufen. Gestresst und in Eile. Tatsächlich sind wir alle Verräter. Wir verraten nicht nur unsere Träume, sondern auch die Zeit, die wir verschwendet haben. Wir verraten die Menschen, mit denen wir so viel hätten erleben können. Es gibt in uns allen so viele Küsse und Umarmungen, die nur darauf warten, endlich verschenkt zu werden. So viele Gespräche, die nur darauf warten, endlich geführt zu werden. Wir alle leben verschwenderisch, haben das Wichtige ignoriert und sind von den Scheinwerfern des Rampenlichts verführt worden. Und immer denken wir, dass es schon irgendwie gut ausgehen wird.«

Er trank einen Schluck Wasser, bevor er weitersprach.

»Nun, wir können die Vergangenheit nicht rückgängig machen, aber was wir können, ist, noch einmal von vorn zu beginnen. Das Leben neu zu entdecken, neu zu leben, neu zu lieben. Das Risiko, das in jedem Neubeginn steckt, ist immer besser als das Bedauern, das für den Rest deines Lebens bleiben wird, es nicht versucht zu haben. Du bist durch einen dunklen Wald gekommen, durch tiefen Schnee gewatet, ohne Sicherheiten, ohne zu wissen, was dich auf der anderen Seite erwartet, deswegen wirst du gut verstehen, was ich dir jetzt sage: Derjenige, der es liebt zu wandern, wird weiter gehen als derjenige, der es liebt anzukommen. Wenn du deine neue Reise liebst, wirst du deine neuen Ziele ganz von selbst erreichen. Du wirst die großen Meilensteine deines neuen Lebens wie von selbst passieren, da sie nichts weiter sind als Nebenprodukte deines wahren Weges. Du startest und hast keine Erfahrung, du fällst hin, du lernst und wirst besser, du wechselst die Seite, weil dich der Weg dort mehr interessiert und herausfordert, du baust dir etwas auf, verwirfst es wieder. Das kennst du schon von deinem alten Leben. Aber du liebst die Reise deines alten Lebens nicht oder nicht mehr und genau deshalb fühlst du, wie du fühlst. Wenn du dich ab sofort jeden Tag, wieder und wieder, in deine neue Reise verliebst, wird sich alles von selbst regeln. Nimm den ganzen Müll, von dem du glaubst, er sei wichtig, und befreie dich von ihm. Du willst Frieden finden? Dann leere deinen Geist aus. Das ist wohl auch der wahre Sinn hinter dem Begriff *Persönlichkeits-ENT-Wicklung*. Ent-wickle deinen Geist, komm zurück zu dir und hab den Mut, den größten Schatz deines Lebens zu heben, der tief in dir verborgen liegt. Aber jetzt, mein Freund, essen wir erst mal.«

8

DER WEG DER BEGEISTERUNG

Ich setzte mich an den kleinen Holztisch in der Küche und sah mich um, während der alte Mann das Chili ein letztes Mal abschmeckte. Die Wand neben dem Herd bestand aus einem riesigen Bücherregal, das maßgezimmert bis hoch zur Decke ging. Fotobände, Reiseführer, Kochbücher, Biografien, Comics, Fachliteratur über Gartenarbeit, philosophische Essays. Der alte Mann hatte einen wilden Geschmack.

»Hast du die alle gelesen?«, fragte ich und zog eine recht zerfledderte Ausgabe von *Asterix & Obelix* aus der untersten Reihe.

»Von *Asterix & Obelix* auf jeden Fall«, lachte der alte Mann. »Davon kenne ich jede einzelne Ausgabe in- und auswendig. Aber das ist ja auch, wenn man so will, eine literarische Pflichtlektüre. Die anderen Bücher habe ich nicht alle komplett gelesen, aber die meisten schon. Sonst würden sie nicht hier stehen. Jedes Buch hat seinen Zweck.«

Der alte Mann stellte zwei große dampfende Schüsseln auf den Tisch, holte Löffel aus der Schublade und zeigte auf das Baguette, das neben dem Herd lag.

»Wenn du Brot zum Chili willst, bedien dich einfach. Ein Glas Rotwein zum Essen?«

»Lieber nicht«, winkte ich sofort ab.

»Wieso nicht?«, fragte der alte Mann. »Willst du noch Auto fahren? Hast du heute noch was vor?«

Ich wusste nicht, wie er das meinte, ob er sich einen Spaß erlaubte oder mich testen wollte. Auf jeden Fall wurde mir in dem Moment klar, dass ich schon eine ganze Weile nicht mehr ans Weiterfahren gedacht hatte.

Ich hatte meinem Assistenten nicht einmal versucht zu schreiben, dass ich morgen nicht da sein würde. Völlig untypisch für mich. Ich pustete auf das dampfende Chili und schüttelte den Kopf.

»Nein, ich hab's mir einfach abgewöhnt«, sagte ich schließlich, aber der alte Mann ließ nicht locker.

»Weil dir Rotwein nicht schmeckt?«

»Nein, das ist es nicht.«

»Weil du trocken und alkoholabhängig bist?«

»Nein, nein!«

»Weil du generell suchtgefährdet bist?«

»Nein, auch das nicht«, antwortete ich und fragte mich, warum er auf diesem Thema so penetrant herumritt.

»Weil dein Arzt es dir aus gesundheitlichen Gründen verboten hat?«

»Nein, alter Mann, auch das ist es nicht«, sagte ich leicht genervt. »Im Gegenteil, ich weiß, dass hin und wieder ein gutes Glas Rotwein in guter Gesellschaft sogar gesund ist für Körper und Geist, vor allem für den Geist.«

»Bin ich etwa keine gute Gesellschaft?«, sagte der alte Mann wieder in diesem undurchdringlichen Tonfall, der alles und nichts bedeuten konnte.

»Doch, doch, sehr gute Gesellschaft sogar. Es ist nur so, dass Alkohol in meiner Blase verpönt ist, deswegen habe ich es mir der Einfachheit halber abgewöhnt.«

»Und würdest du hin und wieder ein Glas Rotwein trinken, wäre es in deiner Blase akzeptiert?«, fragte der alte Mann nach.

»Ja, natürlich. Ich liebe ein gutes Glas Rotwein und jetzt, wo ich mich selbst reden höre, fühlt es sich so lächerlich an. Ich schäme mich richtig.«

»Du musst dich nicht schämen, wirklich nicht«, sagte der alte Mann und stellte zwei kleine Gläser auf den Tisch. »Ich frage mich nur schon die ganze Zeit, warum du dich selbst in diesen Käfig setzt. Du bist frei wie ein Vogel, deine Flügel sind stark und du könntest überall hinfliegen. Doch anstatt dankbar für diese Freiheit zu sein, die wirklich keine Selbstverständlichkeit ist in dieser Welt, begibst du dich, zumindest mental, in ein Gefängnis, das nicht einmal du selbst, sondern andere erbaut haben. Hast du so wenig Selbstachtung, zu dir zu stehen?«

»Ach, ich wünschte, ich könnte dir das besser erklären«, antwortete ich und bedankte mich für den Rotwein, den er ins Glas vor mir gefüllt hatte.

»Lass uns erst mal anstoßen«, grinste der alte Mann und hob sein Glas. »Auf die Liebe, die Gesundheit und den Soundtrack deines Lebens.«

Der Wein schmeckte köstlich nach Kirschen und Waldbeeren, und ich fühlte mich in dieser gemütlichen Küche, die auf ihre ganz eigene Art nach Heimat roch, pudelwohl.

»Dann versuche es mir besser zu erklären«, fuhr der alte Mann fort und setzte sich mir gegenüber. »Ich werde es schon verstehen. Gib dir einfach mehr Mühe.«

»Okay«, begann ich und rückte meinen Stuhl zurecht. »Nehmen wir die zehn erfolgreichsten Coaches und Speaker in meiner Blase. Obwohl sie, Männer wie Frauen, alle unterschiedliche Schwerpunkte haben, so eint sie doch das äußere und nicht immer ehrliche Bild eines perfekten Lebens. Zum Beispiel sind die meisten verheiratet oder befinden sich in langen und stabilen Beziehungen. Alle sind superfit, machen viel Sport, gehen regelmäßig ins Fitnessstudio und ernähren sich gesund. Niemand hat Laster, denn das würde ja bedeuten, sie hätten ihre Gefühle nicht im Griff. Natürlich machen auch alle Yoga, meditieren und die Ernährung ist selbstverständlich vegan, regional und bio. Alle handeln stets politisch korrekt, es wird öffentlich nicht geflucht und es wird jederzeit für jeden Fan und jede Kundin maximales Verständnis aufgebracht. Finanziell hat auch niemand Probleme, denn auch das würde ja bedeuten, man habe sein Leben nicht im Griff und den großen Zusammenhang nicht verstanden, den man ja braucht, um ein guter Coach zu sein. Kurz: Alles ist glatt poliert, ohne Ecken und Kanten. Und wird öffentlich doch mal eine Schwäche zugegeben, dann steckt fast immer eine kalkulierte Absicht dahinter, um sich vermeintlich nahbar zu zeigen. Doch hinter dieser Fassade bröckelt es gewaltig. Das kann ich dir sagen. Uff! Jetzt, wo ich das alles mal laut ausgesprochen habe, muss ich feststellen, dass ich eigentlich gar nicht im Coachinggeschäft bin, sondern in der Unterhaltungsindustrie. Show und Business. That's it. Nicht mehr und nicht weniger.«

Der alte Mann lächelte und ging nicht weiter auf meine Worte ein. Dafür zählte er alle Zutaten seines Chilis auf und wie er dieses geheime Rezept mit einer List vor über zwanzig Jahren einer alten italienischen Köchin aus New York abgeschwatzt hatte. Wir saßen uns gegenüber, aßen und redeten über unsere Lieblingsstädte. Ich war überrascht, wo der alte Mann schon überall war und wie gut er sich auskannte in der Welt. Nach einer Weile, meine Schüssel war noch halb voll, da sagte er plötzlich: »Lass nicht zu, dass das Hässliche in anderen die Schönheit in dir zerstört.«

Ich wiederholte den Satz in Gedanken, um besser darüber nachdenken zu können. Der alte Mann sagte nichts mehr und wir aßen in Ruhe unser Chili auf. Er schenkte sich ein neues Glas Wein ein und fragte, ob ich auch noch eine zweite Runde wollte, aber mir reichte das eine Glas als Begleitung zum Essen und ich lehnte dankend ab. Dann sprach er weiter.

»Du denkst, du müsstest dich anpassen, um geliebt zu werden, aber du irrst dich. Du denkst, du müsstest deren Regeln und deren Gewohnheiten übernehmen, um in der Welt, in der du dich bewegst, akzeptiert und gesehen zu werden, aber auch das stimmt nicht. Weißt du, was du wirklich musst? Ich meine, was du wirklich machen musst in deinem Leben?«

Ich sah den alten Mann wie versteinert an, denn mal wieder wusste ich nicht, ob und wie ich darauf antworten sollte.

»Die Antwort wird dich vielleicht überraschen«, lächelte er. »Du musst nämlich gar nichts, außer eines Tages zu sterben. Um ein wahrhaftig erfülltes Leben zu führen, und das sage ich dir aus vollster Überzeugung, musst du nicht noch mehr arbeiten, noch mehr Geld verdienen, noch mehr Beziehungen führen, noch mehr Immobilien kaufen oder noch mehr Dinge anhäufen. Die glücklichsten Menschen sind die, die am wenigsten benötigen, weil sie verstanden haben, dass sie bereits genug sind und dass alles, was bereits da ist, ebenfalls genug ist. Ich weiß, dass unsere Leistungsgesellschaft uns das Gegenteil lehrt, weswegen es so eine hohe Kunst ist, diese Wahrheit zu verinnerlichen, sich frei zu machen von all diesen krank machenden Erwartungen und tatsächlich nach seinen wahren Werten und eigenen Vorstellungen zu leben. Weißt du, was du übrigens auch nicht musst?«

»Hmm?«, murmelte ich.

»Mit mir einer Meinung sein«, lachte der alte Mann.

Ich nahm einen Schluck Wasser und sagte: »Puh, zum Glück. Ich dachte schon, ich müsste jetzt mein ganzes Leben ändern.«

»Außer zu atmen, zu essen, zu trinken, aufs Klo und schlafen zu gehen und eines Tages zu sterben, musst du tatsächlich überhaupt nichts. Alles, was dazwischen passiert, liegt ganz bei dir. Übrigens, ich habe vorhin nicht gesagt, dass dein Inneres schöner ist als die Seelen deiner Mitstreiter. Ihr sitzt alle im gleichen Boot, habt die gleichen Träume, sitzt vor ähnlichen Herausforderungen. All diese Menschen in deiner Blase sind nicht weniger schön als du. Auch sie leiden, auch sie kämpfen, auch sie hadern mit sich. Sie verstecken es nur gut. Und selbst, wenn du ihre Schönheit sogar wahrnimmst, willst du es nicht sehen. Du siehst ständig das Haar in deren Suppe und übersiehst dabei, dass deine eigene Suppe ebenfalls voller Haare ist. Vorn auf dem Tresen, da liegt ein Album für dich. Ich wusste schon, warum ich es vorhin aus dem Regal gezogen habe.«

»Welches meinst du?«, fragte ich, denn ich konnte mich nicht mehr erinnern.

»*Moment Of Truth* von Gang Starr«, antwortete der alte Mann.

Ich nickte. Klar, der Moment der Wahrheit.

»In dem Titelsong gibt es eine Stelle, warte, ich rappe sie für dich, da sagt Guru: *Actions have reactions, don't be quick to judge. You may not know the hardships people don't speak of. It's best to step back, and observe with couth. For we all must meet our moment of truth.* Aktionen ziehen Reaktionen nach sich, urteile nicht vorschnell. Du kennst die Sorgen der anderen nicht, über die sie nicht sprechen. Es ist besser, abzuwarten und mit Bedacht zu beobachten, denn wir werden alle unseren Moment der Wahrheit erleben. Hast du das verstanden, Erik?«

Ich nickte und sagte: »Gut gerappt. Echt jetzt. Das war richtig gut.«

Doch der alte Mann sprach unbeeindruckt weiter.

»Wer wären wir denn, wenn wir alle nur nach unserem schlimmsten Tag beurteilt würden? Frag dich das mal. Wann immer du auf andere zeigst und deren Fehler bewertest, ist das ein guter Indikator dafür, dass du dringend an dir selbst arbeiten solltest. An sich zu arbeiten oder, um in deinem Jargon zu bleiben, in seiner Persönlichkeit zu wachsen, bedeutet, damit aufzuhören zu warten, dass sich alle anderen um einen herum ändern. Sei du die notwendige Veränderung. Warte nicht, bis sich die Menschen in deiner Blase verändern, sondern übernimm die Verantwortung für dein Leben und mach selbst den ersten so wichtigen Schritt. Werde zu deinem eigenen Vorbild und gib den Menschen eine sichtbare und nachahmenswerte Option, wie auch sie es anders machen können.«

»Ich weiß nicht, ob ich dazu die Kraft habe«, sagte ich.

»Michael Jackson – *Man in the Mirror.*«

»Wie bitte?«, fragte ich.

»Jeden Morgen könntest du ab sofort dieses Lied hören und laut den Text mitsprechen: Ich beginne mit dem Mann im Spiegel.

Ich bitte ihn, seinen Weg zu ändern. Und keine Botschaft könnte klarer sein: Wenn du die Welt zu einem besseren Ort machen willst, sieh dich selbst an und beginne dort mit der Veränderung.«

Der alte Mann sah mich eindringlich an.

»Noch mal ganz neu anfangen?«, erwiderte ich seinen starren Blick. »Von vorn, alle Brücken abbrechen? Uff. Das wäre eine Herkulesaufgabe. Keine Ahnung, alter Mann, ob ich dazu in der Lage wäre. Ich weiß es echt nicht.«

»Ich kann es dir auch nicht sagen«, lächelte er. »Allerdings, und das weiß ich sicher: Es können nicht alle gewinnen!«

»Wie meinst du das?«, fragte ich nach. »Ich will nämlich gewinnen. Ich will immer gewinnen. Wozu spielt man sonst dieses Spiel?«

»Ich spiele wegen des Spiels.«

»Hauptsache, dabei sein, oder was?«, sagte ich spöttisch und meinte es auch so. »Aber mal im Ernst: Was spricht denn gegen das Gewinnen?«

»Gar nichts«, sagte der alte Mann. »Aber bitte verstehe, dass die Welt nicht voller Gewinner ist. Es kann nicht jeder ganz oben stehen und Preise mit nach Hause nehmen, Pokale und Auszeichnungen. Es wird auch nicht jeder Mensch für das, was er macht, öffentlich bejubelt werden. So funktioniert unser Miteinander nicht. Aber, und darauf kommt es an: Jeder Mensch kann sein Bestes versuchen. Wir brauchen ohnehin nicht noch mehr Sieger. Wir brauchen lebensnahe Vorbilder. Wir brauchen ganz normale Menschen, die erkennen und immer wieder aufs Neue beweisen, dass jeder Tag, an dem man aufstehen und es erneut probieren darf, bereits der größte Sieg ist, den man in diesem Leben erzielen kann. Das macht den Unterschied. Vielleicht möchtest du ja dieser Unterschied sein, Erik?«

»Muss ich gleich darauf antworten, oder darf ich eine Nacht darüber schlafen?«, lachte ich.

»Wie gesagt, du musst gar nichts.«

»Ja, ich muss gar nichts.«

»Am Ende geht es eigentlich nur um diese eine Frage«, sagte der alte Mann und sah mir dabei wieder tief in die Augen. »Willst du gelten oder willst du wirken?«

»Gelten oder wirken?«, nuschelte ich.

»Ja, genau. Willst du gelten oder willst du wirken? Machst du es für den Applaus, für dein Ego, für eine Handvoll Dollar? Oder machst du es, um in deinem Herzen und in den Herzen der Menschen, in der Gesellschaft, wirklich eine Veränderung herbeizuführen? Ich fühle, dass du auf dem richtigen Weg bist, Erik. Der Schmerz, den du in dir spürst, wird verschwinden, wenn er seinen Zweck erfüllt hat und du die Lektion verstanden hast.«

»Alter Mann, ich sage dir, wie es ist. Ich fühle gerade gar nichts. Wenn ich an meine Zukunft denke, dann sehe ich gar nichts, außer vielleicht die Verpflichtungen, die auf mich warten, und das ist gerade das Letzte, woran ich denken will. Denn das, fuck, jagt mir eine Scheißangst ein.«

»Vor dem Neuen und Unbekannten hat man immer Angst, das ist menschlich, aber erinnere dich an die Rolling Stones und unser Lied des Tages: Du bekommst nicht immer, was du im Augenblick am meisten willst, du bekommst, was du gerade am meisten brauchst, auch wenn du es noch nicht siehst. Du sagst, du hast eine Scheißangst vor der Zukunft, aber das stimmt nicht. Dein kranker Verstand spielt dir erneut einen Streich. Du hast davor Angst, dass du verlierst, was du besitzt, auch wenn dich das nachweislich nicht glücklich macht. Aber das Universum ist auf deiner Seite, wenn du an dich glaubst und nicht deine alten Fehler wiederholst.«

»Das sagt sich so leicht. Ich weiß das alles, denn ich habe in den vergangenen Jahren etliche Onlinekurse dazu verkauft, aber etwas zu sagen und dann auch wirklich zu machen, sind zwei völlig verschiedene Dinge.«

»Erschaffe dir deine eigene Welt«, sagte der alte Mann leise. »Damit meine ich eine Welt, in der du auch tatsächlich gerne lebst. Eine Welt nach deinen Vorstellungen und nicht den Vorstellungen anderer. Eine Welt, in der du abends zum Essen voller Genuss ein Glas Rotwein trinken darfst, ohne Angst haben zu müssen, am nächsten Tag einen Shitstorm dafür zu bekommen. Erlaube dir wieder ein Beginner zu sein, ein Träumer, ein Ausprobierer. Sprenge die Grenzen in deinem Kopf und sei gnädig zu dir. Erlaube dir Fehler, aber achte darauf, dass es neue Fehler sind. Das ist entscheidend.«

»Weißt du, manchmal denke ich, dass ich nichts Neues mehr schaffen kann. Dass *ich* es nicht schaffen kann. Dass es unrealistisch ist, etwas wirklich Eigenes zu starten und nicht den ewig kalten Kaffee von vorgestern immer nur aufzuwärmen. Dann kickt die Stimme in meinem Kopf, bestätigt natürlich meine Angst, und der Gehirnterror geht erst richtig los. Dazu kommt, dass ich ohnehin glaube, dass ich bis jetzt nur wahnsinniges Glück hatte und dass ich nur deswegen da stehe, wo ich bin, weil niemand da draußen merkt, dass ich in Wahrheit absolut nichts kann.«

Tränen liefen mir auf beiden Seiten über die Wangen. Tränen der Angst, der Unsicherheit, aber auch Tränen der Erleichterung.

»Ja, ja, das berühmte Hochstapler-Syndrom«, sagte der alte Mann und machte eine wegwischende Handbewegung. »Kein Grund, sich Sorgen zu machen. Darunter leidet so gut wie jeder Künstler, mit Ausnahme einiger Rapper vielleicht. Die leiden eher an Höhenflug, hahaha. Aber ernsthaft, ich kann dich wirklich beruhigen. Deine Gedanken sind ganz normal. Oder glaubst du, eine Anwältin, die an ihrem ersten Arbeitstag im Gericht steht, weiß, was sie da tut? Glaub mir, die steht vor dem Richter, hat keine Ahnung und macht sich fast in die Hose vor Aufregung. Sie hat ihr Studium und ihre Ausbildung hinter sich gebracht und ist nun auf ihrer Karriereleiter eine Stufe nach oben geklettert, wo sie noch keine eigene Erfahrung gesammelt hat und eine blutige Anfängerin ist. So wie jeder Mensch, der etwas Neues beginnt. Aber sie steht da und tut einfach so, als würde sie Bescheid wissen. Schon Nietzsche hat das gewusst. Er hat bereits vor über hundert

Jahren gesagt, dass jeder große Mann nur ein Schauspieler seiner eigenen Ideale ist.«

Ich nickte, mal wieder, wischte mir die Tränen weg, mal wieder, und ergänzte lächelnd: »Und jede große Frau.«

»Exakt«, nickte der alte Mann. »Auch jede große Frau wird, wann immer sie in ihrem Leben etwas Neues macht, das Gefühl haben, an diesem Ort eigentlich nicht dazuzugehören, ganz einfach deshalb, weil sie erst noch praktische Erfahrung sammeln muss, die notwendig ist, um mit breiter Brust die Herausforderungen des Lebens zu meistern. Aber das legt sich. Es ist ein Teil des Spiels, durch das jeder Mensch gleichermaßen durchmuss. Schau mal da oben, im vorletzten Regal, da liegt irgendwo ein Buch von Nietzsche mit dem Titel *Schopenhauer als Erzieher*. Hol das mal runter. Wir hören jetzt aber erst mal eine Runde Gang Starr. Das wird dich erden und dir ein gutes Gefühl im Bauch geben. Was das angeht, sind DJ Premier und Guru wahre Zauberer.«

Der alte Mann ging zum Tresen und legte die Platte auf. Ich stellte mich auf die Leiter und suchte das Buch, konnte es aber nicht finden. Die Musik begann. Da in der Küche ebenfalls kleine Boxen installiert waren, konnte ich alles gut hören. Ich suchte weiter. Nach circa zwei Minuten kam der alte Mann zurück in die Küche gelaufen und rappte passend zum Takt: »*So like they say, every dog has its day. And like they say, God works in a mysterious way. So I pray, rememberin' the days of my youth. As I prepare to meet my moment of truth.*«

Dann verschwand er wieder. Ich schaute ihm hinterher, als hätte ich gerade einen Geist gesehen, mal wieder, denn auch das kam an diesem Abend nicht zum ersten Mal vor. Ich war in dem ungewöhnlichsten Plattenladen der Welt gelandet und fand alles, was hier passierte, mittlerweile gar nicht mehr so sonderbar. Ich gewöhnte mich sogar an den schrägen alten Mann.

»Buch gefunden?«, hörte ich aus dem vorderen Teil des Ladens. »Es ist ein schmales Büchlein, nicht sehr dick, vielleicht hundert Seiten, wenn überhaupt.«

»Nein, ich suche noch«, rief ich zurück.

»Hast du den Text verstanden, den ich für dich mitgerappt habe?«

Ich überlegte kurz und sagte wahrheitsgemäß: »Keine Ahnung.«

Da stand der alte Mann wie vom Blitz getroffen vor mir und sagte: »Okay, ich übersetze für dich. Guru hat Folgendes gesagt, weswegen wir übrigens gleich auch den guten alten Nietzsche brauchen: Wie heißt es so schön: Jeder hat mal Glück im Leben. Und Gottes Wege sind unergründlich. Also bete ich und erinnere mich an die Tage meiner Jugend. Während ich mich auf den Moment der Wahrheit vorbereite.«

»Da ist er wieder«, sagte ich, ohne den Blick vom Bücherregal abzuwenden. »Der Moment der Wahrheit.«

»Ohne Musik wäre das Leben ein Irrtum. Das hat Nietzsche in *Götterdämmerung* geschrieben. Ein gottverdammtes Genie, dieser Typ. Hast du das Buch jetzt gefunden?«

»*Götterdämmerung* oder das Ding mit Schopenhauer?«, fragte ich nach.

»Das Ding mit Schopenhauer«, lachte der alte Mann und summte immer noch gut gelaunt zu den langsam leiser werdenden Hiphop-Beats. »Nietzsche befand sich nämlich in einer ähnlichen Situation wie du. Er war auf seinem Lebensweg auch auf der Suche nach wahrer Erfüllung und hat seine Gedanken in diesem Buch niedergeschrieben, als eine Art Hommage an sein großes Idol Arthur Schopenhauer. Deswegen musst du es lesen.«

»Ich habe hier oben alles durchsucht, aber ich finde es nicht«, antwortete ich. »Bist du dir ganz sicher, dass es hier oben in der Reihe liegt? Dann würde ich nämlich noch mal alle Bücher durchgehen.«

»Vielleicht hat es sich auch jemand ausgeliehen und nicht wieder zurückgebracht, wie das mit lebensverändernden Büchern eben so ist«, grinste der alte Mann. »Was aber kein Problem ist, dann werde ich es dir aus dem Gedächtnis zitieren. Es ist ja alles hier oben drin.«

Der alte Mann zeigte auf seinen Kopf.

»Du hast das ganze Buch in deinem Kopf?«, fragte ich ungläubig. »Echt jetzt?«

»Ich hab es so oft gelesen, dass alle Informationen vorhanden sind. Ich muss sie nur in den Tiefen meines Geistes finden und abrufen. Ich habe ein fotografisches Gedächtnis, wie du übrigens auch. Du nutzt diese Fähigkeit nur nicht, so wie die meisten Menschen.«

»Und wie geht das?«

»Das kam bei mir, nachdem ich mit der Meditation begann, aber auch erst in der zweiten Hälfte meines Lebens. Durch das Meditieren veränderten sich die Verbindungen in meinem Gehirn und ich konnte mich plötzlich viel besser konzentrieren. So kam es ganz allmählich. Probier's mal aus. Kann dir jedenfalls nicht schaden.«

»Ich finde das Buch einfach nicht, hab jetzt auch die anderen Bücher durchgesehen.«

»Das macht nichts«, lachte der alte Mann. »Setz dich. Ich erzähle es dir aus der Erinnerung. Das Buch ist schon über hundertfünfzig Jahre alt, stell dir das mal vor, und auch heute noch sitzen Menschen überall auf der Welt davor und versuchen Nietzsches Gedanken zu verstehen und zu lernen. Willst du gelten oder willst du wirken?«

»Ich verstehe, was du mir sagen willst«, nickte ich.

»Nietzsche widmet sich in diesem wunderbaren und gerade nicht auffindbaren Essay einer der wichtigsten Fragen des Lebens: Warum sind wir hier? Er war der Meinung, dass ein erfülltes Leben nur dann möglich ist, wenn man den einfachen Weg vermeidet und sich bewusst in die Abgründe des Lebens stürzt und dort verweilt, wo die wichtigen Antworten liegen. Ja, man kann durchaus sagen, dass Nietzsche die Reise der geistigen Selbstfindung als eine der größten existenziellen Herausforderungen betrachtet hat.

»Ich glaube, jetzt brauche ich doch noch ein Glas Rotwein«, grinste ich.

Der alte Mann stellte kommentarlos die angebrochene Flasche auf den Tisch, und ich schenkte mir ein. Dann schloss er die Augen und begann, tief in seinem Gedächtnis zu graben.

»Im Jahr 1873, kurz vor seinem dreißigsten Geburtstag, schreibt Nietzsche, was er glaubt, tun zu müssen, und jeder andere auch, um sein volles Potenzial abzurufen und den Weg wahrer Erfüllung zu gehen. Der Mensch, der nicht zum Mainstream gehören will, muss nur aufhören, so Nietzsche, es sich leicht zu machen. Der Mensch muss erkennen, dass die Stimmen, die ihm zurufen *Sei du selbst*, nicht von ihm kommen. Der Mensch muss erkennen, dass die Wünsche und Sehnsüchte, die er glaubt zu haben, nicht von ihm selbst stammen, sondern nur Zurufe aus der Gesellschaft sind. Jede junge Seele, so Nietzsche, muss sich von diesen äußeren Stimmen befreien, die ihr nur eine Illusion von Glück vorgaukeln. Solange man sich nicht von der Meinung anderer unabhängig macht, bleibt man für immer ein Gefangener seiner Angst. Befreit man sich nicht von ihr, bleibt das Leben sinnlos. Es gibt kein traurigeres Geschöpf in der Natur als jenen Menschen, der sich seinem eigenen Genie entzogen hat und nur das tut, was alle anderen um ihn herum auch tun.«

»Nietzsche sagt also, dass wir alle nur in einer Illusion leben?«, fragte ich.

»Er sagt, dass wir alle nur ein Abbild unserer Prägungen sind und nachahmen, was wir bei anderen Menschen sehen. Wir haben eine Vorstellung von Glück, weil uns überall im Außen Bilder von glücklichen Menschen gezeigt werden. Dann ahmen wir diese Menschen nach und glauben, dass wir dadurch auch glücklich werden. Die meisten Menschen, die glauben, ein glückliches Leben zu führen, sind in Wahrheit gar nicht glücklich, sie leben nur in einer Illusion von Glück, die von anderen erschaffen wurde. So läuft der Mensch ständig einer Fata Morgana hinterher und gibt dieses Bild von Glück dann an die nächste Generation weiter, ohne zu erkennen, wer er wirklich ist. Das meint Nietzsche mit dem traurigen Geschöpf, das sich seinem eigenen Genie entzogen hat.«

»Und wie findet man dieses Genie?«, fragte ich. »Wenn es in uns allen steckt, dann muss es doch einen Weg geben, diesen Schatz zu heben.«

Der alte Mann lächelte.

»Wer singen will, findet immer ein Lied.«

»Was meinst du damit?«, fragte ich.

Wieder lächelte der alte Mann.

»Picasso sagte: Um zu wissen, was du malen wirst, musst du anfangen zu malen. Und wenn du deinen Schatz bergen willst, frag nicht, wo er liegt, sondern fang an zu graben.«

»Hast du denn eine Schippe für mich, die du mir leihen könntest?«, fragte ich, und der alte Mann schloss erneut seine Augen.

»Niemand kann dir die Brücke bauen, auf der du, und nur du, den Fluss des Lebens überqueren musst. Es mag unzählige Wege und Brücken und sogar Halbgötter geben, die dich gerne hinübertragen würden, aber nur um den Preis, dass du dich selbst aufgibst, denn nicht eigenständig die Brücke zu überqueren, egal ob auf Beinen oder Rollen, bedeutet de facto, nicht an die eigenen Fähigkeit zu glauben, es selbst schaffen zu können. Es gibt nur einen Weg in der Welt, den niemand außer dir gehen kann. Wohin er dich führt? Frag nicht, geh!«

»Hat das auch Nietzsche gesagt?«, fragte ich und dachte über mein Leben als erfolgreicher Life Coach nach. Wenn ich als Speaker auf großen Bühnen stand und Tausende Menschen zu mir nach oben schauten und mir begeistert zujubelten, dann hielt auch ich mich in manchen Momenten für einen dieser Halbgötter. Auch ich habe für andere Brücken gebaut, damit sie den leichten Weg nehmen konnten. War das Glück, das ich dadurch bei anderen erschaffen hatte, auch nur eine Illusion? War überhaupt irgendetwas von meiner Arbeit echt? Oder würde ich ohnehin immer nur an der Oberfläche kratzen und maximal ein Schmerzmittel sein, aber nie die Heilung selbst? Wie könnte ich das herausfinden?, fragte ich mich, während weiterhin der heilige Geist Nietzsches durch die Küche flog und seine Spuren hinterließ.

»Was geht dir gerade durch den Kopf?«, fragte mich der alte Mann.

»Nietzsche geht mir durch den Kopf. Hat er denn auch einen Vorschlag gemacht, wie man zu seinem wahren Ich gelangen kann? Oder bleibt am Ende ohnehin alles eine einzige Fantasie? Woher soll ich denn wissen, ob das, was ich fühle, wirklich ich bin? So langsam fühle ich mich wie Keanu Reeves in *Matrix*. Nehme ich die rote oder die blaue Pille?«

»Vielleicht bin ich ja dein Morpheus?«, sagte der alte Mann.

»So siehst du aus«, lachte ich, aber er erwiderte mein Lachen nicht, sondern sagte nur: »Willst du dem Geheimnis auf die Spur kommen, deine Wahrheit leben und den Schmerz an seiner Wurzel packen oder weiterhin in deiner Illusion bleiben? Welche Pille wählst du?«

»Ich sitze hier vor dir«, sagte ich. »Das dürfte als Antwort genügen, oder?«

»Die Frage ist, sitzt du hier, weil du das wirklich willst oder weil es gerade keinen anderen Ort gibt, wo du sein kannst?«

Eine kurze Pause entstand, in der ich über die Frage nachdachte, ob ich auch dann hiergeblieben wäre, wenn draußen nicht so ein Unwetter gewesen wäre.

»Nietzsche hat tatsächlich einen Vorschlag gemacht«, sagte der alte Mann nach einer Weile und schloss zum dritten Mal seine Augen. »Er sagte, dass jede junge Seele ihr eigenes Leben mit dem Blick auf die folgende Frage untersuchen solle: Was habe ich bisher wirklich geliebt? Was hat meinen Geist erhoben, beherrscht und gleichzeitig erfreut? Dann sagt er, solle man diese Dinge aufschreiben oder sie sich gedanklich vorstellen und sie in einer Reihe vor sich aufstellen. Welche Verbindung lässt sich zwischen den Dingen herstellen? Vergleiche diese Punkte, überlege, wie sie sich ergänzen, vergrößern und übertreffen, wie sie eine Leiter bilden, um dich an einen anderen, erhabeneren Ort zu bringen. In all diesen Dingen liegt, so Nietzsche, deine Wahrheit verborgen, wer du wirklich bist.«

»Das klingt alles so … ich weiß nicht«, sagte ich und suchte nach den passenden Worten. »Ich möchte einfach nur glücklich sein. Ich bin kein Philosoph wie Nietzsche oder Schopenhauer oder all die anderen. Kant, Sokrates, Sartre und wie sie alle heißen. Ich glaube, dass die alle ihre Berechtigung haben und sicher kluge Menschen waren, und ich mag es auch, ihre Geschichten zu hören, aber irgendwie schwingt da immer etwas zutiefst Trauriges, fast schon Depressives mit. Und diese Energie will ich nicht in meinem Leben. Ich will Farbe, ich will Feuer, ich will Leichtigkeit. Ich will auf eine Abenteuerreise gehen und nicht jedes Mal in einer Therapiesitzung landen. Ich will endlich Frieden finden. Kannst du das verstehen?«

»Besser, als du dir vorstellen kannst«, sagte der alte Mann und zeigte wieder auf das Plattencover von Gang Starr. »Was verbindet denn den großen Philosophen Nietzsche mit dem großen Rapper Guru? Beide haben erkannt, dass der Schlüssel zum Glück in der Jugend liegt. Nietzsche sagt, erinnere dich an deine junge Seele und was ihr damals Freude gebracht hat. Guru sagt im Prinzip das Gleiche: Gottes Wege sind unergründlich, also bete ich und erinnere mich an die Tage meiner Jugend, während ich mich auf den Moment der Wahrheit vorbereite. Als du vorhin über Nirvana nachgedacht hast, wie du sie zum ersten Mal gehört und dich zu der Zeit als Teenager gefühlt hast, bist du, ohne es zu ahnen, einen Schritt auf deine Wahrheit zugegangen, denn genau dieses Kind von damals wurde endlich wieder von dir gesehen. Dort liegt dein Schatz vergraben.«

Ich musste nachdenken. Wann war ich das letzte Mal glücklich gewesen? Welche Momente in meiner Biografie waren die Glücksmeilensteine meines Lebens? Die ersten Gedanken, die durch mein Gehirn flogen, waren mehr als ernüchternd. So klar hatte ich es bisher nie gesehen. Obwohl ich seit über einem Jahrzehnt professionell im Glücksbusiness tätig war, war die glücklichste Zeit meines Lebens die Phase vorher, bevor aus kindlichem Spaß erwachsener Ernst und aus naiver Spielerei betriebswirtschaftliches Kalkül wurde. Plötzlich stand hinter jeder Tätigkeit eine Zahl, ein Preis, der bezahlt werden musste. Auf einmal kostete alles Geld und meine Flucht bestand darin, so viel wie möglich davon zu verdienen. Ich hatte meine Leichtigkeit gegen Geldscheine getauscht. So sehr ich mich auch bemühte, ich schaffte es nicht, mich auch nur an einen einzigen Moment purer und ehrlicher Freude zu erinnern. Alles in meinem Leben hatte ein Preisschild. Flüchtige Augenblicke des Glücks waren immer nur mit sichtbaren Erfolgen verknüpft. Der alte Mann hatte mit seiner Analyse völlig recht. Mein innerer Kompass war nicht mehr funktionsfähig.

»Wohnst du eigentlich hier?«, fragte ich den alten Mann, um mich etwas abzulenken. Von der Küche ging mindestens noch ein weiteres Zimmer ab, aber da die Tür verschlossen war, konnte ich nur eine Vermutung anstellen.

»Ja, manchmal«, antwortete er aus dem Nachbarraum. »Ich bin an vielen Orten zu Hause, aber immer da, wo ich gerade am dringendsten gebraucht werde.«

»Hast du etwa mehrere Plattenläden?«

Ich wartete auf eine Antwort, bekam aber nichts als Stille zu hören, die mich wieder zu meinen Gedanken führte. Die wichtigste Erkenntnis, die ich dort in der Küche gewann, war, dass die schönsten Momente meines Lebens immer mit Musik unterlegt waren. Mein erster Kuss, die Sommertage auf dem Skateboard, Surfen in Portugal, die Roadtrips mit Nora, die Techno-Raves auf den Feldern vor der Stadt, meine erste eigene Wohnung, mein erster Auftritt als DJ, der Umzug in die Hauptstadt – zu jedem Glücksmeilenstein meines Lebens gab es den passenden Song. Und sie alle verbanden sich wie mit einem unsichtbaren Faden zum Soundtrack meines Lebens. War das die Antwort, nach der mich Nietzsche suchen ließ? Und wenn ja, was bedeutete sie? Andere Stimmen in meinem Kopf wurden wieder lauter. Jene Stimmen, die immer neu auf mich einredeten, ich solle besser heute als morgen wieder zur Vernunft kommen. Mein Unglück sei nur eine Phase, eine lächerliche, weil nicht ernstzunehmende Wohlstandsdepression und kaum der Rede wert. Ich solle mich gefälligst zusammenreißen. Schließlich warteten im Büro Menschen auf mich, die auf mich zählten. Ich hatte Verpflichtungen, es gab Termine, Deadlines ... Alle redeten plötzlich durcheinander und zerrten an mir. Jeder wollte seine Botschaft unterbringen. Das war es, was Nietzsche meinte, als er sagte, man dürfe seinen eigenen Gedanken nicht trauen. Alles nur Stimmen von außen.

»Ich muss dir unbedingt von Missy Elliott erzählen«, sagte der alte Mann und kam in die Küche geschlendert, eingewickelt in einen dicken Schal. Dazu trug er jetzt eine Wollmütze mit Ohrenklappen.

»Wo warst du?«, fragte ich.

»Ich habe von draußen Holz geholt und den Kamin neu befeuert. Es liegt herrlich viel Schnee auf den Straßen. Das reinste Winterwunderland. Ahhh, ich liebe diese märchenhafte Weihnachtszeit. Für mich kann gar nicht genug Schnee vom Himmel fallen. Und wie herrlich die Sterne in der Dunkelheit funkeln. Besser geht's nicht, Erik. Das ist für mich das pure Glück.«

Ich blickte aus dem Fenster hinter mir, erkannte aber nur mein Spiegelbild. Ich sah mich plötzlich als kleines Kind, wie ich mir freudestrahlend mit den anderen Kindern aus der Nachbarschaft eine wilde Schneeballschlacht lieferte, wie wir gemeinsam den Hügel hinter dem Haus hochstiefelten und mit unseren Schlitten im Affenzahn wieder hinuntersausten, nur um unten durcheinandergewirbelt mit unseren Gesichtern im Schnee zu landen. Dann sprach eine mir bekannte Stimme: »Wenn ein Baby das Licht der Welt erblickt, ist es perfekt. Dann kommen die Erwachsenen und bringen dem kleinen Wunder im ersten Jahr seines Lebens das Laufen bei, später folgt das Reden. Und dann, im Alter von drei Jahren, wenn das kleine Wesen in den Kindergarten kommt und laufen und reden kann, bringen wir ihm bei, still zu sitzen und ruhig zu sein. Und so geht das für den Rest seines Lebens weiter. Das Kind lernt, dass es belohnt wird, wenn es unauffällig bleibt, nicht aus der Reihe tanzt und der Gesellschaft keinen Ärger macht. Wir rauben den Kindern ihr Licht und wundern uns dann, wenn sie später als erwachsene Menschen nicht strahlen. Wir müssen wieder zurück zu dem kleinen Wunder, das wir alle sind.«

Ich lächelte, verließ die Küche, stieg aufs Sofa, öffnete das Fenster und sprang in einem Satz hinaus in den Schnee. Ohne Jacke, ohne Mütze, ohne Schal. Ich ließ mich immer wieder einfach nach hinten fallen und bewegte meine Arme und Beine, so wie früher, als wir Schneeengel spielten. Ich spürte die Kälte an meinem Rücken, aber ich blieb einfach für eine Weile liegen, um die Sterne zu betrachten. Es stimmte, was der alte Mann gesagt hatte. Es war das pure Glück. Und ja, es war verdammt kalt, und ja, ich riskierte eine Lungenentzündung oder sonst eine Krankheit, die man nicht gebrauchen kann. Und dennoch war es das pure Glück. Bevor ich wieder aufstand, fotografierte ich diesen Moment mit einem Augenzwinkern und speicherte ihn fest in meinem Herzen. Der alte Mann hatte mich von der Küche aus beobachtet, er wirkte kein bisschen erstaunt und ich sah ein Kräuseln um seine Lippen, als ob er etwas durchschaut hatte, was mich betraf. Mir war zu kalt, um darüber näher nachzudenken.

Vor dem Kamin warteten schon eine Jogginghose und ein T-Shirt auf mich. Ich legte meine nassen Klamotten zum Trocknen ab und zog mich um. Ein Blick auf das T-Shirt ließ mich innerlich schmunzeln.

»Taylor Swift, echt jetzt?«

»Ich bin ein großer Fan«, antwortete der alte Mann, aus dem ich einfach nicht schlau wurde. Aber vielleicht musste ich das auch gar nicht. Ich stellte mich mit dem Rücken an den Kamin und wärmte mich auf.

»Kann ich heute hier übernachten?«, kam es plötzlich aus mir heraus.

»Und was, wenn ich Nein sage?«, antwortete der alte Mann und wieder wusste ich nicht, wie er das meinte. Doch er ergänzte schon: »Damit ich übermorgen in der Zeitung lesen muss, dass ein Unbekannter in der Wildnis zuerst erfroren und danach von den Wölfen gefressen wurde? Nein, danke!«

»Du Lebensretter«, lachte ich und ließ das Kaminfeuer meine Fußsohlen wärmen.

»Was denkst du über Freundschaft?«, fragte mich der alte Mann, der sich jetzt auf den Tresen gegenüber gesetzt hatte.

Ich dachte nicht lange nach und antwortete wahrheitsgemäß, dass ich keine Freunde hatte. Früher gab es schon ein paar Kumpels, aber das waren eher temporäre Weggefährten, keine wahren Freunde. Durch dick und dünn? Ja, mit Nora hatte ich so manches erlebt, aber es waren eher die ausgelassenen Momente, die schönen, die uns verbanden. Wir redeten nicht über die Dinge, die uns belasteten, und es erschreckte mich zu erkennen, dass ich selbst meine engste Jugendfreundschaft auf ein erstaunliches Maß an Oberflächlichkeit gehalten hatte. War ich für Freundschaften einfach nicht gemacht? Seit ich in der Stadt lebte, hatte ich dafür ohnehin keine Zeit mehr. Wenn ich Menschen kennenlernte, dann waren das Zweckgemeinschaften, entweder für mein Business oder für Sex. Wie gesagt, an allem hing ein unsichtbares Preisschild.

»Das Schönste im Leben sind Abenteuer mit Menschen, die einem wichtig sind«, sagte der alte Mann, als ob er meine Gedanken über mich und Nora gehört hätte. »Das denke zumindest ich über Freundschaften. Ich wollte dir etwas über Missy Elliott und ihren besten Freund Timbaland erzählen. Kennst du sie?«

»Beep, beep. Who got the keys to the Jeep. Vroom. Du siehst, alter Mann, auch ich kann rappen. Klar kenne ich Missy Elliott. Bin ja nicht vom Mond. Und Timbaland? Ich bitte dich. Timbo ist der King. Das ist genau meine Zeit gewesen. Aaliyah, Ginuwine, TLC, Missy, Timbaland – das war alles eine große Clique in den späten Neunzigern.«

»Ich sehe, es besteht noch Hoffnung«, sagte der alte Mann. »Also, wir schreiben das Jahr 1997. Missy ist zu der Zeit noch kein großer Star. Sie ist eine aufstrebende Künstlerin und Komponistin für andere Musiker, steht aber eher im Hintergrund. Auch die Plattenfirmen haben kein besonderes Interesse an ihr als eigenständige Künstlerin, weil sie anders war als die erfolgreichen Stars der damaligen Zeit. Sie war laut, sie war dick, sie war unabhängig und biederte sich nicht an. Sie tanzte völlig aus der Reihe, entsprach auch nicht dem gängigen, sehr oberflächlichen weiblichen Schönheitsideal der Musikbranche und hatte demnach einen schweren Stand bei den Plattenbossen. Aber eines Tages ergab sich eine Lücke und Missy bekam ihre Chance. Wenn sie es schaffte, in vierzehn Tagen ein ganzes Album abzuliefern, würde sie ihren Plattenvertrag als Solokünstlerin bekommen. Und genau an dieser Stelle kommt der unbezahlbare Wert einer wahren Freundschaft ins Spiel. Missy Elliott und Timbaland, zwei Freunde, die einen gemeinsamen Traum hatten, saßen also in ihrem Studio und überlegten, wie diese Herkulesaufgabe zu schaffen war. Natürlich hätten sie einfach ein paar Songs zusammensammeln und daraus ein Album basteln können, aber Missy hatte eine andere Vision für sich und stellte eine wichtige Regel auf: Während der zwei Wochen im Studio durfte keiner der beiden Kontakt zur Außenwelt haben, kein Fernsehen, kein Radio, keinerlei Input von außen. Missy wollte herausfinden, wer sie als Künstlerin wirklich ist, wenn das Blatt Papier noch unbeschrieben ist und nur von ihrer eigenen Kreativität ausgefüllt wird. Keine Ablenkungen, sondern die pure Inspiration mit einer Direktleitung ins Universum, der Quelle von allem. In diesen zwei Wochen erschufen Missy und Timbaland nicht nur ein Meisterwerk, das in die Musikgeschichte einging, sie erfanden auch gleich einen völlig neuen Stil – sowohl musikalisch als auch optisch, der das folgende Jahrzehnt absolut prägen sollte. Diese abgefahrenen und völlig überdreht surrealen Musikvideos von Missy Eliott, viele von ihnen in der legendären und damals völlig neuen Fischaugenoptik, sind zeitgeschichtliche Kunstwerke geworden. Und wie hat alles begonnen? Zwei Freunde, die gemeinsam auf eine Reise gehen.«

»Das Schönste im Leben sind Abenteuer mit Menschen, die einem wichtig sind«, sagte ich leise und machte mir eine Gedächtnisnotiz, da ich diesen Satz zu Nora und mir passend fand und nun plötzlich als unglaublich wertvoll empfand. Und es wurde mir schmerzlich bewusst, dass es in meinem jetzigen Leben keinen solchen Partner in Crime gab. Ich hatte meine Erfolge immer allein gefeiert und meine Niederlagen ebenfalls. Am Ende des Tages gab es nur mich. So dachte ich schon immer.

»Weißt du, Erik, das ist einer der Gründe, warum du dich gerade so verloren fühlst. Du pflegst keine tiefen Beziehungen zu anderen Menschen. Wahrscheinlich, weil du nicht verletzt werden willst, aber der Grund dafür spielt erst mal keine Rolle. Fakt ist, du stehst in deinem Leben immer allein da, machst alles allein mit dir aus. Oder gäbe es jetzt jemanden, den du anrufen könntest, einfach nur so, um zu reden?«

»Außer meinen Mitarbeitern? Niemanden! Mal abgesehen davon, dass es hier an diesem Ort sowieso keinen Empfang gibt.«

»Ja, eine handyfreie Zone. Ist das nicht herrlich?«, sagte der alte Mann, der aber sofort wieder ernst wurde. »Menschen, die sich verloren fühlen, neigen dazu, sich zurückzuziehen. Sie meiden Kontakte, aus Unsicherheit und weil sie sich in der Situation nicht wohlfühlen. Aber dieser Rückzug, und du weißt genau, wovon ich spreche, macht es nur noch schlimmer. Tiefe Freundschaften sind die Rettungsinseln unseres Lebens. Eine einfache Verabredung in einem Café mit einer guten Freundin kann alles verändern, sogar dann, wenn es nur eine entfernte Bekannte ist oder gar ein Blind Date. Spielt gar keine Rolle. Warum? Weil diese eine Person, mit der du in den Austausch gehst, symbolisch für die ganze Menschheit steht. Weil wir alle miteinander verbunden sind. So wie die Lieder, die wir gemeinsam hören. Alles ist eins. Das Geheimnis für ein glückliches Leben liegt in den Beziehungen, die wir führen. Merke dir das gut.«

»Und dafür danke ich dir. Wirklich, von ganzem Herzen. Deine Lieder bewirken etwas. Dieser Ort hier. Dieser Augenblick. Ach, ich weiß auch nicht. Einfach danke.«

»Gern geschehen«, sagte der alte Mann.

»Also, dann bist du mein Blind Date?«, lachte ich.

»Du bist mir viel zu jung«, sagte der alte Mann und ließ sich zurück auf den Boden gleiten. »Lust auf einen Espresso?«

»Ich dachte schon, du fragst nie.«

9

DER GARTEN DES FRIEDENS

Der alte Mann stand vor dem Herd und bereitete den Kaffee zu. Die frisch gemahlenen Bohnen verströmten ihr königliches Aroma, und ich sah wieder aus dem Fenster.

»Was hast du gefühlt, als du vorhin in meinem Garten im Schnee lagst?«, fragte der alte Mann. »Welches Wort würde diesen Moment am ehesten beschreiben? Nicht lange nachdenken, Junge, einfach sagen.«

»Frieden.«

Er lächelte.

»Ich fühlte mich befreit, frei von Sorgen, frei von Angst, frei von Erwartungen. Ich spürte Freiheit da draußen in deinem Garten des Friedens.«

»Garten des Friedens?«, sagte der alte Mann und drehte sich zu mir. »Das gefällt mir. Ich werde meinen Garten ab sofort so nennen. Was für ein schöner Name. Aber warte mal.«

Er schloss die Augen und schien etwas in seinem Gedächtnis zu suchen. Er hob dabei seine Hände in die Luft und machte seltsame Bewegungen, als würde er etwas hin und her schieben. Dann öffnete er plötzlich die Augen und strahlte mich an.

»Du hast gerade eine weitere Verbindung geschaffen.«

»Wie bitte?«, fragte ich. »Ich verstehe nicht.«

»Als du diesen Namen gesagt hast, Garten des Friedens, hat es bei mir Klick gemacht. Ich hatte den Namen schon mal irgendwo gehört, aber ich musste mich erst wieder erinnern. Es gibt dieses Lied. Wahnsinn, ich habe das Album seit Ewigkeiten nicht mehr in den Händen gehalten. Warte hier, ich muss diese Schallplatte sofort suchen gehen. Sie müsste bei Instrumental Jazz stehen. Ich hoffe, ich finde sie.«

Der alte Mann verschwand und ich sah wieder durch die Scheibe nach draußen. Was für ein schöner Moment, dachte ich. In einer Küche zu sitzen, Kaffee zu trinken, Musik zu hören, nicht an morgen denken und einfach übers Leben zu reden mit einem Menschen, den man mag. Was brauchte es denn noch mehr?

»Hurra«, hörte ich den alten Mann aus dem vorderen Teil des Ladens rufen. »Das ist ein Zeichen. Das ist wieder eines dieser magischen Zeichen.«

Nach ein paar Minuten kam er aufgeregt zurück. Ich spürte, dass er ganz in seinem Element war.

»Der Kaffee muss kurz warten«, sagte er. »Komm mit nach vorne. Wir müssen dieses Lied hören, aber zuerst muss ich dir von Lonnie Liston Smith erzählen.«

Ich setzte mich wieder in meinen Sessel vor den Kamin und war gespannt, was der alte Mann für mich gefunden hatte.

»Ich habe gerade noch etwas in seiner Biografie nachgelesen. Diese neue Verbindung ist so schön, dass auch mir fast die Tränen kommen. Das Lied, das wir gleich hören werden, heißt tatsächlich wie dein goldener Moment von eben: A Garden of Peace.«

»Das gibt's doch nicht«, sagte ich und beugte mich nach vorne, um nach dem Plattencover zu greifen, das mir der alte Mann reichte.

»Und das Album, auf dem der Song zu finden ist, stammt aus dem Jahr 1983, ist erschienen beim Label *Doctor Jazz* und heißt *Dreams of Tomorrow*. Die Träume von morgen. Zeichen über Zeichen, mein Junge!«

Ich spürte die Wärme an meinem Rücken und sah auf die Uhr. Es war noch lange nicht Mitternacht, aber der Gedanke, von morgen zu träumen, einem Neubeginn, einem neuen Tag, einem neuen Leben, einem neuen Ich, ließ mich innerlich strahlen. Ja, es war ein Zeichen. Der alte Mann hätte es nicht laut aussprechen müssen. Ich hatte verstanden.

»Ich habe in seiner Biografie nachgelesen«, dozierte er, »und ich versuche, dir eine Kurzfassung davon wiederzugeben, okay?«

»Ich bin ganz Ohr«, lächelte ich zufrieden.

»Also«, begann er seinen Vortrag, »Lonnie wurde in Richmond, Virginia, in eine musikalische Familie hineingeboren. Da fällt mir ein, Missy Elliott und Timbaland stammen auch aus Virginia, aber okay, wollen wir mal nicht zu viel hineininterpretieren.«

»Offenbar herrscht da unten im Süden ein guter Vibe«, sagte ich.

Der alte Mann nickte und erzählte weiter.

»In seinem Elternhaus stand ein Klavier und Lonnie begann schon als kleiner Junge, dieses mysteriöse Ding, das all diese zauberhaften Klänge hervorbrachte, akribisch zu erforschen. Man kann es sich richtig vorstellen, wie Lonnie davorsaß, die Tasten drückte und diese besondere Magie der Musik spürte. Tag und Nacht saß er fortan an diesem Klavier und brachte sich selbst das Spielen bei, lange bevor er professionellen Unterricht bekam. Sein Vater war Mitglied der Gospelgruppe *The Harmonizing Four*, die damals eine große Nummer waren. 1945 wurden sie von Eleanor Roosevelt, kurz nach dem Ende des Zweiten Weltkrieges und nach dem Tod von Präsident Franklin D. Roosevelt, sogar ins Weiße Haus eingeladen, um dort zu singen. Lonnie wuchs also in einer musikalischen Umgebung auf und bedeutende Musiker der damaligen Zeit wie Sam Cooke gingen im Haus seiner Eltern ein und aus. Als Lonnie in die High School ging, kam er mit Modern Jazz in Kontakt und hörte zum ersten Mal die Musik von Charlie Parker, John Coltrane und Miles Davis. Ihm eröffnete sich dadurch eine völlig neue Welt. Lonnie machte seinen Abschluss in Musikpädagogik, knüpfte Kontakte zu anderen Musikern, bekam hier und da erste kleine Auftritte und begann sich in der Szene einen Namen zu machen. Nach dem College zog er dann nach New York und trat mit den besten Sängern der Stunde auf, wie Betty Carter und Joe Williams. Er schloss sich auch Art Blakey und den Jazz Messengers an, nahm zwei Alben mit dem berühmten Saxofonisten Rahsaan Roland Kirk auf und spielte ab dem Jahr 1968 mit Pharoah Sanders, einem der bekanntesten Ensembles der damaligen Zeit. 1972 wechselte er dann zu Miles Davis, dem berühmtesten Jazz-Musiker aller Zeiten, um in seiner Band die Keyboards zu spielen. Du musst wissen, dass Live-Musik damals das große Ding war und professionelle Studiomusiker in der Gesellschaft hoch angesehene Leute. 1980 spielte Lonnie beim weltberühmten Montreux Jazz Festival sogar in der Begleitband von Marvin Gaye. Alle wollten mit Lonnie Musik machen. Anfang der Achtzigerjahre wechselte er dann zu Bob Thiele und seinem neu gegründeten Label *Doctor Jazz*. Bob war ein großer Name im Business. 1964 hat er das legendäre Album *A Love Supreme* von John Coltrane produziert, hat mit Dizzy Gillespie, Sonny Rollins, Duke Ellington und Gill Scott-Heron zusammengearbeitet und einen der größten Hits aller Zeiten mitkomponiert: *What A Wonderful World* von Louis Armstrong. Unter seinem Dach entstand dieses Album hier, *Dreams of Tomorrow*. Insgesamt hat Lonnie in über vierzig Jahren zwölf eigene Alben aufgenommen, war an zehn weiteren Alben beteiligt, von all den Kollaborationen mit anderen Musikern ganz zu schweigen. In der Zeit, als Lonnie *Dreams of Tomorrow* aufnahm, hat er übrigens auch einen noch bislang unbekannten Bassisten entdeckt und gefördert, einen sechzehnjährigen Jungen aus Brooklyn namens Marcus Miller, der später zwei Grammys gewinnen, einer der besten Bassspieler aller Zeiten werden sollte und auf Welthits wie *Just The Two Of Us* von Bill Withers und *Never Too Much* von Luther Vandross zu hören ist. Was glaubst du, Erik, will die Lebensgeschichte von Lonnie Liston Smith dir sagen?«

Ich war so gefesselt von den Worten des alten Mannes, dass ich seine Frage fast überhörte. Es dauerte ein paar Sekunden, bis ich sie tatsächlich wahrnahm. Doch eine Antwort konnte ich ihm nicht geben.

»Dann erzähle ich weiter, vielleicht kommst du noch dahinter. In den Neunzigerjahren hat Lonnie zusammen mit Guru von Gang Starr auch an dem legendären Hiphop-Jazz-Projekt *Jazzmatazz* gearbeitet.«

»Noch eine Verbindung«, sagte ich mit großen Augen.

»Noch eine Verbindung«, nickte der alte Mann und sprach weiter. »Jay-Z hat *A Garden of Peace* übrigens auf seinem Klassiker *Dead Presidents* gesampelt, ebenso Mary J. Blige auf ihrer Single *Take Me As I Am* vom Album *The Breakthrough*, für das sie 2007 einen Grammy als bestes R&B-Album des Jahres gewann. Jetzt vielleicht eine Idee?«

»Von Mary J. Blige stammt mein Lieblingslied«, murmelte ich überrascht vor mich hin. »*I Love You.* Ich kann dir gar nicht sagen, wie oft ich dieses Lied in meinem Leben schon gehört habe. Aber auch das ist eine Ewigkeit her. Interessant, dass du mich ausgerechnet jetzt wieder daran erinnerst. Es ist so verrückt.«

»Noch eine Verbindung.«

»Ja«, nickte ich nur.

»Also, eine Idee?«, fragte der alte Mann erneut.

Ich schüttelte den Kopf.

»Lonnie Liston Smith ist einer der vielseitigsten Musiker der zeitgenössischen Musik und hat sein Leben lang nur das gemacht, was er am meisten liebte: Er hat Klavier gespielt, Musik komponiert und mit anderen Musikern die Welt bereist. Als Keyboarder war er jahrzehntelang an der Seite der größten Jazz- und Soulmusiker aller Zeiten, stand aber fast immer in der zweiten Reihe, im Hintergrund. Seine wahre Bestimmung bestand darin, andere Musiker durch seine Anwesenheit in ihr Licht zu rücken. Sein übergeordnetes Lebensziel bestand darin, den Menschen auf der ganzen Welt zu dienen und Liebe zu verbreiten. So seine Worte. Lonnie erkannte schon früh die heilende Kraft der Musik und sein größter Wunsch war es seit jeher, mit seiner Musik Frieden zu bringen und die Menschen daran zu erinnern, keine Kriege mehr zu führen. Auch keine Kriege gegen sich selbst.«

»Wow!«

»Du sagst es: Wow! Heute ist Lonnie ein alter Mann, der sein Leben gelebt hat. Er ist nie der ganz große Superstar geworden, wie viele der Musiker, für die er gespielt und denen er geholfen hat. Aber er hat sein persönliches *Warum* entdeckt, hat seinem Leben einen Sinn gegeben und darin seine wahre Erfüllung gefunden. Und vor allem, und das ist das Allerwichtigste, durfte er jeden Tag tun, was er am besten konnte und am meisten liebte: seine Lebenszeit auf Erden mit Musik verbringen.«

»Er wird wohl als glücklicher Mensch sterben.«

»Das denke ich auch«, sagte der alte Mann. »Die Frage ist jetzt, was du aus dieser Geschichte für dich mitnimmst?«

»Ich muss nicht ganz oben stehen. Ich muss in meiner Branche nicht um jeden Preis die Nummer eins sein. Der Kampf, den ich die letzten Jahre geführt habe, hat mich meinen Frieden gekostet, und das ist es einfach nicht wert. Der Preis war zu hoch. Unglücklich zu sein, während du im Außen gewinnst, ist kein Gewinn, sondern die größtmögliche Niederlage. Ich glaube, das habe ich mittlerweile verstanden.«

Der alte Mann nickte und sagte: »Lass uns die Augen schließen und gemeinsam in den Garten des Friedens reisen. Bist du bereit?«

»Bin ich«, sagte ich und schloss meine Augen.

Der alte Mann nahm die Schallplatte aus der Hülle, legte sie auf den Plattenspieler und drückte auf Play. Was dann geschah, war unglaublich. Ich hörte die schönste Melodie meines Lebens, unmöglich mit Worten zu beschreiben. So rein, so echt. Pure Liebe.

»Wir haben das Lied für deinen goldenen Moment gefunden«, sagte der alte Mann, als wieder Stille herrschte.

»Ja, die perfekte Melodie für einen perfekten Moment.«

»Die wahre Schönheit der Musik besteht darin, dass sie die Menschen verbindet. Sie trägt eine Botschaft und wir, die Musiker, sind die Boten. Das hat der berühmte Jazz-Musiker Roy Ayers einmal gesagt, mit dem Lonnie natürlich auch zusammen auf Tour war.«

»Natürlich war er das«, lächelte ich.

»Musik beginnt da, wo Worte enden«, erzählte der alte Mann weiter und sah mich an, wie er es schon so oft in den letzten Stunden getan hatte. »Schreib deine Geschichte neu und benutze dafür die Kraft der Musik. Auch du kannst nämlich ein Bote der Liebe sein, genau wie Lonnie, nur eben auf deine Weise. Ich weiß, dass du die Geschichte, die du dir selbst immer wieder über dich erzählst, glaubst. Du glaubst sogar, das sei die Wahrheit. Aber du irrst dich. Genau wie Jon Bon Jovi sich damals geirrt hat.«

»Wie bitte?«, fragte ich verwundert. »Was habe ich denn mit Bon Jovi zu tun?«

»Das kann ich dir sagen«, antwortete der alte Mann. »Jon Bon Jovi war jahrelang unglücklich und wusste nicht warum. Bis er feststellte, dass er die ganze Zeit sich selbst imitiert hatte. Er verwandelte sich in die Version, die andere in ihm sehen wollten. Wenn du so willst, wurde er zu seiner eigenen Karikatur. Wenn er in den Spiegel sah, sah er keinen Menschen, er sah einen Rockstar, und dementsprechend verhielt er sich auch. Er hatte auf seiner Lebensreise vergessen, wer er wirklich war, und schauspielerte nur noch die Kunstfigur, die er glaubte, sein zu müssen, um geliebt und akzeptiert zu werden. Als er das begriff und wieder sein wahres Ich hervorholte, kam auch das Glück in sein Leben zurück. Wen siehst du, wenn du in den Spiegel blickst?«

Ich gab dem alten Mann keine Antwort.

»Komm mit in die Küche«, sagte er. »Lass uns jetzt den Kaffee trinken.«

Ich saß wieder an dem kleinen Tisch und starrte auf das Bücherregal. Dem alten Mann entgingen meine Blicke nicht und er stellte mir eine neue Frage: »Siehst du die Biografien in der Mitte des Regals? Was fällt dir auf?«

Ich hielt meinen Kopf seitlich, um die Titel der Bücher besser lesen zu können, wusste aber nicht, was der alte Mann meinte. Mir fiel gar nichts auf, jedenfalls nichts Besonderes.

»Das sind alles die Lebensgeschichten berühmter Männer: Musiker, Sportler, Köche, Erfinder, Maler, Entdecker. Ah, und hier sind die Frauen: Marie Curie, Mata Hari, Sophie Scholl. Aber was soll mir daran auffallen?«

»Sieh genau hin. In den Büchern steckt das ganze Leben dieser Menschen. Aber was fehlt?«

»Erlöse mich, alter Mann. Ich sehe es nicht.«

»Die Antwort ist: fast alles. Fast alles fehlt in diesen Biografien. Schau sie dir ruhig an. Keines der Bücher hat mehr als tausend Seiten, die allermeisten haben nicht einmal fünfhundert Seiten. Und wir reden hier von den berühmtesten Menschen unserer Geschichte, Männer und Frauen, die ein aufregendes Leben hinter sich hatten. Das bedeutet, dass jeder Autor und jede Autorin, der oder die die Lebensgeschichte eines dieser außergewöhnlichen Menschen aufgeschrieben hat, fast alles weglassen musste. Es wurden immer nur die Höhepunkte und die Tiefschläge herausgepickt und beschrieben. Was jedoch die Höhepunkte und Tiefschläge eines Lebens sind, liegt immer im Auge des Betrachters. Hätte eine andere Autorin die Biografie von Marie Curie oder Mata Hari geschrieben, würden wir eine andere Geschichte lesen. Worauf ich hinauswill, ist Folgendes: Wir schreiben jeden Tag unsere eigene Biografie, indem wir entscheiden, worauf wir uns konzentrieren, was wir aus der Vergangenheit wieder aufwärmen und worüber wir uns im Hier und Jetzt Sorgen machen. Wir sind alle Autoren und Autorinnen unseres eigenen Lebens. Fakt ist, deine Lebensgeschichte kann auf viele Arten erzählt werden und die Art und Weise, wie du sie erzählst, verändert, wer du bist und wer du sein wirst. Es kommt darauf an, wie du auf dein Leben blickst. Die gleiche Geschichte von Erik, dem jungen Mann, der hier in einer Küche sitzt und über den Ausgang seines restlichen Lebens nachdenkt, kann ein Drama, ein Thriller, eine Lovestory oder eine Komödie sein. Es liegt ganz bei dir und deiner Perspektive auf deine Welt. Zum Beispiel kannst du aktiv wählen, ob dieser Tag ein tragisches oder ein hoffnungsfrohes Ende nimmt, allein durch die Art deiner eigenen Erzählung.«

Der alte Mann atmete durch und stellte zwei Tassen auf den Tisch. Auf der Herdplatte zischte bereits heißer Dampf aus dem Espressokocher. Der Kaffee war fertig. Der alte Mann schenkte uns ein und setzte sich zu mir. Wir tranken beide einen Schluck und schwiegen eine Weile. Die Stille war nicht merkwürdig, ganz im Gegenteil. Es fühlte sich angenehm an, einmal nichts zu sagen, nichts zu hören und über nichts nachdenken zu müssen. Einfach nur dasitzen, einen Espresso trinken und das Aroma des Lebens genießen. Nachdem wir zeitgleich den zweiten Schluck genommen hatten und beide Tassen leer waren, schenkte er ungefragt nach. Ich nickte, um Danke zu sagen, und wollte mich schon wieder an der Stille erfreuen, da fragte der alte Mann: »Kennst du den Ziegenhirten Kaldi und wie er ganz zufällig den Kaffee entdeckt hat?«

Ich lächelte liebevoll, drehte mich zu ihm und sagte: »Alter Mann, diese Geschichte kenne ich nicht, aber ich kann es kaum erwarten, sie zu hören.«

Er legte sofort los.

»Kaffee ist der zweitmeistgehandelte Rohstoff der Welt. Nur Öl verkauft sich noch besser. Weltweit gibt es fünfundzwanzig Millionen Kaffeebauern. Diese Zahl musst du dir mal vorstellen. Fünfundzwanzig Millionen. Der pure Wahnsinn!«

Der alte Mann machte eine kurze Pause, sah mich an und fragte: »Was denkst du, wie viele Tassen Kaffee werden an diesem Tag getrunken?«

»Heute?«, fragte ich nach.

»Ja.«

»Also, mit den vier Tassen, die wir gerade getrunken haben, schätze ich mal, puh, keine Ahnung, hundert Millionen vielleicht?«

Der alte Mann lachte mich aus und sagte: »Zweieinhalb Milliarden.«

»Das ist wirklich eine Menge.«

»Es ist ja auch das Getränk der Götter«, lachte der alte Mann und begann weiter seine Geschichte zu erzählen.

»Der Legende nach soll es im 15. Jahrhundert in Äthiopien einen jungen Ziegenhirten namens Kaldi gegeben haben. Er hatte sich unter einem schönen Baum im Schatten ein Nickerchen genehmigt und als er aufwachte, waren all seine Ziegen verschwunden. Er blies auf seiner Bambusflöte, aber nicht eine Ziege kam zu ihm zurück. Also machte er sich auf die Suche nach seinen Tieren und fand sie schließlich weit weg am anderen Ende des Flachlandes, wo sie aufgeregt umhersprangen und ihm unbekannte rote Beeren aßen, die auf Zweigen wuchsen. So fröhlich hatte er seine Ziegen noch nie erlebt, also pflückte er selbst ein paar Beeren, probierte sie und spürte ebenfalls deren berauschende Wirkung. Gemeinsam mit seinen Ziegen tanzte er für eine Weile um die Wette und fühlte sich plötzlich hellwach. Am Abend füllte der junge Ziegenhirte seine Taschen mit den Beeren, um sie zu Hause seiner Frau zu zeigen. Die wusste damit aber nicht viel anzufangen und schickte ihn weiter ins örtliche Kloster. Die Mönche hörten sich Kaldis Geschichte über seine tanzenden Ziegen an und lachten ihn aus. Seine Beeren warfen sie nur arglos ins Feuer. Doch schon bald breitete sich rund um das Lagerfeuer ein angenehmer Duft aus, denn aus den Beeren wurden in der Glut geröstete Bohnen. Die Mönche wurden neugierig. Angestachelt von den verführerischen Röstaromen, die in der Luft lagen, fischten sie die Bohnen aus dem Feuer, zerdrückten sie, warfen sie in heißes Wasser und erfanden damit ein neues Getränk.«

»Unseren geliebten Kaffee.«

»Et voilà«, grinste der alte Mann. »So einfach geht es manchmal.«

»Eine schöne Geschichte«, sagte ich.

»Ja, aber ob sie wirklich stimmt, das weiß niemand so genau, denn sie wird erst ab dem 19. Jahrhundert erzählt. Was aber sicher überliefert ist, ist diese Geschichte hier: Im Süden Äthiopiens, in der Region Oromia, gab es damals einzelne Stämme, die getrocknete Kaffeeschalen verwendeten, genauer gesagt, die getrockneten Kirschen. Sie füllten sie in heißes Wasser, rührten alles um und nannten dieses Getränk dann Buno. Einige Experten halten das für den Ursprung des Kaffees.«

»Und was stimmt jetzt?«, fragte ich.

»Ich bin noch nicht fertig«, sagte der alte Mann. »Um das Jahr 1470 herum reiste nämlich ein Geistlicher aus dem Jemen über das Rote Meer rüber nach Äthiopien, da er von einem mysteriösen Getränk gehört hatte, von dem man angeblich lange wach bleiben würde. Seine Idee war, dieses Getränk den Sufis in seiner Heimat mitzubringen, da diese immer lange wach bleiben mussten, um ihre Andachten zu feiern. Er fand das geheimnisvolle Getränk, verteilte es unter den Sufis und es dauerte nicht lange und keiner der Geistlichen wollte mehr darauf verzichten. Die Sufis aus dem Jemen waren somit die Ersten, die Kaffee tranken, der in etwa so geschmeckt haben musste, wie wir ihn heute kennen. Das Problem war aber, dass niemand so genau wusste, ob dieses berauschende Hochgefühl, das die Sufis durch den Kaffee bekamen, gotteskonform war. Die Frage, die sich den geistlichen Behörden in Kairo stellte, war demnach: Dürfen Moslems Kaffee trinken? Es gab einen richtigen Prozess, aber zur Freude aller Sufis kamen die obersten religiösen Autoritäten zu dem Schluss, dass Kaffee regelkonform sei, schließlich blieben Kaffeetrinker länger wach und könnten somit auch länger dem Herrn dienen. Von da an verbreitete sich Kaffee im ganzen Nahen Osten. Die ersten Kaffeehäuser wurden gebaut, wo sich vor allem Männer trafen, um Kontakte zu knüpfen. Das war für die damalige Zeit ein echter Fortschritt, denn zum ersten Mal konnte man sich außerhalb der Moschee treffen, um über Alltägliches zu plaudern. Etwa hundert Jahre später brachten die Osmanen dann den Kaffee in die

Türkei und auch in Istanbul entstanden an jeder Ecke Kaffeehäuser. Sie bereiteten den Kaffee nur aus gerösteten Bohnen zu, die staubfein gemahlen wurden, und erfanden damit den türkischen Kaffee oder auch Mokka genannt. Auch interessant: Obwohl das Kaffeehaus anfangs nur ein Ort für Männer war, spielten schnell auch Frauen eine entscheidende Rolle, denn: Männer beurteilten damals Frauen oft nach ihrer Fähigkeit, Kaffee zu kochen, während sich eine Frau wiederum offiziell scheiden lassen durfte, wenn ihr Mann ihr nicht täglich mindestens eine Tasse Kaffee bieten konnte.«

Der alte Mann stoppte seine Erzählung und sah mich an.

»Warum hörst du auf?«, fragte ich und sah ihn erwartungsfroh an, wie ein kleines Kind, das vor dem Schlafengehen noch eine Gute-Nacht-Geschichte vorgelesen bekommen möchte. »Ich könnte dir stundenlang zuhören. Wirklich, du bist ein wandelndes Lexikon, alter Mann. Und ich liebe es. Bitte erzähl weiter!«

»Ich denke, das reicht für heute, zumindest was meine Kaffeegeschichten angeht. Wobei, wenn ich mit einem Freund an einem Tisch sitze, so wie wir gerade, und Kaffee trinke, so wie wir gerade, dann muss ich immer an drei Menschen denken: Otis Redding, Bill Murray und Bob Dylan.«

»Echt, ja? Stell dir das mal vor, die drei würden jetzt hier mit uns in deiner kleinen Küche sitzen. Das wäre genial.«

»Findest du, ja?«, fragte mich der alte Mann.

»Ja, natürlich«, sagte ich energisch. »Das sind drei G.O.A.T.s, sie gehören zum Club der *Greatest Of All Times*. Sie zählen zu den Größten aller Zeiten. Wahnsinn, diese Vorstellung, mit denen hier am Tisch zu sitzen.«

»Nun, Otis Redding, der King of Soul, einer der gefühlvollsten Sänger aller Zeiten, ist schon lange tot. Er ist länger tot, als du am Leben bist. Das wird für ihn also ziemlich schwierig hierherzukommen. Aber was Bill und Bob angeht, ja, das wäre möglich. Es gibt nur ein Problem: Warum sollten sie? Ernsthaft, warum sollten sie sich mit dir an einen Tisch setzen? Was

könntest du zu einem solchen Boss-Talk Wertvolles beisteuern?«
»Hey, was soll das denn jetzt?«, sagte ich und fühlte mich sofort angegriffen. »Was ist das denn für eine Energie plötzlich? Ich habe nie behauptet, dass ich ein G.O.A.T. bin und gegen Bob Dylan und Bill Murray habe ich natürlich nicht den Hauch einer Chance. Aber ich will mich doch auch gar nicht mit denen messen. Ich habe nur gesagt, dass es cool wäre, an einem Tisch mit ihnen zu sitzen.«

»Ja, für dich. Aber wäre es auch cool für Bill und Bob? Was könntest du erzählen, das für sie einen Mehrwert hätte? Denk da mal drüber nach! Und bevor dein Kopf gleich explodiert, lass dir gesagt sein, dass ich dir nichts Böses will. Ich möchte nicht, dass du dich schlecht fühlst, sondern etwas Grundlegendes verstehst.«

Ich blickte ihn trotzig an und fühlte mich wie damals, als ich meinem Vater sagte, dass ich nicht studieren wollte, sondern das Leben erleben. Was ich denn schon vom Leben wüsste?, fragte er mich. Er sprach es nie aus, aber ich fühlte, dass er mich nicht für voll nahm und dass er dachte, dass ich einen Fehler begehen würde. Ich fühlte jetzt hier in dieser Küche wieder den Drang, mich beweisen zu müssen, aufzuzeigen, was ich schon alles erreicht hatte. Doch die letzten Stunden hatten ihre Spuren hinterlassen. Zum ersten Mal in meinem Leben, zumindest seitdem ich mich erinnern konnte, gab ich diesem Drang, der Stimme meines Egos, nicht nach, sondern fragte den alten Mann aufrichtig: »Und was ist das Grundlegende, das ich verstehen soll?«

»Jeder Mensch, der echt ist, ist auch interessant für andere. Ob du eine Krankenschwester bist oder ein Musiker oder ein Müllmann oder eine Lehrerin oder eine Schauspielerin, ist völlig irrelevant. Ein Müllmann, der zu sich steht und sich nicht hinter einer Maske versteckt, hat mehr zu sagen und demnach anderen auch mehr zu geben als ein Life Coach, der nicht lebt, was er predigt. Verstehst du jetzt, worauf ich hinauswill?«

»Ja, ich verstehe. Jedenfalls denke ich das. Ich glaube, dass ich einfach noch zu viel Angst davor habe, etwas von dem aufzugeben, was ich mir über die Jahre aufgebaut habe. Denn bei all dem Groll, den ich spüre, ist es doch mein Lebenswerk und ich bin auch stolz, dass ich es ins Leben gerufen habe. Und jetzt kann ich endlich ernten, was ich über viele Jahre ausgesät habe. Es erscheint mir dumm, gerade jetzt eine neue Richtung einzuschlagen.«

»Das berühmte bequeme Sofa«, sagte der alte Mann.

»Genau das«, nickte ich und rieb mir wieder mit den Händen übers Gesicht.

»Nur die Ruhe. Alles passiert zu seiner Zeit«, zwinkerte mir der alte Mann zu. »Noch ist nicht aller Tage Abend.«

»Warum eigentlich Otis Redding, Bill Murray und Bob Dylan?«, fragte ich.

Der alte Mann lächelte.

»Otis, weil er der Größte ist und eines der schönsten Slow-Dance-Liebeslieder überhaupt gesungen hat. *Cigarettes And Coffee* heißt der Song, der kitschig ist, aber nicht schnulzig, unfassbar ehrlich und so lebensnah und deswegen so wunderschön. Ein Mann macht einer Frau eine Liebeserklärung, nachts um drei, bei Zigaretten und Kaffee, in einer Küche wie dieser hier. Der Song berührt einfach, weil er authentisch ist und direkt ins Herz geht. Da ist nichts gespielt, nichts gekünstelt, einfach Gefühle pur. Otis hat ihn 1965 geschrieben, da war er gerade mal fünfundzwanzig Jahre alt. Ein Jahr später ist er gestorben. Ein Flugzeugabsturz. Tragisch. Tja, wie das Leben so spielt. Das Album, auf dem der Song erschienen ist, heißt übrigens einfach nur *The Soul Album*, als gäbe es nur dieses eine. Was für ein Selbstbewusstsein dieser junge Bursche gehabt haben muss. Irre!«

»Ich habe Gänsehaut, wirklich.«

»Und Bill Murray, weil er einfach nur das macht, worauf er wirklich Lust hat. Der verschwindet auch schon mal für zwei Jahre und geht nicht ans Telefon. Das liebe ich an ihm. Er macht, was er will, und hält sich nicht an irgendwelche Vorgaben, die andere Menschen aufgestellt haben. Ein freier Geist.«

»Ich liebe seinen Film *Lost In Translation*«, sagte ich.

»Ja, er ist schon einer der ganz Großen«, sagte der alte Mann. »Es gibt diesen Episodenfilm von Jim Jarmusch, der im Übrigen so heißt wie der Song von Otis Redding, nur umgedreht: *Coffee And Cigarettes*. Elf Kurzgeschichten, gedreht in Schwarz-Weiß, mit verschiedenen Darstellern und Themen, aber immer bei einer Zigarette und einer Tasse Kaffee. Der Cast ist legendär. Roberto Benigni ist dabei, Steve Buscemi, Iggy Pop, Megan und Jack White, Tom Waits, Cate Blanchett und eben Bill Murray, der sich mit GZA und RZA vom Wu-Tang Clan trifft, dabei eine ganze Kanne Filterkaffee trinkt und sich von den beiden Rappern hochwissenschaftlich erklären lässt, warum sie nur grünen Tee trinken. Es ist saulustig und so cool. Der ganze Film, nicht nur diese eine Episode, ist feinste Poesie. *Coffee And Cigarettes*.«

»Ist notiert«, sagte ich und machte mir in Gedanken eine weitere Erinnerungsnotiz. »Einer fehlt aber noch.«

»Bob Dylan«, sagte der alte Mann in einem Ton, den ich mal wieder nicht einordnen konnte. »Was soll ich dir schon über einen erzählen, der über allem steht? Er hat als erster und einziger Musiker den Nobelpreis für Literatur erhalten. Seine Lyrik ist unübertroffen. Er ist wie Shakespeare, verstehst du? Es gibt Bob Dylan und dann gibt es alle anderen. Dabei steht er einfach nur mit Gitarre und Mundharmonika auf der Bühne. Ganz schlicht und zerbrechlich. Aber genau das macht seine Magie aus. Er ist ein Zauberer. *One More Cup Of Coffee*. So heißt das Lied. Zwei Menschen haben sich gerade geliebt, als der eine erkennt, dass dieser Moment nicht wiederkommen wird, und zu ihr sagt: *Your eyes are like two jewels in the sky, your back is straight, your hair is smooth. On the pillow where you lie. But I don't sense affection, no gratitude or love. Your loyalty is not to me, but to the stars above ...* Lass uns noch einen letzten Kaffee trinken, bevor ich gehe. So schön und so traurig zugleich.«

»Alter Mann, was sitzen wir noch hier rum? Wir müssen sofort rübergehen, die Platten suchen und diese Songs hören. Auf der Stelle. Los!«

Der alte Mann begann zu strahlen und ich tat es auch. Dann saßen wir wieder in den beiden Sesseln vor dem flackernden Kamin und hörten Otis Redding und Bob Dylan, dann wieder Otis Redding und dann wieder Bob Dylan. Alles erschien mir wie in einem Traum. Musik sei das Mondlicht in der düsteren Nacht des Lebens, hörte ich den alten Mann irgendwann sagen, aber ich war so in meinen Gedanken versunken, dass ich seine Worte kaum wahrnahm. War das mein Weg? Wie Bob Dylan durch das Land zu fahren und meine Geschichten zu erzählen? Heute hier, morgen dort? Und überall immer wieder einen letzten Kaffee trinken?

»Weißt du«, begann der alte Mann wieder, »über Dylan ist ja schon alles gesagt und geschrieben worden und irgendwann beginnt man, sich bei ihm im Kreis zu drehen. Ja, er ist der Größte aller Zeiten. Versteh mich nicht falsch. Ich liebe seine Musik, aber es gibt diese eine Frau, die immer in seinem musikalischen Schatten stand und dennoch nicht daran zerbrochen ist. Was für eine Lebensleistung. Die Geschichte von Joan Baez hat mich schon damals fasziniert. Was für eine außergewöhnliche Frau. Außerdem hat sie das schönste Lied über eine unerwiderte Liebe geschrieben, das ich jemals hören durfte. Dieses Lied würde ich jederzeit, und das meine ich völlig ernst, allen Songs von Bob Dylan vorziehen. Neugierig?«

»Willst du mich verarschen, alter Mann?«, lachte ich. »Hol diese verdammte Platte aus deiner Schatzkiste und lass uns Musik hören!«

Die Schallplatte, von der der alte Mann sprach, hieß *Diamonds & Rust* und stammte aus dem Jahr 1975. Ich roch an der Hülle und es fühlte sich an, als wäre in dem Vinyl der Geist der damaligen Zeit gespeichert worden. Man konnte ein Stück Vergangenheit berühren und die Vergangenheit berührte einen sofort zurück. Der alte Mann musste dieses Lied immer wieder von vorne starten, so tief erreichte es mein Herz. Irgendwann sagte er, dass der Text von *Diamonds & Rust* von Bob Dylan handelte. Mit dieser neuen Information musste der alte Mann das Lied sofort noch einmal laufen lassen. Und dann noch einmal. Ich staunte wie ein kleines Kind.

»Joan Baez war der Star beim legendären Woodstock Festival 1969«, begann der alte Mann wieder zu erzählen. »Sie war die Headlinerin des ersten Tages und bekam sogar die höchste Gage von allen Solokünstlern, die ohne Band auftraten. Mehr als alle Männer, die dort spielten.«

»Sie war ihrer Zeit offenbar weit voraus.«

»Das kann man wohl sagen«, grinste der alte Mann. »In den Sechzigern war Joan Baez die berühmteste Folksängerin der Welt. So wurde sie auch genannt – Queen of Folk. Sie hat sich politisch immer enorm engagiert, hat lautstark demonstriert und ist vor allem in ihren Songs gegen das Unrecht auf der Welt angegangen: Rassentrennung, Vietnamkrieg, Kampf für Meinungsfreiheit, Frauenrechte und die LGBTQ-Bewegung, die damals natürlich noch nicht diesen Namen hatte. Sie war das Gewissen ihrer Generation, war unbequem und trotzdem einer der größten Popstars ihrer Zeit. 1963, auf dem legendären Civil Rights March von Martin Luther King in Washington D.C., sang sie einen ihrer größten Hits, *We Shall Overcome*, bis heute eines der bedeutendsten Protestlieder überhaupt.«

»*Auch das werden wir überstehen*«, sagte ich.

»Ganz genau«, nickte der alte Mann. »Was ich dir eigentlich sagen will: Joan Baez war schon ein Star, bevor sie Bob Dylan Anfang der Sechzigerjahre kennenlernte. Sie hatte bereits drei Alben aufgenommen, die allesamt erfolgreich waren, Bob Dylan hingegen war zu dem Zeitpunkt der breiten Masse noch völlig unbekannt. Zu einem seiner ersten Konzerte in New York kamen gerade mal fünfzig Besucher. Die beiden mochten sich aber, auf künstlerischer, spiritueller und auch auf menschlicher Ebene, und wurden ein Paar. Na ja, wie man in jener verrückten Zeit des Aufbruchs als Künstler und Künstlerin eben ein Paar sein konnte. Auf jeden Fall nahm sie ihn mit zu ihren Auftritten, ließ ihn dort singen und half ihm so, ein größeres Publikum zu erreichen. Seinen Auftritt beim weltberühmten Civil Rights March von Martin Luther King bekam er nur, weil sie ihn mitnahm. Um ihre Beziehung ranken sich die wildesten Mythen und die Wahrheit wird wahrscheinlich nie so richtig ans Licht kommen. Aber was man sicher sagen kann, ist, dass die beiden sich in der kreativsten Phase ihres Lebens gegenseitig befruchtet haben. Und zwar über viele Jahre. Er liebte ihr Gitarrenspiel und sie seine lyrische Genialität. Aber was machst du, wenn neben dir ein Jahrtausend-Genie heranwächst? Ihre Popularität nahm langsam ab, seine stieg in höchste Höhen. Irgendwann war sie nur noch ›die Freundin‹ oder später auch ›die Exfreundin von Bob Dylan‹, die auf ihren Konzerten seine Lieder sang. Viele wären daran zerbrochen, weil ihre Egos das nicht verkraftet hätten. Nicht aber Joan Baez. Sie ist sich und ihren Idealen all die Jahre immer treu geblieben, hat weiter ihre Musik gemacht und Konzerte gespielt, auch vor einem kleineren Publikum, um bis zum Schluss ihre Botschaft in die Welt zu tragen: Hört auf, Kriege zu führen! Einen Grammy für ihre Musik hat sie nie gewonnen, nur für ihr Lebenswerk, und kurz vor ihrem achtzigsten Geburtstag ist sie wohlverdient in die Rock and Roll Hall of Fame aufgenommen worden.«

Der alte Mann machte eine Pause und begann zu lächeln.

»Weißt du, in ihrem Garten steht heute ein Baumhaus. Dort sitzt sie gerne und verbringt einen Großteil der Wintertage mit ihrer neuen Leidenschaft, der Malerei. Sie ist im Reinen mit sich und der Welt. Darauf kommt es an. Bob Dylan ist, bei allem Respekt für seine musikalische Genialität, ein grummeliger alter Kauz geworden, für den diese Welt wahrscheinlich nie wirklich ein erhellender Ort war. Joan Baez hingegen sagte einmal, rückblickend auf ihren Lebensweg, dass ihr Leben reich sei, und zwar nicht im finanziellen Sinne. Mit so jemandem möchte ich am Küchentisch sitzen und einen Kaffee trinken.«

»Das stimmt wohl«, sagte ich. »Können wir ihr Lied noch mal hören? Ich habe mich, glaube ich, darin verliebt.«

»Nicht nur du«, sagte der alte Mann und drückte auf Play. »Nicht nur du.«

»Ich weiß nicht, wie es dir geht«, sagte ich am Ende des Liedes, »aber ich muss, wenn ich die Musik von Joan Baez höre, die ganze Zeit an Lana Del Rey denken. Es ist die gleiche Melancholie, die gleiche Energie, findest du nicht?«

»Joan Baez könnte ihre Großmutter sein«, sagte der alte Mann.

»Ich meine ja nur. Die Musik von Lana Del Rey lässt mich an Erinnerungen denken, die ich selbst gar nie hatte. Es ist merkwürdig. Ich fühle bei beiden, auch bei Joan Baez, diesen ganz speziellen nostalgischen Vibe, wie in einer Zeitreise. Es ist einfach …«

»… die Magie der Musik«, fiel mir der alte Mann ins Wort. »Lana ist in Joans musikalische Fußstapfen getreten und füllt sie mit ihrer Persönlichkeit voll aus. Ich verehre sie sehr. Auch weil sie nicht auf jeden Trend aufspringt, sondern sich treu bleibt. Genau wie Joan.«

»Was meinst du damit?«, fragte ich.

»Lana hat vor einiger Zeit all ihre Social Media Accounts gelöscht«, sagte er mir direkt ins Gesicht, als sollte ich mir daran ein Beispiel nehmen. »Und sie hatte über dreißig Millionen Follower.«

»Woher weißt du denn so was?«, lachte ich und der alte Mann antwortete unbeeindruckt: »Ich bin alt, aber nicht lebensfremd. Das habe ich dir schon einmal gesagt. Lana hat den versteckten Preis erkannt, den jeder Mensch eines Tages bezahlen muss, wenn er sich zu lange in der digitalen Welt aufhält. Es lohnt sich immer ein zweiter Blick, was diese scheinbar harmlosen alltäglichen Dinge des digitalen Lebens wirklich kosten. Netflix kostet dich nicht zehn Dollar im Monat, es kostet dich deinen wertvollsten Besitz, deine Lebenszeit. Facebook, Twitter, TikTok, Instagram und all die anderen sozialen Netzwerke sind auch keineswegs kostenlos, wie so viele Menschen glauben, sie kosten dich deinen Fokus. Es gibt immer einen versteckten Preis, den man für seine Entscheidungen bezahlt. Lana hat das erkannt und dieses Gift aus ihrem Leben verbannt, um sich auf das konzentrieren zu können, was ihr wirklich wichtig ist und was ihr wahren Frieden bringt. Nimm dir an ihr ein Beispiel, Erik. Frag dich ab sofort, ob dich die Entscheidungen, die vor dir liegen, näher zu deinen wahren Träumen führen oder ob sie dich davon entfernen. Erinnere dich an Missy Elliott und wie sie es geschafft hat, in zwei Wochen ein Meisterwerk zu erschaffen. Keine Ablenkungen! Das ist das Geheimnis.«

»Ein guter Punkt«, sagte ich nachdenklich.

»Warum sind Netflix, Amazon, Disney, Spotify, Google und Co. denn so unsagbar reich und erfolgreich?«, fragte der alte Mann weiter. »Warum zählen diese Marken zu den wertvollsten der Welt? Weil deren Eigentümer allesamt erkannt haben, dass die meisten Menschen keine echten Lebensziele haben und deswegen ihr Geld für Unterhaltung und Ablenkung ausgeben. Ein Mensch, der kein Ziel hat, lenkt sich mit Vergnügen ab. Das ist die bittere Wahrheit und bringt das Dilemma unserer westlichen Gesellschaft präzise auf den Punkt. Weißt du, bei welchem Satz ich oft hellhörig werde, wenn Menschen über die Nichtverwirklichung ihrer Träume reden? *Ich würde ja gerne, aber dafür habe ich keine Zeit.* Ich frage dann gerne zurück: Wie viele Stunden hast du in der vergangenen Woche damit verbracht, Nachrichten zu schauen, durch deine Social-Media-Kanäle zu surfen oder dir Filme und Serien im Fernsehen, auf YouTube, Amazon oder Netflix anzusehen? Vielleicht ist ja die Zahl, die du gerade in deinem Kopf zusammenrechnest, die Antwort, das Problem und die Lösung zugleich. Willst du ein anderes Leben, achte auf das, was du jeden Tag tust. Lana Del Rey wollte ein anderes Leben. Sie wollte sich durch diese künstliche Welt nicht mehr schlecht fühlen, sondern echte Gespräche führen mit echten Menschen an echten Orten. Auch deswegen liebe ich sie. Welchen Song wollen wir hören?«

»*Blue Jeans* natürlich«, antwortete ich und Lana begann kurz darauf nur für mich zu singen: *I will love you 'till the end of time. I would wait a million years. Promise you'll remember that you're mine. Baby, can you see through the tears?*

10

DIE LIEBE UND DAS MEER

»Du suchst nach Liebe, tust aber alles dafür, um sie von deinem Leben fernzuhalten.«

Als ich die Augen wieder öffnete, war ich allein. Der alte Mann war verschwunden und nirgendwo zu sehen. Hatte ich diesen Satz gerade geträumt? Hatte ihn der alte Mann zu mir gesagt oder die Stimme, die manchmal zu mir sprach? Stand ich noch unter dem Einfluss von Lana und ihrem Zauber oder hatte ich mir das alles nur eingebildet? Ich schloss wieder die Augen und stellte mir vor, wie ich mit Lana Del Rey und Joan Baez drüben am Küchentisch saß. Die beiden Frauen unterhielten sich untereinander und schenkten mir keinerlei Beachtung, als sei ich Luft. In ihren Augen funkelte es, sie sprühten vor Begeisterung und schaukelten sich gegenseitig hoch, bis sie plötzlich aufsprangen und sich lange umarmten. Ich fühlte mich nicht nur so, ich war das dritte Rad am Wagen. In mir gab es kein Funkeln, kein Feuer, nichts, was ich zu diesem magischen Moment hätte beisteuern können. Dann setzten sich die beiden Frauen wieder und sahen mich an.

»Und wer bist du?«, fragte Lana Del Rey in meine Richtung.

Ich schluckte, wurde nervös und stammelte irgendein unverständliches Zeug vor mich her, als Joan Baez ergänzte: »Ja, wofür brennst du eigentlich?«

Lana und Joan sahen mich an und erwarteten eine Antwort, die ich aber nicht liefern konnte. Ich saß da und bekam nichts heraus. Wie versteinert starrte ich die beiden Frauen an, die mir noch eine Chance gaben, aber als auch danach nichts Brauchbares meinen Mund verließ, drehten sie sich wieder zueinander um und führten ihre Unterhaltung fort. Ich stand auf und verließ mit hängenden Schultern den Raum.

»Na, kleines Nickerchen gemacht?«, hörte ich den alten Mann sagen, der direkt neben mir stand.

Ich öffnete die Augen und erzählte ihm von meinem Traum.

»Ja, das passiert manchmal«, sagte er unbeeindruckt. »Dieser Küchentisch hat irgendwas Magisches an sich. Ich habe da schon mit Bob Marley, Jimi Hendrix und Aretha Franklin gesessen und Karten gespielt. Das war ein Abend! Junge, Junge.«

Ich ignorierte seine Worte, da es mir zu anstrengend war zu überlegen, wie er das wieder gemeint haben könnte, und fragte stattdessen, ob er mir vor fünf Minuten etwas über die Liebe erzählt habe, was er verneinte, da er gerade erst mit seiner täglichen Meditationssitzung fertig geworden sei. Auch so eine Sache, die ich seit geraumer Zeit sträflich vernachlässigte.

»Alter Mann, ich bin unzufrieden!«, kam es plötzlich laut aus mir heraus.

»Das ist schon mal ein guter Anfang«, sagte er und setzte sich zu mir. »Selbsterkenntnis ist bekanntlich der erste Schritt zur Besserung. Ich höre dir zu. Komm, lass alles raus, wenn es jetzt endlich rauswill.«

»Es sind meine Gewohnheiten«, begann ich zu erzählen. »Die sind großer Mist. Früher, ganz am Anfang meiner Karriere, da habe ich mich noch gesund ernährt, habe meditiert und Yoga gemacht. Logisch, denn ich habe ja alles gefilmt, um daraus meine Videos zu produzieren. Heute habe ich dafür Co-Trainer und andere Leute, die in den Videos auftreten. Ich bin nur noch der Host, der Moderator, der durch die Kurse führt, sie aber nicht mehr selbst halten muss. Ich bin faul geworden, träge und undiszipliniert. Ich sehe es jetzt, der Erfolg hat mich verändert und zu einem Menschen werden lassen, den ich früher verachtet hätte. Aber ich weiß einfach nicht, was ich tun soll. Wenn ich wüsste, was meine wahre Mission ist in diesem Leben, dann hätte ich wenigstens einen Wegweiser, eine Richtung, in die ich gehen könnte. Dann könnte ich mich sofort an die Umsetzung machen. Aber so? Ich stecke fest, habe fünfzehn Kilo zugenommen, ernähre mich ungesund, mache keinen Sport mehr und rede mir meine Welt schön. Es ist ein Teufelskreis, aus dem ich einfach nicht rausfinde.«

»Du bist hier, oder?«, sagte der alte Mann. »Du hast schon längst herausgefunden. Es dauert nur eine Weile, bis dein Kopf versteht, was dein Herz längst entschieden hat.«

»Aber wann begreift mein Dickschädel das endlich? Meine Gedanken nerven mich nämlich gewaltig.«

»Sieh mal, wenn du deinen Orientierungssinn verloren und das Gefühl hast, wie eine Schneeflocke vom Sturm hilflos durch die Welt getrieben zu werden, dann kannst du dich trotzdem immer an deiner Lebenskraft festhalten.«

»Woran soll ich mich festhalten?«, fragte ich verdutzt nach, denn ich hatte keine Ahnung, wovon der alte Mann da redete.

»An deiner Lebenskraft«, wiederholte er. »Die Lebenskraft ist der Sammelbegriff für die Organisationsprinzipien des Lebens, also die Fähigkeit des Menschen, sich an unterschiedliche Umgebungen anzupassen und sein Leben aktiv zu gestalten. Das ist eine unsichtbare, jedoch ständig anwesende Kraft, die allumfassend ist, das Leben organisiert, Prozesse in Gang setzt und sich ständig erneuert. In der Traditionellen Chinesischen Medizin heißt diese Lebenskraft, die in allen Menschen steckt, übrigens *Qi*, im Hinduismus nennt man diese Energie *Prana*. Die Rechnung ist einfach: Wer seine Lebenskraft aktiviert, kann viel bewirken, hat Charisma und Ausstrahlung und kann auch schneller gesunden, also von Krankheiten genesen. Alle Übungen des Yoga zielen letztlich darauf ab, seine Lebenskraft zu erhöhen und somit ein gutes Leben in Fülle zu führen. Wenn du also herausfinden willst, wer und was wirklich in dir steckt, dann schlage ich vor, dass du deine Lebenskraft aktivierst.«

»Und wie soll das gehen?«

»Es ist gar nicht so schwer, wie es vielleicht auf den ersten Blick klingt«, sagte der alte Mann ruhig. »Du hast vorhin von Gewohnheiten gesprochen. Betrachte deine Lebenskraft, die aus drei Ebenen besteht, einfach als eine Art Kompass für deine neuen Gewohnheiten. Neues Leben, neue Gewohnheiten. Du verstehst?«

»Ich verstehe.«

»Die unterste Ebene ist deine Beziehung zu deinem Körper. Die mittlere Ebene ist deine Beziehung zu anderen Menschen. Und die oberste Ebene, die wichtigste von allen, ist deine Beziehung zu dir selbst. Beginnen wir mit der ersten Ebene, deiner Beziehung zu deinem Körper.«

»Da bin ich ganz ehrlich, alter Mann. Ich hasse meinen aktuellen Körper.«

»Das kann ich fühlen, ja. Du schämst dich. Dein Körper ist ein Ausdruck deiner traurigen Seele, die nicht gehört wird und sich vernachlässigt fühlt. Du bist keine zwanzig mehr, als dein Körper dir noch alles verziehen hat. Aber es ist nicht zu spät. Bring deinen Körper dazu, besser für dich zu arbeiten und dir wieder zu dienen, indem du für deinen Körper arbeitest und ihm dienst. Am Fitnessstudio führt kein Weg vorbei, das ist ganz klar, denn für ein langes Leben brauchst du Kraft. Beginne mit Ju-Jutsu oder einer anderen sanften Form des Kampfsports. Dehne jeden Morgen deinen Körper. Du musst geschmeidiger werden. Yoga ist ideal, aber kein Muss. Achte darauf, genug zu schlafen, jeden Tag zu meditieren und dich im Großen und Ganzen gesund zu ernähren. Das klingt viel, ist es aber nicht. Wusstest du, dass es schon eine Form der Meditation ist zu tanzen, zu singen, im Wald den Geräuschen zu lauschen oder einfach auf dem Sofa zu liegen und zehnmal ganz bewusst zu atmen? Meditation muss nicht immer im Schneidersitz sein. Meditation ist alles, was dich im Moment leben lässt, ganz ohne die Gedanken an deine To-do-Liste und die noch nicht beantworteten Nachrichten. Sogar Kochen oder Staubsaugen kann Meditation sein. Ich garantiere dir, dass du, sobald du deine Beziehung zu deinem Körper verbesserst, augenblicklich die Kontrolle über dein Leben zurückgewinnst. Deine Rückenschmerzen werden verschwinden, deine Nackenschmerzen, deine Verspannungen. Auch deine Haltung wird sich verbessern. Innen wie außen. Du wirst dich buchstäblich wie neu geboren fühlen. Allein diese Energie wird sich auf alle anderen Bereiche deines Lebens enorm positiv auswirken.«

Ich nickte und machte mir eine ganze Reihe von Erinnerungsnotizen. Im Prinzip wusste ich das alles schon, aber es noch einmal in dieser Klarheit zu hören, tat gut und gab mir augenblicklich Hoffnung.

»Über die mittlere Ebene, also deine Beziehungen zu anderen Menschen, haben wir bereits gesprochen. Es ist wichtig, dass du dich nicht mehr in dein Schneckenhaus zurückziehst, sondern aktiv auf neue Menschen zugehst. Führe gute und tiefe und langlebige Beziehungen. Frag nicht danach, was die Person am anderen Ende der Leitung gegessen hat oder wie das Wetter ist, sondern frag danach, was heute ihre schönsten oder traurigsten Gedanken waren. Interessiere dich für die Menschen, denen du begegnest, und leg das Vorurteil ab, dass sie ohnehin nicht sind wie du und somit uninteressant. Jeder Mensch ist ein Sonnenaufgang. Wenn du ihn nicht siehst, liegt das daran, dass du zu spät aufgestanden bist. Wenn du tiefe und ehrliche Beziehungen führen willst, musst du dich öffnen. Daran führt ebenfalls kein Weg vorbei. Verstanden?«

»Verstanden.«

»Kommen wir zur letzten Ebene, der Königsdisziplin, deiner Beziehung zu dir selbst. Hol dir für einen Moment das Bild vor dein geistiges Auge, als Missy Elliott damals im Studio saß, ohne Input von außen, und etwas aus dem Nichts erschuf. Was hat sie dort in Wahrheit getan? Sie hat eine Beziehung zu ihrem Unterbewusstsein hergestellt und den magischen Speicher angezapft, den wir alle besitzen. In jedem von uns ist diese Quelle, in der schier unendliches Potenzial steckt. Menschen, die plötzlich einen Geistesblitz haben und etwas Geniales erfinden oder erschaffen, haben in Wahrheit nur einen Zugang zu dieser Quelle gefunden, in der schon alles vorhanden ist. Niemand kann sagen, was sich alles in diesem Speicher befindet, aber manchmal hat man eben das Glück, für ein paar Augenblicke eine Verbindung herzustellen. Eine schöne Übung, die man auch gut als tägliches Ritual machen kann, ist das gute alte Tagebuch. Du hast ja schon ein Buch geschrieben, also weißt du, wie das geht. Aber selbst wenn nicht, wäre das kein Problem, denn du musst nicht gut schreiben können, sondern einfach nur schreiben. Du brauchst dafür keinerlei Talent. Es geht um den magischen Prozess des Schreibens, der dich wie durch ein Wunder mit dem Universum verbindet und Dinge aus dir herausholt, von denen du selbst nicht gedacht hättest, dass sie in dir verborgen liegen. Auch wenn du glaubst, nichts zu sagen zu haben oder nicht so interessant zu sein, beginne deine Gedanken aufzuschreiben und warte ab, was passiert. Durch den Prozess des Schreibens erhältst du Zugang zu deinem Unterbewusstsein. Du machst sichtbar, was du sonst niemals sehen würdest. Als hättest du magische Zaubertinte. Und dann ist es auch keine Glückssache mehr, den Zugang zu dieser magischen Quelle herzustellen, sondern Übungssache.«

»Das mit der Tinte klingt ein bisschen nach Harry Potter«, schmunzelte ich.

»Ja, nur dass das hier echt ist und auch wirklich funktioniert.«

»Und wenn mir nichts einfällt, was ich schreiben könnte?«, fragte ich.

»Das gibt es nicht. Der Mensch hat immer Gedanken. Man glaubt nur, sie seien nicht interessant genug, um sie aufzuschreiben. Der Trick besteht darin, nicht nachzudenken, sondern einfach loszulassen, die Verbindung zuzulassen und zu schreiben. Lass dein Unterbewusstsein die Führung übernehmen. Es sieht ja niemand, was du schreibst. Es ist ganz wichtig, dass du so schreibst, als ob es niemals jemand lesen wird, nicht mal du. Denn nur dann erlaubst du auch den verdrängten Gedanken, von jenen, die du eigentlich nicht gebrauchen kannst, gehört und gefühlt zu werden. Denn man muss zulassen, um loszulassen. Du kannst diese Gedanken, die du zugelassen hast und gerne loslassen würdest, in einem Ritual verbrennen, indem du das Geschriebene in den Kamin wirfst, es über eine Kerze hältst oder einfach in den Papierkorb wirfst. Wenn du beginnst, mit diesem Mindset zu schreiben, wirst du sehen, dass dein Unterbewusstsein ziemlich viel zu sagen hat und du somit immer genug zu schreiben hast. Wenn dir aber wirklich nichts einfällt, weil die inneren Blockaden noch zu hoch sind, schreib am Abend einfach drei Dinge auf, für die du an diesem Tag dankbar bist. Das funktioniert immer. Du kannst demnach gar nichts falsch machen.«

»Das ist eine gute Idee«, sagte ich und machte mir eine weitere Erinnerungsnotiz.

»Wichtig ist, dass du dein inneres Feuer wieder angezündet bekommst. Wenn du dich in der Zukunft also wieder verloren fühlst, denk an deine Lebenskraft und aktiviere sie. Du weißt ja nun, wie es geht. Betrachte sie als dein neues Lieblingsprojekt. Je mehr Zeit und Energie du in deine Lebenskraft investierst, desto schneller wirst du auch zu den Antworten kommen, nach denen du suchst. Es geht immer um Leidenschaft, Erik. Verbinde dich leidenschaftlich mit deiner Lebenskraft. Wenn du das wirklich durchziehst, wird alles andere von selbst passieren. Das ist ein großes Versprechen, das ist mir klar. Doch Vorsicht, damit wirst du nicht all deine Probleme lösen, vor denen du seit Jahren wegrennst, aber du wirst erkennen, dass du die Macht besitzt, deiner Geschichte ein neues Ende zu geben. Und zwar sofort, augenblicklich. Die Magie, nach der du suchst, verbirgt sich in der Arbeit, die du vermeidest. Merk dir diesen letzten Satz gut.«

»Ich weiß nicht, was ich sagen soll. Ich kann es kaum erwarten, mich an die Arbeit zu machen.«

»Ich weiß«, grinste der alte Mann. »Ich weiß genau, wie du dich jetzt fühlst, denn auch ich stand mal genau da, wo du gerade stehst. Du kannst dich freuen. Das nächste Gespräch mit Lana und Joan wird sicher anders ablaufen.«

»Wie meinst du das? Werde ich sie noch mal treffen?«

»Das hängt von dir ab«, sagte der alte Mann. »Aber wenn sie dich dann erneut fragen, wer du bist und was du so machst, wirst du nicht mehr herumstottern und versuchen zu gefallen, du wirst ganz du sein und ihnen voller Leidenschaft von der Magie der Lebenskraft erzählen und dass du gerade dabei bist, dein neues Leben mit dieser magischen Energie aufzubauen. So euphorisch wie sie über ihre Musik geredet haben, wirst du über deinen neuen Weg reden, und ich garantiere dir, dass ihr sofort eine Verbindung spüren werdet, denn plötzlich hast du eine Geschichte zu erzählen, die einen Mehrwert hat, von der andere lernen können, die interessant und spannend ist. Du wirst echt sein und nicht schauspielern müssen. Du wirst auch in keiner Rolle mehr gefangen sein, sondern ganz du sein können. Und genau das, mein Freund, ist nebenbei bemerkt die höchste Form von Anziehung. Für etwas voller Leidenschaft zu brennen, ist so viel schöner und attraktiver als Geld, Status oder Aussehen. Beginne im ersten Schritt damit, ein guter Mensch zu sein. Und fang einfach mit der Liebe an. Komm, ich erzähl dir noch eine Geschichte.«

»Ich könnte erst noch einen Kaffee vertragen«, sagte ich. »Würdest du mir noch eine Tasse kochen und mir die Geschichte in der Küche erzählen?«

»Aber sicher«, sagte der alte Mann und stand sofort aus dem Sessel auf. »Der Abend ist ja noch jung.«

»Wo holst du nur diese Energie her?«, fragte ich ernsthaft interessiert und folgte dem alten Mann in die Küche.

»Tja, ich halte mich einfach nur an meine eigenen Ratschläge. Das ist kein Hexenwerk und auch keine Raketenwissenschaft, wie man so schön sagt. Nur logischer Menschenverstand. Willst du ein anderes Leben, musst du andere Dinge tun. So schwer ist das ja nicht zu verstehen. Aber wir waren bei der Liebe stehengeblieben, richtig?«

Die Kaffeemühle surrte und entfachte wieder ihr unwiderstehliches Aroma. Ich atmete es tief ein und hielt so lange wie möglich die Luft an, als hätte ich die Fähigkeit, das Aroma tief in mir zu konservieren, als wäre es der letzte Kaffee meines Lebens.

»Hier im Ort wird eine Geschichte erzählt«, hörte ich den alten Mann sagen. »Sie handelt von der Liebe, von Erfolg und von Reichtum. Eines Morgens sah ein junger Mann drei alte Frauen vor seinem Haus stehen. Sie hatten lange weiße Haare, die fast bis zum Boden reichten, und sahen aus, als hätten sie schon alles erlebt und alles gesehen auf dieser Welt. Zuerst dachte er sich nichts dabei. Als sie aber Stunden später immer noch vor seinem Haus auf dem Bürgersteig warteten, ging er hinaus und fragte sie, ob er ihnen helfen könne. ›Meine Damen‹, sagte er, ›es ist wirklich kalt hier draußen und langsam wird es auch dunkel. Außerdem sehen Sie hungrig aus. Möchten Sie nicht zu uns hereinkommen und etwas essen?‹ Eine der Frauen lächelte und antwortete: ›Sie sind wirklich sehr freundlich, aber es kann nur eine von uns mit Ihnen ins Haus gehen.‹ Sie deutete auf die Frau, die rechts von ihr stand, und sagte: ›Ihr Name ist Reichtum. Sie ist wirklich toll.‹ Dann zeigte sie auf die zweite Frau, die links von ihr stand, und sagte: ›Und diese liebreizende Dame hier hört auf den schönen Namen Erfolg. Ebenfalls eine grandiose Frau. Und mein Name ist Liebe. Sie haben nun die freie Wahl. Wen von uns möchten Sie in Ihr Haus bitten?‹ Der junge Mann entschuldigte sich, ging ins Haus zurück und erzählte seiner Frau, was er gerade erlebt hatte. Sie war hocherfreut und schlug vor, den Reichtum in ihr Haus zu bitten. Der junge Mann aber widersprach und sagte: ›Nein, ich denke, wir sollten lieber den Erfolg einladen.‹ Die kleine Tochter der beiden, die bislang still in der Ecke spielte, mischte sich plötzlich ein und machte ebenfalls einen Vorschlag. ›Mama, Papa‹, sagte sie unaufgeregt, ›wäre es nicht viel, viel schöner, wenn wir die Liebe zu uns einladen würden?‹ ›Oh, mein Gott. Unsere Tochter hat recht‹, sprach die Frau und sagte zu ihrem Mann: ›Geh schnell wieder raus und lade die Liebe als unseren Gast ein.‹ Der junge Mann nickte und ging darauf wieder zu den alten weisen Frauen nach draußen, die sich nicht vom Fleck bewegt hatten. Er sagte: ›Ich habe mit meiner Familie gesprochen und wir haben entschieden, die Liebe einzuladen. Bitte kommen Sie rein und seien Sie unser Gast.‹ Die Liebe nickte zufrieden und ging neben dem jungen Mann in Richtung Hauseingang. Die beiden anderen Frauen folgten ihnen. Überrascht drehte sich der junge Mann um. ›Ich habe doch nur die Liebe eingeladen‹, sagte er. ›Warum wollen Sie nun doch alle drei mitkommen?‹ Und die alten Frauen antworteten: ›Wenn Sie Reichtum oder Erfolg eingeladen hätten, wären die beiden anderen draußen geblieben. Da Sie sich aber für die Liebe entschieden haben, gehen die anderen dorthin, wohin die Liebe geht.‹«

Der alte Mann machte eine Pause.

Dann sagte er: »Eine fantastische Geschichte, um das Gesetz des Lebens zu verstehen. Wenn du den Weg der Liebe gehst, kommen Erfolg und Reichtum automatisch mit. Das Geheimnis besteht darin herauszufinden, was du liebst. Als Kinder wissen wir das meist noch, doch dann kommen die großen Leute, die *Erwachsenen*, und sagen uns, was sie von uns erwarten und was wichtig ist. Und plötzlich sind wir selbst groß und wissen, was allen anderen wichtig ist, aber haben unsere eigenen Leidenschaften völlig vergessen. Ja, wir haben vergessen, was wir lieben.«

Der alte Mann stellte mir eine volle Tasse Kaffee auf den Tisch und sagte mit einem Lächeln: »Ich weiß, du suchst nach schnellen Antworten und bist verwirrt, weil du keine findest oder es dir zu lange dauert. Aber ich möchte dich an ein chinesisches Sprichwort erinnern, das da heißt: *Ein Vogel singt nicht, weil er eine Antwort hat. Er singt, weil er ein Lied hat.* Anstatt krampfhaft nach Antworten zu suchen, mach es wie der Vogel und suche nach Liedern, nach deinen Liedern. Vielleicht findest du ja dort, in ihnen, was du suchst.«

Ich nippte an meinem Kaffee, der sogar noch besser schmeckte als der vorherige, und wiederholte leise den Spruch des alten Mannes: *Ein Vogel singt nicht, weil er eine Antwort hat. Er singt, weil er ein Lied hat.* Wunderschön.

»In den Liedern nach Antworten suchen?«, fragte ich.

»Genau da«, sagte der alte Mann. »Eine ganz neue Welt wartet auf dich. Eigentlich sind wir sogar schon längst mittendrin.«

»Aber wo anfangen?«, fragte ich.

»Wohin dein Herz dich führt«, lächelte der alte Mann und gab mir ein Zeichen, ihm zu folgen. Ich trank die Tasse aus und ging mit ihm nach vorn in den Hauptraum. Er drehte sich im Kreis, streckte seine Arme aus und rief: »Es gibt Millionen Lieder hier in unserer wunderschönen kleinen Welt und auf eine wundersame Weise sind all diese Lieder, alle Musiker, alle Sänger und Sängerinnen und jeder, der ihre Musik hört, miteinander verbunden. Du ziehst ein Album aus dem Regal, sagen wir von einer unbekannten japanischen Glam-Rock-Band aus den Sechzigern, und landest in wenigen Schritten bei einem aktuellen Pop-Hit, weil der Star-Produzent aus Schweden dieses alte Album für einen Dollar wegen des interessanten Plattencovers auf einem Flohmarkt in Istanbul gekauft hat und sich vom dritten Lied auf der B-Seite hat inspirieren lassen. Dieses neue Lied hören dann Millionen Menschen und Hunderte oder gar Tausende von ihnen entdecken die alte Musik jener Glam-Rock-Band aus Japan neu für sich. Schon ist eine magische Verbindung über die Kontinente hinweg entstanden. Tausende unsichtbare Fäden wurden gesponnen. Musik ist die höchste Form von spiritueller Energie. Sie hat die Kraft, die Welt zu verändern, weil sie die Herzen der Menschen in dieser Welt erreicht, Brücken baut, die Kulturen zusammenbringt und aus Fremden Freunde macht. Du wirst nie jedes Lied hören können, das existiert, und genau das macht die Schönheit und den Reiz aus. Denn im Gegensatz zu diesem Leben ist die Auswahl an Musik unendlich, wie das Universum. Es hört nie auf. Wenn du dich in die unendlichen Weiten der Musik begibst, wirst du ewig fallen und nie landen, immer weiter fliegen und nie anstoßen. Schwerelos. Atemlos. Durch die Nacht.«

»Atemlos durch die Nacht?«, grinste ich.

»Natürlich, mein Freund. Atemlos durch die Nacht«, sagte der alte Mann und strahlte mich an, wie es nur jemand kann, der einem sehr vertraut ist. »Heute Morgen hatte ich noch keine Ahnung, welche Lieder im Laufe des Tages auf mich warten würden, bis du vorhin aufgetaucht bist. Ohne dich wären diese Lieder nicht aufgeweckt worden. Aber du hast ihnen Leben eingehaucht, durch deine bloße Anwesenheit, durch deine Fragen und deine Suche.«

»Hast du wirklich alles gehört, was hier in deinem Laden steht?«, fragte ich nach einem Moment des Schweigens, während ich durch die Reihen ging, sanft mit den Fingern über die Plattenrücken strich und mich umsah.

»Ja, das habe ich. Das hier ist die Geschichte meines Lebens, Lied für Lied. Aber es kommen immer wieder neue Lieder dazu – durch die Menschen, die ich treffe. Wie gesagt, es hört nie auf.«

»Und du kannst mir zu jeder Schallplatte eine Geschichte erzählen?«, wollte ich wissen.

Der alte Mann zuckte mit den Mundwinkeln.

»Ob ich zu jedem Lied etwas Wertvolles zu sagen habe? Das liegt im Auge des Betrachters, aber wir können uns mit jedem Lied hinsetzen, die Augen schließen und es gemeinsam hören. Und dann, wenn es wieder still wird, können wir gemeinsam darüber reden, was wir gefühlt haben und welche Bilder dieses Lied in uns erzeugt hat. Jedes Lied, das dein Herz erreicht, hat eine Botschaft und kann dich etwas lehren.«

»Jedes Lied, sagst du.«

»Jedes Lied, das dein Herz erreicht«, antwortete er und hob dabei seinen Zeigefinger, als wollte er sagen: Junge, du musst genau zuhören!

Ich kam an der House-Abteilung vorbei, blickte auf die Plattencover von Masters At Work, Dimitri From Paris, Todd Terry, Armand Van Helden, Avicii und Mousse T. Ich blieb einen Moment stehen, um über all diese berühmten DJs nachzudenken. Früher war deren Leben mein Traum gewesen. Aber dann kam mir mein Leben dazwischen und hatte andere Pläne für mich. Ich lief weiter, an der Soul-Abteilung vorbei, ließ meine Gedanken schweifen und stand dann vor unzähligen Jazzalben. Aus der Mitte des Fachs zog ich wahllos eine Schallplatte heraus und rief dem alten Mann zu: »Okay, lass es uns probieren. Mit diesem Album hier.«

»Sehr gut«, klatschte der alte Mann in die Hände und sprang mit einem gekonnten Satz über den Tresen. Ich staunte nicht schlecht. So elegant hätte ich das nicht hinbekommen. Ganz im Gegenteil. Der alte Mann hingegen war gut in Form.

»Nicht verraten«, sagte er und hielt sich die Augen vors Gesicht. »Beschreib mir das Cover, ohne den Künstler, die Künstlerin oder die Band zu erwähnen.«

Vorsichtig nahm ich die LP aus der durchsichtigen Schutzhülle und betrachtete sie.

»Okay, also das Cover besteht aus einem gemalten Bild«, begann ich. »Eine Naturlandschaft, wie eine kitschige Postkarte. Es sind keine Menschen darauf zu sehen, sondern eine einladende Bucht, umrahmt von gelben und weißen Blumen. Ich glaube, es sind Orchideen. Wälder, ein kleiner Strand, das Meer. Und im Hintergrund sieht man über den Bergen die Sonne aufgehen. Sonnenstrahlen durchziehen den blauen Himmel. Es sieht ein bisschen nach Paradies aus. Ein Ort, an dem man gerne Zeit verbringen möchte. Wenn ich das Bild mit einem Wort beschreiben müsste, dann wäre es wohl *Frieden*. Schon wieder.«

»Genau das ist die Magie der Musik«, sagte der alte Mann, der seine Augen noch immer geschlossen hielt. »Du bekommst, was du brauchst.«

»Aber wir haben doch noch gar nichts gehört«, sagte ich und drehte das Cover um. »Auf der Rückseite geht das Bild übrigens noch weiter und man sieht den weiten Ozean.«

»Das Rauschen der Wellen, kannst du es hören?«

»Ich höre nur die Stimme eines alten Mannes«, sagte ich verschmitzt.

»Du musst deine Fantasie benutzen. Lass dich von dem Offensichtlichen, von dem, was du glaubst zu hören, nicht so einfach manipulieren. Mach deine Augen zu und träume dich an diesen zauberhaften Strand auf Hawaii, beobachte, wie der Tag erwacht. Versuche zu erahnen, wie die Musik dazu klingen könnte.«

Ich schloss die Augen, sah aber überhaupt nichts. Nach einigen Sekunden der Stille öffnete ich meine Augen und der alte Mann war verschwunden. Ich entdeckte ihn in der anderen Ecke auf dem Sofa neben der Abhörstation. Seine Augen waren noch immer – oder schon wieder – geschlossen. Er lächelte. Auf der Rückseite des Albums stand die Tracklist. Ich ging die einzelnen Titel durch.

»Welchen Song wählst du aus?«, hörte ich ihn fragen.

»Weißt du denn überhaupt, welche Platte ich gezogen habe?«, fragte ich und nahm im Sessel gegenüber Platz.

»Es kann nur *Light the Light* von Seawind sein. Horizon Records. 1979. Eine interessante Gruppe.«

»Noch nie gehört«, sagte ich und wartete darauf, dass der alte Mann seine Augen wieder öffnete. »Seawind war eine Band aus Hawaii«, erzählte er weiter. »Musikalisch schwer einzuordnen, wenn man einen Plattenladen besitzt. Sie könnten überall stehen: bei Soul, bei Rock, bei Funk oder bei Fusion Jazz. Als Band gab es sie acht Jahre, von 1974 bis 1982. In der Zeit haben sie vier Alben aufgenommen, *Light the Light* ist ihr drittes. Dreißig Jahre nach ihrer Auflösung haben sie sich dann noch mal für ein Reunion-Album getroffen, aber in ihrer Kernphase waren es vier Alben.«

»Und können sie heute noch von ihrer Musik leben? Sind sie berühmt geworden? Ich habe nämlich noch nie von denen gehört.«

»Sind das die Fragen, die dich interessieren, ob sie berühmt und reich geworden sind?«

Der alte Mann öffnete seine Augen und sah mich eindringlich an. Ich konnte seinen Blicken nicht standhalten und sah weg.

»Weißt du, Junge, Thoreau hat gesagt: Anstatt Berühmtheit, Geld, Vertrauen oder Fairness, gebt mir Wahrheit. Es gab sicherlich Bands zu der damaligen Zeit, die als Kollektiv viel untalentierter waren, aber kommerziell gesehen wesentlich mehr Erfolg hatten. Dennoch konnten sie als Band fast zehn Jahre lang ihre Miete zahlen und als junge Menschen jeden Tag ohne Sorgen das tun, was sie am meisten geliebt haben: Musik machen, sich ausprobieren, die Welt entdecken, komponieren, reisen, wachsen, lernen. Ist das nicht schon ein Riesenerfolg und mehr, als man erwarten darf?«

»Aber es hat offensichtlich nicht funktioniert, die Band hat es nicht geschafft zu überleben, also sind sie am Ende doch gescheitert, oder etwa nicht?«

»So siehst du das Leben? Nur das Ziel? Und was ist mit dem Weg?«, antwortete der alte Mann und ich konnte sein Mitleid deutlich spüren. »Kommerziell waren sie nie wirklich erfolgreich. Da hast du recht. Von außen betrachtet war ihr größter Erfolg als Band eine Grammy-Nominierung, 1979 für ihren Song *The Devil Is A Liar*. Womit sie übrigens recht haben. Der Teufel ist wirklich ein Lügner. Zum Beispiel lässt er die Menschen glauben, sie seien nicht gut genug, nur weil sie keine Preise gewinnen oder Millionen auf dem Konto haben.«

»Sehr witzig«, sagte ich.

»Weißt du, gerade eben, als du das Cover beschrieben hast, da warst du ehrlich, du warst ganz da, im Hier und Jetzt, warst ganz im Moment versunken. Du hast nicht nachgedacht, sondern hast mit deinem Herzen beschrieben, was du siehst. Eine Spur Reinheit war da. Das war schön. Das warst du. Du warst neugierig und offen, aber schon jetzt bist du wieder im Ego, in deinem Wertemodus. Du sortierst die Menschen in Kategorien wie *Erfolg* und

Berühmtheit. Ich wünschte, du könntest die Musik mit einem reinen Herzen hören und würdest nicht noch immer denken: Sie waren zwar nominiert für einen Grammy, aber gewonnen haben sie ihn nicht.«

»Bin ich so durchschaubar?«, fragte ich und fühlte mich mal wieder ertappt.

»Du bist ein offenes Buch«, sagte der alte Mann unbeeindruckt, »aber vielleicht fühlst du dich ja besser, wenn ich dir verrate, dass einige Bandmitglieder von Seawind solo auch damals schon ziemlich erfolgreich waren. Zum Beispiel Jerry Hey, ein ausgezeichneter Musiker an der Trompete, dem Waldhorn und dem Flügelhorn.«

Ich konnte nicht anders, als albern zu kichern, denn bei den Worten *Waldhorn* und *Flügelhorn* stellte ich mir einen Förster in Tracht vor, der hoch oben auf der Bergalm neben seinen Kühen und Schafen in ein Waldhorn bläst und noch ein gejodeltes *Holladrio* hinterherschickt. Der alte Mann schüttelte nur den Kopf und redete weiter.

»Jerry ist eine Legende und auf vielen Hollywood-Soundtracks zu hören, zum Beispiel *Aladdin, Zurück in die Zukunft, Godzilla, Flashdance, Pocahontas, Spacejam, Spider-Man, Star Wars, Karate Kid, Stuart Little* und noch vielen mehr. Er war auch mit Lisa Stansfield im Studio und mit Aretha Franklin, mit Elton John und Joe Cocker, mit Cher und Céline Dion und Patti LaBelle und Joni Mitchell und Tom Petty und Donna Summer und John Mayer und Paul McCartney und Roberta Flack und Rod Stewart und B.B. King und Barbra Streisand.«

Der alte Mann machte eine kurze Pause, um Luft zu holen. Dann spulte er weiter sein Wissen ab.

»Jerry ist mit seiner Musik auf dreizehn Alben der größten Soulbands aller Zeiten zu hören: Earth, Wind & Fire. Ganz genau! Er wurde elfmal für einen Grammy nominiert, den er auch sechsmal gewann, unter anderem für seine Zusammenarbeit mit Quincy Jones und Toto. Ach ja, fast hätte ich es vergessen. Sagt dir Michael Jackson etwas? Jerry hat als Studiomusiker bei allen drei Alben mitgewirkt, die Musikgeschichte geschrieben haben: *Off The Wall*, *Thriller* und *Bad*. Nicht schlecht für einen, der in deinen Augen gescheitert ist, hmm?«

Ich fühlte mich wie ein Trottel, mal wieder.

»Kommen wir jetzt zu Larry Williams, der bei Seawind Keyboard, Saxofon und Flöte gespielt hat. Willst du jetzt auch lachen, weil ich Flöte gesagt habe und das für dich ein uncooles oder unmännliches Instrument ist?«

»Nein, nein«, sagte ich schnell. »Hab's begriffen.«

Der alte Mann rollte mit den Augen, wie ein Lehrer, der seinen Schüler gerade bei einer dummen Aktion im Klassenzimmer erwischt hat.

»Jahrelang hat Larry zusammen mit Jazz-Legende Al Jarreau Konzerte gegeben, hat mit David Crosby aufgenommen, mit Lionel Richie, Michael Bolton, Minnie Riperton, Natalie Cole, Olivia Newton-John, Patrice Rushen, Paul Young, Pink Floyd, Rick Astley, Simply Red. Und auch er hat mit Michael Jackson gearbeitet. Auf *Thriller*, dem meistverkauften Album aller Zeiten, spielt Larry alle Instrumente, die er beherrscht: Keyboard, Saxofon und Flöte. Was sagst du jetzt?«

Ich war noch immer sprachlos.

»Und Pauline Wilson, die Frontfrau von Seawind, deren atemberaubende Stimme wir gleich hören werden, ist die erste Sängerin aus Hawaii, die jemals einen Grammy gewonnen hat. Und zwar 1980 für ihr Duett mit Soul-Legende George Benson für eine Compilation der Sesamstraße. Du hast richtig gehört, sie hat einen Grammy für das beste Kinderlied des Jahres erhalten. Mehr Anerkennung geht nicht, mein Freund. Mehr Erfolg geht nicht, wenn du es schaffst, die Herzen der Kinder zu erreichen. Also, können wir jetzt endlich Musik hören?«

Ich nickte und reichte ihm vorsichtig die Schallplatte rüber. Das Cover und die Innenhülle, auf der die Texte aller Songs abgedruckt waren, behielt ich bei mir. Der alte Mann blickte mich erwartungsvoll an und da ich nicht wusste, was er von mir wollte, reichte ich ihm das Cover und die Innenhülle. Er wehrte genervt mit seiner wedelnden Hand ab und rollte die Augen.

»Da kommt nichts, oder? Hast es nicht begriffen, wie mir scheint«, sagte der alte Mann sichtlich enttäuscht. Ich fühlte mich augenblicklich schlecht und wollte zum Gegenschlag ausholen, besann mich aber eines Besseren und fragte nach: »Was habe ich übersehen?«

»Weißt du, eigentlich war das gerade ein perfektes Beispiel dafür, warum so viele Menschen unglücklich sind. Sie denken, dass nur etwas einen Wert hat, wenn es im Außen sichtbar ist. Ich habe dir gerade minutenlang irgendwelche sichtbaren Erfolge aufgezählt und dich somit überzeugt, dass diese Menschen ein erfülltes Leben gelebt haben. Aber kannst du Liebe sehen? Kannst du Seelenfrieden sehen? Hast du einmal nach dem Verhältnis zu ihrem Körper, ihren Liebsten oder zu sich selbst gefragt, um zu wissen, ob diese Menschen ein wirklich erfülltes Leben gelebt haben? Nein. Und vergiss nie: Der Teufel ist ein Lügner. Welchen Song hören wir?«

Ich schaute auf die Innenhülle und bemerkte, dass es dort einen Song gab, der genauso hieß wie dieser Plattenladen. Ich las die ersten Zeilen des Textes laut vor.

»*Imagine what the world could be, if you and I would touch the heart of a person, just one person passing by.*«

Der alte Mann nickte.

»Ja, stell dir das mal vor.«

»Der Song heißt *Imagine*, wie dein Laden. Wo du ja so viel über diese Band weißt, war das vielleicht kein Zufall.«

»Ich habe meinen Laden wegen eines anderen Liedes so genannt«, gab der alte Mann mürrisch zurück. »Und dieses Lied habe ich ewig nicht mehr gehört. Ja, es stimmt. Zufälle gibt es nicht. Schon mal daran gedacht, dass es sich um dein Herz handeln könnte, das im Vorbeigehen berührt werden möchte? Du hättest ja auch an meinem Laden vorbeigehen können. Aber irgendwas in dir hat dich hier hereinkommen lassen. Das ist die Anziehungskraft der Musik. Wollen wir *Imagine* hören? Ich brauche jetzt ein gutes Lied.«

»Nein, wenn es nicht der Song ist, nachdem du dein kleines Reich hier benannt hast, dann wähle ich einen anderen aus. Ich nehme das letzte Lied von der A-Seite: *Follow Your Road*. Einfach so. Ohne Grund.«

»Eine sehr gute Wahl. Lass uns diese Musik jetzt hören. Aber sei dir im Klaren darüber, dass du diesen Song danach nie wieder zum ersten Mal hören wirst. Also, schalte alles um dich herum aus und tauche ganz tief hinein.«

Der alte Mann legte die Platte auf den Plattenspieler, nahm den Tonarm von der Gabel und suchte die passende Rille des Songs. Ich lehnte mich zurück. Was war das nur für ein merkwürdiger Ort hier? Früher in meinen Jugendjahren war ich oft in Plattenläden, auf Plattenbörsen und in muffigen alten Second-Hand-Geschäften, aber nie habe ich dort solche Gespräche geführt oder mir gar Gedanken über mein Leben gemacht. Damals ging es nur um die Musik. Es war aufregend. Wenn ich in einer neuen Stadt war, habe ich als Erstes Ausschau nach diesen besonderen Läden gehalten und Stunden dort verbracht. Ich habe mich durch alte Kisten gewühlt, um vielleicht irgendwo eine Rarität zu entdecken, ein Schnäppchen zu machen. *Diggin In The Crates*. So nannten wir das. Ein unbeschreibliches Gefühl war das, wenn man plötzlich eine 12"-Vinyl in den Händen hielt, nach der man schon ewig gesucht hatte, oder einen Schatz fand, von dem man gar nicht wusste, dass er existierte, und der einen beim Anhören einfach nur sprachlos und voller Glück zurückließ.

Wie lange war das her? Nicht nur gefühlt ein halbes Leben. Wo war nur die Zeit geblieben? Warum hatte ich das alles vergessen? Ich konnte mich nicht erinnern, wann ich das letzte Mal so glücklich war wie in jenen Tagen. Ich hatte nichts, kein Geld, keine Bekanntheit, keine Skills. Und doch hatte ich alles, weil ich glücklich war, weil ich frei war, weil mir die Zukunft offenstand.

Alles war noch möglich. Wo war diese Freiheit nur geblieben und warum war sie mir abhandengekommen? Ich rieb mir mit beiden Händen kräftig durchs Gesicht. Gedanken, verschwindet! Für die Welt war ich der Glücks-Guru. Doch hier in diesem Sessel, neben dem alten Mann, kam ich mir wie ein Verräter vor. Ein Verräter meiner eigenen Träume, ein Lügner, ein Versager, ein Hochstapler. Ich verkaufte anderen Menschen das Glück und wurde bei jeder Transaktion zwar reicher auf dem Bankkonto, aber unglücklicher im Herzen. Was für eine Ironie.

Der Teufel ist ein Lügner. Aber woher kamen plötzlich all diese Gedanken? War die Beerdigung schuld? War das die Strafe, dass ich mich all die Jahre nicht bei Nora gemeldet hatte? War das ihre wahre Botschaft aus dem Jenseits? Ich schüttelte mich und nahm die Innenhülle des Albums in die Hand, um nach den Lyrics zu suchen. Durch die Boxen drang wieder dieser besondere Klang des Rauschens, den nur Schallplatten erzeugen können. Eine Mischung aus Knarzen, Knacken, Aufregung und Wärme. Dann hörte ich den ersten Ton. Ich bekam auf der Stelle Gänsehaut. Und dann, als die Stimme von Pauline Wilson den Raum in Besitz nahm und ich den Text auf der Innenhülle, die immer noch auf meinem Schoß lag, mitlas, konnte ich die Tränen nicht mehr zurückhalten. Sie liefen leise über meine Wangen, mein Blick war stur auf die Lyrics gerichtet, doch mein ganzer Körper vibrierte.

With so many roads that seem to lead down to the sea
I wonder which road will be the right one for me
Others may fall away, dead ending left and right
But there is this one road, that journey's far out of sight

Have you wondered where your road will lead you?
Maybe to a bright day of sunshine or a starry night in heaven
Or it might be you're afraid to go, afraid to go
But you've got to follow your road
Or you'll never know … never know

We are all but travelers, living in a foreign land
Just trying to find our way, best as we can
Looking for an answer, tryin' to find some love
Though we have journeyed far, it's not quite far enough

Have you wondered where your road will lead you?
Maybe to a song that needs singin' or a summer rain
Or it might be you're afraid to go, afraid to go
But you've got to follow your road
Or you'll never know

»Es gibt einen Grund, warum dieser Song dich gewählt hat«, hörte ich den alten Mann irgendwann sagen, als schon lange keine Musik mehr zu hören war. »Was glaubst du, welcher könnte das sein?« Doch ich wollte gerade nicht sprechen, also machte ich eine Geste, die andeutete, dass er fortfahren könne.

»Es gibt so viele Wege, die zum Meer hinunterführen«, begann der alte Mann in der Melodie des Liedes zu summen. »Und du fragst dich, welche Straße die richtige für dich ist. Überall Sackgassen, links und rechts, aber da ist dieser eine Weg nur für dich. Hast du dich auch schon gefragt, wohin er dich führen wird? Vielleicht zu einem strahlenden Tag in der Sonne oder zu einer Nacht mit einem sternenklaren Himmel? Vielleicht hast du aber auch nur Angst zu gehen, mein Junge. Ja, große Angst zu gehen. Aber du musst deinem Weg folgen, oder du wirst es nie erfahren. Die Wahrheit ist, wir sind alle nur Reisende und durchqueren ein fremdes Land. Dabei versuchen wir alle, unseren Weg zu finden, so gut jeder von uns es kann. Wir suchen nach einer Antwort, wir suchen nach Liebe. Und obwohl wir schon weit gereist sind, ist es noch nicht weit genug. Frag dich noch einmal: Wohin wird dein Weg dich führen? Vielleicht zu einem besonderen Lied, das gehört werden muss, oder zu einem Sommerregen? Oder könnte es sein, dass du Angst hast? Angst davor zu gehen? Aber du musst diesem Weg hier, in dieser Nacht, weiter folgen, oder du wirst die Wahrheit, deine Wahrheit, niemals sehen.«

Die Tränen setzten wieder ein und hörten nicht auf zu laufen. Ich versuchte sie zu stoppen, aber sie liefen einfach weiter und tropften auf mein Taylor-Swift-T-Shirt. Wie wunderschön der alte Mann den Text übersetzt hatte. Es fühlte sich an, als würden zwei mächtige Kräfte gleichzeitig an mir zerren, und wann immer ich glaubte, mich endgültig für die gute Seite entschieden zu haben, kam der Teufel und riss mich wieder zu sich.

»Weißt du, warum die Musiker von Seawind glücklich und zufrieden sind? Weil sie tun, was sie lieben. Tag für Tag. Weil sie sich mit genau dem Thema beschäftigen, was ihnen am meisten Kraft und Erfüllung gibt. Tag für Tag. Das ist und bleibt das Geheimnis, Erik. Das ist die Wahrheit, nach der du suchst. Du stehst direkt vor ihr, aber erkennst sie nicht. Du glaubst zwar, dass du schon weit gekommen bist, weil deine Fans dir Komplimente zurufen und dein Ego brav seinen Applaus bekommt, aber du stehst erst ganz am Anfang deiner Reise. Deine Hürden, die auch tatsächlich größer zu sein scheinen, als ich zuerst dachte, heißen Neid und Missgunst.«

»Und so will ich nicht mehr sein«, sagte ich leise. »Das bin nicht ich. So sehe ich mich nicht und so will ich auch nicht von anderen gesehen werden.«

»Hinter deinem Verhalten verbirgt sich eine tiefe Sehnsucht, Erik. Ich wünschte, du hättest schon vor langer Zeit das Prinzip der Lebenskraft gekannt, denn dann würdest du verstehen, dass jegliche Form von Energie, die du in die Welt sendest, früher oder später zu dir zurückkehrt. All der Neid und all die Missgunst werden wie ein Bumerang wieder an deine Tür klopfen und dich mit all ihrer Macht zu Boden strecken. Andere Menschen für die eigenen Fehler verantwortlich zu machen, zeugt von fehlender innerer Reife und mangelndem Respekt dir selbst gegenüber. Jemanden hässlich zu finden, macht dich nicht schöner. Jemanden kleinzureden, macht dich nicht größer. Jemanden dumm zu finden, macht dich nicht schlauer. Jemanden zu hassen, weil er oder sie mehr äußeren Erfolg hat als du, macht dich nicht erfolgreicher. Der wahre Grund, warum du von innen aufgefressen wirst, ist, dass du nicht tust, was du von Herzen liebst. Du siehst andere in deiner Blase, die lieben, was sie tun, und bist verbittert und neidisch. Nicht, weil sie erfolgreicher sind als du, sondern weil sie ihren Weg gefunden haben, nach dem du noch suchst. Aber anstatt den alten Weg zu verlassen, gehst du weiter und wirst trauriger und trauriger. Merke dir folgende Worte und verwende sie ab sofort als dein tägliches Mantra. Sag es dir so lange jeden Tag auf, wieder und wieder, bis du ihre Bedeutung tief in deinem Herzen fühlst.«

Der alte Mann schloss die Augen.

Dann sagte er: »Ich weiß, dass ich eines Tages an der Reihe sein werde. Mein wahrer Erfolg steht bereits fest und alles, was ich zu tun habe, ist zu trainieren – Körper, Geist und Seele –, um bestmöglich vorbereitet zu sein und weiter voller Hoffnung und Zuversicht meinen Weg zu gehen. Bis es so weit ist und ich meine wahre Bestimmung gefunden habe, werde ich andere unterstützen, auch öffentlich, und ihnen von Herzen nur das Beste wünschen. Diese Energie wird ab sofort mein Leben bestimmen.«

Ich machte mir eine Erinnerungsnotiz und sprach die Worte in Gedanken nach. Einmal, zweimal, dreimal. Der alte Mann saß mir im Schneidersitz gegenüber und schien völlig im Gleichgewicht zu sein.

»Was ist eigentlich deine Vorstellung von Glück?«, fragte ich und der alte Mann sah mich verwundert an, da er wohl nicht mehr damit gerechnet hatte, dass ich mich von meinem Tränenerguss erholen würde.

»Eine gute Frage, die ich dir gerne mit den Worten von Tolstoi beantworten möchte, die der Hauptdarsteller im Film *Into the Wild* in einer Szene vorliest: Ich habe viel durchgemacht, hat er geschrieben. Und ich glaube, ich habe jetzt gefunden, was ich zum Glück brauche. Ein stilles, zurückgezogenes Leben in unserer ländlichen Einsamkeit und die Möglichkeit, den Menschen Gutes zu tun, denen man leicht Gutes tun kann, und die so wenig daran gewöhnt sind. Und eine Arbeit, von der man sich einen Nutzen verspricht. Und viel Ruhe, Natur, Bücher, Musik, die Liebe zu seinen Nächsten. Das ist meine Vorstellung von Glück.«

»Klingt traumhaft«, sagte ich.

»Das ist kein Traum«, sagte der alte Mann. »Das ist das Ergebnis einer Entscheidung. Eine Entscheidung, die auch du treffen kannst. Für dein Leben. Weißt du, Junge, manchmal ist nicht alles falsch im Leben. Manchmal fehlt einfach nur ein winziges Puzzleteil, um dem Leben eine neue Wendung zu geben. Ja, vielleicht musst du gar nicht alles ändern, um deinem Leben einen Sinn zu geben. Vielleicht musst du nur eine Sache aus deinem Leben entfernen und sie durch eine andere ersetzen. Vielleicht ist ja Musik dieses Puzzleteil, wer weiß?«

»Ich habe das Gefühl, dass sich nichts bewegt. Ich warte mein ganzes Leben darauf, dass es endlich beginnt, aber jeder Tag ist gleich. Nichts geht voran.«

»Weil du dich im Außen von deiner inneren Bestimmung immer weiter entfernt hast. Du bist schon vor Jahren stehengeblieben, deswegen deine anhaltende Traurigkeit. Die Rolle, in die du geschlüpft bist, hat dich zwar im Außen weitergebracht, aber tief in dir bewegst du dich seit geraumer Zeit nicht vom Fleck. Und das nervt dich und den kleinen Erik in dir. Schon der große Philosoph Snoop Doggy Dogg wusste das, als er sagte: *Du kannst den Jungen zwar aus dem Ghetto holen, aber das Ghetto nicht aus dem Jungen*. Erinnere dich an die letzten Sätze deines neuen Mantras. Damit könntest du beginnen.«

Ich ging das Mantra in Gedanken durch und sagte den Teil laut auf: »Bis ich meine wahre Bestimmung gefunden habe, werde ich andere unterstützen, auch öffentlich, und ihnen von Herzen nur das Beste wünschen. Diese Energie wird ab sofort mein Leben bestimmen.«

»Genau das meine ich«, sagte der alte Mann. »Du musst deinen Neid loswerden und endlich deinen Blick aufs Geld ändern. Das ist unausweichlich.«

»Dann erkläre mir, wie«, sagte ich etwas motzig, denn ich wusste, dass der alte Mann hier mal wieder einen wunden Punkt getroffen hatte.

»Wir müssen alle auf die eine oder andere Art unsere Miete zahlen, richtig?«, fragte er.

»Richtig«, sagte ich.

»Und wir brauchen alle Geld für Essen, Kleidung, Krankenversicherung, Urlaube. Kinder kosten Geld, Bildung kostet Geld. Die Welt, in der wir leben, kostet, wenn du kein Bettelmönch bist und auf Almosen hoffen kannst, Geld, richtig?«

»Richtig«, sagte ich erneut und war gespannt, worauf er hinauswollte.

»Wenn du genau darüber nachdenkst, braucht sogar der Bettelmönch Geld, nur dass er selbst es nicht besitzt, sondern andere es für ihn ausgeben. Die Kleidung, die er trägt, und die Schuhe, mit denen er läuft, und auch der Reis, den er als Geschenk bekommt, damit er etwas essen kann, wurden von anderen Menschen bezahlt. Ohne Geld funktioniert unsere moderne Welt nicht. Können wir uns darauf einigen?«

»Ja«, sagte ich. »Natürlich muss jeder sein Geld verdienen. Völlig klar.«

»Und warum machst du es deinen Mitstreitern dann zum Vorwurf, wenn sie es tun?«, fragte der alte Mann und signalisierte mir mit einer Handbewegung, dass ich ihn aussprechen lassen sollte. »Du verdienst doch auf die gleiche Weise dein Geld. Bei dir ist es also okay, aber bei ihnen nicht? Sie stehlen es nicht. Sie begehen kein Verbrechen. Offenbar schaffen sie es, ein Produkt oder eine Dienstleistung anzubieten, die manche Menschen anspricht, die dann bereit sind, Geld dafür auszugeben. Und wenn deine Mitstreiter mehr Geld verdienen als du und die Menschen ihnen mehr Geld bezahlen als dir, dann machen deine Mitstreiter einfach nur einen besseren Job als du. Ich weiß, das tut weh, aber das ist die Wahrheit. Ich möchte dir eine Frage stellen: Wie viele Frauen würden Ärztinnen werden, wie viele Männer würden Anwälte werden, wie viele Sportler würden den Weg des Profifußballers wählen, wie viele Menschen würden sich für eine Ausbildung als Tischler, Maurer, Lehrer, Feuerwehrfrau, Priesterin, Apotheker oder Gärtnerin entscheiden, wenn sie für diese Arbeit nicht bezahlt werden würden? Wie viele Musiker würden Songs schreiben und Alben aufnehmen, wenn sie damit nicht auftreten und auf Tour gehen könnten, um Tickets und Merchandise zu verkaufen? Wie viele Künstler würden Bilder malen, wenn sie sie nicht in Galerien ausstellen und verkaufen könnten? Und wie viele Menschen würden diese Bilder kaufen, wenn sie sie nicht weiterverkaufen könnten? Oder stell dir eine Welt vor, in der man dafür bezahlt werden würde, freundlich zu sein. Du würdest Geld dafür bekommen, Komplimente zu verteilen, alten Menschen über die Straße zu helfen, deine Nachbarn zu grüßen, online freundliche Kommentare zu schreiben und im Internet Liebe zu verbreiten. Das wäre dein Job. Würdest du über diese Menschen dann auch urteilen, dass sie ja nur des Geldes wegen so freundlich sind? Wäre das wirklich das Einzige, was du siehst? Bei all unseren moralischen Werten und ethischen Vorstellungen, wie der perfekte Mensch zu sein hat, dürfen wir unsere eigene Lebensrealität nie außer Acht lassen. Wir leben in einer Welt, in der Geld noch immer die stärkste Währung und der größte Antrieb ist. Jeder weiß das und doch würden die meisten Menschen ihre wahren Motive, die absolut nicht verwerflich sind, niemals öffentlich zugeben. Warum? Weil es schwer ist, in dieser Sache ehrlich zu sein. Vor allem zu sich selbst. Und nur weil jemand viel Geld mit seiner Arbeit verdient, heißt das noch lange nicht, dass er oder sie es nur wegen des Geldes macht. Auch hier kommen wir wieder zum Anfang zurück: Solange du liebst, was du tust, ist alles andere zweitrangig. Du machst doch Bob Dylan auch keinen Vorwurf, dass er mit seiner Leidenschaft zu großem Wohlstand kam.«

»Aber es ist doch so«, begann ich und wurde auf der Stelle wieder unterbrochen.

»Nein, ist es nicht«, sagte der alte Mann. »Das Bild, das du von deinen Mitstreitern hast, entspricht nicht der Wahrheit. Selbst wenn sie in deinen Augen nur ans Geld denken, so ist das nicht die ganze Wahrheit, denn es sind deine eigenen Gedanken, die dieses Bild zeichnen. Was du ihnen vorwirfst, ist das Thema, das du in deinem eigenen Leben nicht gelöst bekommst, verstehst du das? Was du über sie denkst, denkst du in Wahrheit über dich. Schicke ihnen all deine Liebe, entschuldige dich für deine hässlichen Gedanken und erhebe dich nicht über sie, denn du, mein Freund, bist nicht besser als sie. Du bist wie sie und sie sind wie du. Ihr steht auf dem gleichen Spielfeld und seid alle miteinander verbunden. Ihr habt alle den gleichen Traum, wollt alle ans gleiche Ziel. Wünsche ihnen das, was du dir selbst für dich wünschst. Liebe ist die Antwort, mein Freund, nicht Verachtung.«

»Liebe«, murmelte ich vor mich hin und versuchte, etwas Kluges zu antworten. »Liebe bezahlt aber nicht deine Miete. Wenn ich hier in deinen Plattenladen komme und nach drei Stunden mit vier Schallplatten wieder rausgehe, dann muss ich die doch auch bezahlen, oder nicht?«

Der alte Mann blickte mich unbeeindruckt an.

»Ja, das musst du.«

»Dann machst du es doch auch wegen des Geldes?«

»Also, noch hast du nichts gekauft«, sagte der alte Mann. »Außerdem hast du mich bislang nur Geld gekostet. Bis jetzt bist du ein Minusgeschäft für mich. Glaubst du ernsthaft, ich verbringe meine Zeit hier mit dir des Geldes wegen?«

»Du verstehst schon«, sagte ich.

»Ich verstehe schon, aber du anscheinend nicht. Wenn du ernsthaft glaubst, die Menschen kaufen hier nur Schallplatten, dann hast du es noch immer nicht begriffen. Sie investieren in den Rest ihres Lebens. Wenn ich dir noch einen Rat geben darf: Du musst nicht die Rolle spielen, die die Menschen auf dem Spielfeld oder auf der Tribüne dir gegeben haben oder gerne in dir sehen wollen. Das hier ist dein Film, nicht ihrer. Du kannst selbst bestimmen, was der Hauptdarsteller als Nächstes tut. Geh diesen wichtigen nächsten Schritt. *Follow Your Road*, so wie in dem Lied, das jetzt zu deinem Lied geworden ist. Lebe deine Wahrheit. Drücke deine Liebe aus. Teile deine Begeisterung, die wieder zurückkommen wird, tanze und singe zu deiner Musik. Aber mach es nicht, um den nächsten Publikumspreis zu gewinnen. Mach es, um dein verlorengegangenes Herz zurückzuerobern.«

Der alte Mann lächelte, wie so oft, und ich fragte mich, wo er nur all diese Weisheit herhatte. Ich wünschte, ich könnte ein bisschen mehr wie er sein. So voller Liebe und Frieden, Gelassenheit und Dankbarkeit und gnadenloser Ehrlichkeit sich selbst, anderen und dem Leben gegenüber. Er lebte, was ich predigte. Er hatte, wonach ich suchte.

»Denk nicht so viel über die Fehler deiner Vergangenheit nach«, erzählte er weiter. »Du lebst dort nicht mehr. Hör auf, dich zu quälen. Es waren auch keine Fehler, selbst wenn du das glaubst, denn deine Vergangenheit hat dich an diesen Ort hier im Jetzt geführt. Alles hat seine Richtigkeit und alles, was in diesem Moment zählt, ist dein nächster Schritt, das nächste Lied und ein Versprechen an dein zukünftiges Selbst.«

»Und wie heißt das?«, wollte ich wissen.

»Du solltest selbst wissen, was du dir versprechen möchtest. Ich jedenfalls verspreche mir, gnädig zu mir zu sein. Mehr ist es nicht.«

Eine kurze Pause entstand und ich konnte plötzlich fühlen, mit welch geringer Nachsicht und Gnade ich mir selbst und allen anderen Menschen in meinem Umfeld begegnete. Im Geiste gab ich mir das Versprechen: »Ich behandle mich selbst mit Nachsicht.« Ich erkannte, wenn es mir gelingen würde, mich mit all meiner Liebe zu lieben und nachsichtig mit mir zu sein, dann würde es mir auch mit allen anderen Wesen dieser Erde gelingen.

Der alte Mann sprach weiter: »Gib dein Bestes, jeden Tag, aber verurteile dich nicht dafür, wenn du es nicht immer schaffst, denn das wirst du nicht. Akzeptiere dich, sammle Erinnerungen und fülle deine Schatzkiste mit Musik. Halte jeden Augenblick in deinem Herzen fest und lass die Musik dein Speicher sein. Wenn du das schaffst, wirst du am Ende deines Lebens die interessanteste Landkarte des Universums gezeichnet haben. Musik wird dich immer leiten und dir eine Antwort auf das Unerklärliche geben. Musik schafft etwas, was Worte nicht können. Du kannst Liebe nicht mit Worten beschreiben, aber über die Musik kannst du Liebe fühlen. Ich habe die ganze Welt, vielleicht sogar das ganze Universum hier in meinem kleinen Plattenladen eingefangen. Jedes Lied öffnet einen magischen Raum und du weißt nie, was sich darin befindet. Lass uns deine Schatzkiste mit neuen Liedern füllen und den Soundtrack deines Lebens erstellen. Was meinst du, mein Freund?«

»Das Erste, was ich gerade dachte, war, dass Musik vielleicht für dich und mich wichtig ist, aber andere Menschen kaum einen Zugang zu ihr haben. Es fällt mir schwer, mir vorzustellen, dass Musik die ganze Welt heilen kann.«

Der alte Mann nickte wissend und sagte: »Guter Punkt, mein Freund. Ich habe auch nicht gesagt, dass jeder Mensch Musik *braucht*, um glücklich zu sein, und dass sie das *einzige* Mittel ist, um seinen Weg zu finden. Ich sage, dass jeder Mensch, der sich verloren fühlt und nicht weiterweiß, Antworten in der Musik finden kann. Sie ist für jeden da und für jeden *kann* sie eine Verbindung zur magischen Quelle in uns herstellen. Das ist kein Größenwahnsinn, sondern ganz real. Aber du musst schon selbst herausfinden, welche Lieder dir diese Verbindung ermöglichen.« Er machte eine Pause, sah rüber zum Plattenspieler und fuhr fort: »Kennst du das? Du bist auf einer Party und wünschst dir die ganze Zeit, dass der DJ dieses oder jenes Lied spielt, damit etwas mehr Schwung in den Laden kommt? Ich sage nicht, dass alle Menschen zu den gleichen Liedern tanzen möchten. Ich sage: Sei selbst der DJ deines Lebens und suche selbst aus, welche Lieder auf *deiner Party* laufen sollen.«

Ich nickte zustimmend und sagte: »Es heißt doch, dass bereits alles geschrieben steht und man seinem Schicksal nicht entkommen kann, oder?«

»Ja, Maktub nennen es die Araber«, antwortete der alte Mann.

»Weißt du, ich möchte gerne daran glauben, dass ich alles ändern und den Tränen von heute somit einen Sinn geben kann. Ich will zurück zum Anfang, als mein Blatt noch leer war und eben noch nichts geschrieben stand. Als noch alles möglich und mein Herz noch rein war.«

Der alte Mann nickte zufrieden, blieb für ein paar Sekunden neben mir stehen, legte seine Hand auf meine Schulter und sagte: »Und ich habe genau das richtige Lied dafür, doch eines solltest du wissen: Tränen sind nie sinnlos. Sie sind eine weitere Sprache unseres Unterbewusstseins. Unterdrücke sie nicht, sondern lass sie raus. Eine einzige Träne sagt manchmal mehr, als tausend Lieder es je könnten.«

11

DIE DUNKELHEIT UND DAS LEERE BLATT

Die Uhr zeigte Viertel vor zwölf. Kurz vor Mitternacht. Ich hatte den Kamin mit neuem Brennholz gefüttert und den Sessel erneut verschoben, damit ich meine Füße besser wärmen konnte. Ich lief wieder barfuß herum, obwohl meine Socken längst getrocknet waren. Es gefiel mir so. Es gab mir ein Gefühl von Erdung. Dem alten Mann schien meine Gesellschaft Freude zu bereiten, denn er strahlte über beide Ohren, als würde er die nächsten Schritte bereits kennen und sich nun seiner Vorfreude hingeben. Das las ich zumindest in seinem Gesicht. Vielleicht wünschte ich es mir auch einfach nur.

Ich atmete tief durch, denn was ich bei all dem Durcheinander in meinem Kopf ganz sicher wusste, war, dass ich meinen Gedanken nicht mehr trauen konnte. Dafür war zu viel passiert an diesem Tag. Ich versuchte, meinen Puls nach unten zu regulieren, gleichmäßig zu atmen und meinen Geist zu leeren, ruhig zu werden. Ich versuchte, mich mit der Idee anzufreunden, niemand mehr sein und gegen niemanden mehr kämpfen zu müssen. Es musste doch einen Weg geben, all den Seelenballast abzuschütteln, der seit Jahren an mir haftete, und mit dem Beginn des neuen Tages auch ein neues Bild von mir auf das leere Blatt Papier meiner Zukunft zu malen.

»Lehn dich zurück und schließe deine Augen«, sagte der alte Mann. »Das Lied, das ich dir jetzt vorspiele, hat eine Länge von knapp zehn Minuten. Die Musik wird dich also auf eine kleine Reise schicken. Lass dich ganz fallen.«

Hinter mir knisterte das Feuer, eine männliche Stimme ertönte, die wie ein Radiosprecher klang, dann kamen Streicher dazu, ein Piano setzte ein, ein Orchester, und schon begann ich zu schweben. Gesang setzte ein: »*Dreams are like angels … Träume sind wie Engel … they keep bad at bay … sie halten das Böse in Schach … love is the light … Liebe ist das Licht … scaring darkness away … das die Dunkelheit verscheucht … I'm so in love with you … Ich bin so verliebt in dich … the power of love … Die Macht der Liebe … a force from above … eine Kraft von oben … cleaning my soul … die meine Seele reinigt … make love your goal … Mach Liebe zu deinem Ziel.*« Die Streicher kamen mit voller Kraft zurück, packten mich an den Unterarmen und hoben mich hoch in die Wolken, wirbelten mich umher und ließen mich wieder fallen. Als ich meine Augen öffnete, herrschte völlige Stille. Niemand war da. Ich drehte mich um und nichts war zu sehen. Kein Anfang, kein Ende, kein Boden, keine Decke. Ich hatte keinen Körper, konnte nichts fühlen, nichts erkennen. Ich war einfach nur da, ohne mich selbst berühren zu können. Bewegungslos. Eine Stimme sprach: »Es gibt zwei Arten, das Morgen zu betrachten. Die einen sehen es als einen zwischen zwei Nächten eingeschlossenen Tag. Die anderen betrachten es hingegen als eine Nacht, die zwischen zwei Tagen steckt. Was denkst du über das, was in fünf Minuten passieren wird?«

»Ich weiß es nicht«, sagte ich.

»Dann frage ich anders«, sagte die Stimme. »Wofür entscheidest du dich, den Tag oder die Nacht?«

»Ohne den Tag gäbe es keine Nacht und ohne die Nacht würde es keinen Tag geben. Tag und Nacht brauchen sich gegenseitig, weswegen ich mich für das Leben entscheide, das beides beinhaltet.«

»Gut«, sagte die Stimme. »Und wie beginnt jeder Tag?«

»Was meinst du damit?«, fragte ich.

»In welchem Zustand ist jeder Tag, der neu beginnt?«

»Das verstehe ich nicht.«

»Ich formuliere die Frage für dich um: Wann beginnt jeder neue Tag?«

»Um Mitternacht«, sagte ich.

»Und ist es um Mitternacht hell oder dunkel?«, fragte die Stimme.

»Dunkel.«

»Wenn jeder neue Tag mit Dunkelheit beginnt«, sprach die Stimme, »und die göttliche Ordnung es demnach so eingerichtet hat, dass es dunkel ist, wenn jeder neue Tag startet, warum hast du dann Angst davor zu starten, wenn in deinem Leben gerade Dunkelheit vorherrscht? Nutze diese Dunkelheit, so wie jeder neue Tag es tut, um Stunde für Stunde, Schritt für Schritt, dem Licht näher zu kommen.«

Die Worte der Stimme kamen mir vertraut vor, als hätte ich sie so oder so ähnlich vor Kurzem schon einmal gehört. Aber bevor ich darüber nachdenken konnte, waren meine Gedanken auch wieder verflogen.

»Wer bist du?«, fragte ich und die Stimme antwortete: »Wenn du mir sagen kannst, wer du bist, dann sage ich dir auch, wer ich bin. Weißt du denn, wer du bist?«

»Nein«, sagte ich.

»Warum willst du dann wissen, wer ich bin, bevor du weißt, wer du bist?«, sagte die Stimme. »Sind das die Prioritäten in deinem Leben? Was andere sind und tun und denken? Glaubst du, dass darin der Sinn deines Lebens besteht?«

»Nein, natürlich nicht«, sagte ich.

»Warum bist du hier?«, fragte die Stimme weiter.

»Weil ich mich verirrt habe«, sagte ich.

»Glaubst du, der Weg, der hinter dir liegt, war eine Abfolge von zusammenhanglosen Zufällen, oder glaubst du, dass alles, was in deinem Leben passiert ist, so geschehen sollte, damit du jetzt, in dieser Sekunde, hier vor mir stehst?«

»Ich möchte glauben, dass alles so geschehen sollte.«

»Und warum haderst du dann mit deiner Vergangenheit, wenn wir beide doch jetzt hier miteinander reden?«, fragte die Stimme.

»Ich hadere, weil ich nicht genug geschafft habe, weil ich den leichten Weg gegangen bin und andere Menschen in der gleichen Zeit so viel mehr erreicht haben als ich.«

»Du glaubst also, du würdest heute nicht suchen, wonach du suchst, hättest du nur mehr geschafft und mehr erreicht als andere Menschen?«, fragte die Stimme.

»Ich weiß es nicht«, sagte ich.

»Wenn du also nichts weißt, warum stört es dich dann?«, fragte die Stimme.

»Ich weiß es nicht.«

»Ziemlich viel, *ich weiß es nicht*, findest du nicht?«

»Ja«, sagte ich.

»Und haben diese Menschen, von denen du lediglich annimmst, dass sie so viel erfolgreicher sind als du, irgendetwas mit deinem Leben zu tun, außer dass du auf Schritt und Tritt verfolgst, was sie den ganzen Tag tun?«

»Nein«, sagte ich.

»Du fühlst dich also schlecht wegen Vermutungen, für die du keinerlei Beweise hast, und wegen Menschen, die dir nichts getan und nichts mit deinem Leben zu tun haben?«

»Ja«, sagte ich.

Und die Stimme sagte: »Dann ist ja alles klar für das weiße Blatt Papier.«

Ich wartete eine ganze Weile, aber es kamen keine Fragen mehr. Die Stimme war verschwunden. Leise setzten die Streicher wieder ein, nahmen mich mit und gemeinsam schwebten wir langsam wieder zurück. Hinter mir knisterte es und ich spürte diese mir so vertraute und wohlige Wärme. Ich öffnete die Augen und war noch etwas verschlafen, als der alte Mann den Tonarm wieder am Anfang des Liedes absetzte und es erneut abspielte. Dieses Mal drehte er aber die Lautstärke runter, damit wir unsere Stimmen verstehen konnten.

»Hast du schon einmal so ein magisches Lied gehört?«, begann er zu schwärmen. »Frankie Goes To Hollywood mit *The Power Of Love* als 12"-Maxi-Single in der *Leave The Rest To The Gods*-Version. 9 Minuten und 27 Sekunden pures Entzücken. Als hätten die Engel diese Musik direkt aus dem Himmel geschickt.«

»Was sagst du da?«, erwiderte ich ungläubig. »Hast du das etwa auch alles mitbekommen?«

»Was mitbekommen?«, fragte der alte Mann.

»Mein Gespräch mit … ach, keine Ahnung. Ich bin wohl kurz eingeschlafen und hatte nur einen merkwürdigen Traum. Wäre ja nicht das erste Mal hier.«

Der alte Mann begann leise den Text des Liedes mitzusprechen: »Träume sind wie Engel, sie halten das Böse in Schach. Und Liebe ist das Licht, das die Dunkelheit verscheucht. Eine Kraft von oben, die deine Seele reinigt. Mach Liebe zu deinem Ziel.«

»Mach Liebe zu deinem Ziel«, summte ich leise mit.

In dem Augenblick sprang der Zeiger der kleinen Wanduhr, die hinter dem Tresen hing, auf 00:00 Uhr. Ein neuer Tag brach an. Dem alten Mann fiel auf, dass ich die Uhr anstarrte, und er sagte: »Gestern war ich schlau, also wollte ich die Welt verändern. Heute bin ich weise, also verändere ich mich selbst.«

»Das ist gut«, lächelte ich. »Sehr gut sogar. Das werde ich mir merken.«

»Ist von Rumi«, sagte er. »Du solltest auf ihn hören. Ein neuer Tag, ein neues Leben.«

»Hattest du schon mal einen Traum, der so real war, dass du nach dem Aufwachen nicht wusstest, ob es wirklich passiert ist?«, fragte ich.

»Natürlich«, antwortete er und brachte die Schallplatte wieder an ihren gewohnten Platz. »Ich glaube sogar, dass Gott uns durch unsere Träume Botschaften schickt.«

»Was sagst du da?«, fragte ich erstaunt, denn auch ich maß meinen Träumen häufig eine tiefere Bedeutung bei. »Meinst du das im Ernst?«

Der alte Mann kam einen Schritt auf mich zu und sagte: »Warum träumen wir von einem schöneren Leben? Warum träumen wir von einem neuen Auto, einem eigenen Haus, einem neuen Job, einer besseren Zukunft? Warum träumen wir davon, endlich diese eine Hürde zu überwinden? Warum hören wir auch nach so vielen Jahren nicht auf, davon zu träumen, endlich diesen einen Menschen zu treffen, der alles verändert? Warum haben wir auch in den schwersten Zeiten immer wieder diese Träume, die uns durchhalten und nicht verzweifeln lassen? Weil Gott in diesen Momenten zu uns spricht. Weil Gott zu dir persönlich spricht. Warum tut sie das? Weil sie dich niemals aufgibt. Niemals! Vor allem nicht an deinen dunkelsten Tagen. Und ihre Botschaft, die hinter all deinen Träumen steckt, ist immer die gleiche: Du bist nicht allein und es ist nicht zu spät. Ich schicke dir Liebe, Kraft und Hoffnung für deinen Weg.«

»Wenn wir träumen, spricht Gott zu uns«, wiederholte ich leise, aber der alte Mann hörte es trotzdem und sagte: »Nicht nur, wenn wir träumen. Sie spricht auch durch die Musik zu uns. Musik ist die kraftvollste Stimme Gottes und die einzige Sprache, die jeder Mensch auf der ganzen Welt sofort versteht. Ob du aus Afrika oder China oder Australien stammst, ist ganz egal. Der Gesang eines Kanarienvogels ist universell. Musik verbindet uns, weil sie direkt aus der Quelle kommt. Und wenn du siehst, dass Gott du selbst bist, dann verstehst du auch, dass Musik uns mit uns selbst verbindet. Sich mit Musik zu beschäftigen bedeutet, sich auf einer ganz feinen spirituellen Ebene mit Gott, also mit sich selbst und seiner eigenen Bestimmung auf Erden zu beschäftigen.«

»Deswegen also die Musik«, sagte ich.

»Deswegen die Musik«, sagte der alte Mann. »Warum hören denn so viele Menschen intuitiv Musik, wenn es ihnen schlecht geht? Warum hören so viele Sportler Musik, bevor sie in einen wichtigen Wettkampf gehen? Warum hören so viele Pärchen Musik, wenn sie sich lieben? Warum tanzen so viele Menschen stundenlang durch die Nacht? Weil Musik ihre direkte Leitung zu Gott und somit zu sich selbst ist. Musik gibt den Menschen Halt, Zuversicht, Selbstvertrauen, Wärme, Gemeinschaft und Hoffnung.«

»Aber wenn ich mir unsere Welt ansehe mit all den Krisen und Kriegen, da habe ich eher das Gefühl, dass auf alles Acht gegeben wird, nur nicht auf die Musik.«

Der alte Mann nickte und sagte: »Du hast recht. Die Menschen glauben, Kunst, Literatur, Poesie und Musik seien entbehrlich und in Krisenzeiten nicht systemrelevant. Aber in Wahrheit ist es genau das, was die Menschheit zusammenhält, wenn das Licht der Welt verschwindet und es dunkel wird. In Krisen, Kriegen und in allen möglichen Ausnahmesituationen ist es die Musik, sind es die Gedichte und Romane, die uns Trost spenden und Mut machen, weiter an das Gute zu glauben und das Schöne in der Tristesse zu erkennen. Oft muss aber erst etwas Schlimmes passieren, damit wir die unbegreifliche Kraft der Kunst erkennen. Ein geliebter Mensch stirbt, deine Mutter, dein Kind, eine alte Freundin. Oder du wirst verlassen, stürzt in eine persönliche Krise und suchst plötzlich nach einem Sinn, nach Antworten, nach Umarmungen, nach einem Grund für all das Unerklärliche. Dann sitzt du da, mit einer Tasse Tee am Fenster, mit Tränen in den Augen und fragst dich, ob irgendwer schon jemals einen derart tiefen Schmerz gefühlt hat. Du schaffst es kaum zu atmen und dann taucht plötzlich, wie aus dem Nichts, ein Gedicht auf oder ein Lied ertönt und du fühlst dich wirklich verstanden. Oder nehmen wir das Gegenbeispiel. Du bist derart verliebt, glücklich verliebt, dass du diese Liebe kaum aushältst. Und du sitzt da, am gleichen Fenster, und wunderst dich, wie es möglich sein kann, dass scheinbar aus dem Nichts ein derart starkes Gefühl in dir entsteht, eine magische Kraft, die unerschütterlich zu sein scheint. Und du fragst dich: Wurde irgendwo schon jemals irgendwer derart geliebt? In diesen Momenten ist ein Gedicht oder ein Lied kein entbehrlicher Luxus mehr, sondern verwandelt sich in ein Grundnahrungsmittel. Wir brauchen die Kunst, um zu überleben. Ein altes japanisches Sprichwort besagt: *Solange sich Künstler keine Kutschen leisten können, ist keine Zivilisation möglich.* Und ich stimme dem zu. Die Politik sollte der Kunst eine ebenso große Bedeutung geben wie der Wirtschaft, der Gesundheit und der Bildung. Aber all das spielt für deine Geschichte keine Rolle. Wichtig ist allein, welche Rolle du dem Soundtrack deines Lebens gibst und wie dein nächster Schritt aussehen wird. Und dass du endlich aufhörst zu denken, dass dein nächster Schritt zu den Schritten, die du bisher gemacht hast, passen muss, weil diese sonst vergeudet wären. Kein Schritt ist vergeudet, nur weil man irgendwann die Richtung wechselt. Man hat eben genau diese Schritte vorher benötigt, um zu sehen, dass man doch lieber in die andere Richtung gehen möchte.«

»Mein nächster Schritt also«, sagte ich gedankenverloren.

»Weißt du, was ich mir früher, als ich in deinem Alter war, oft vorgestellt habe? Dass Gott mir immer über die Schulter sieht.«

»Wie meinst du das?«, fragte ich und setzte mich wieder in meinen Sessel.

»Okay, pass auf«, begann der alte Mann wild zu gestikulieren. »Wenn du ein Vorstellungsgespräch für deinen Traumjob hast oder ein wichtiges Businessmeeting oder, sagen wir, du gehst ins Fitnessstudio, um zu trainieren, oder auf ein Event, auf dem du vor Tausenden Menschen einen wichtigen Vortrag halten sollst, oder wenn du morgens in den Spiegel blickst und danach einfach nur deine Wohnung verlässt, dann stell dir vor, Gott, in diesem Fall aber nicht du selbst, sondern der beschützende Engel, den wir oft in ihr sehen, hätte vorher persönlich zu dir gesprochen und auf ihre unnachahmliche Weise gesagt: Hab keine Angst, ich bin immer an deiner Seite, ich beobachte und beschütze dich.«

Ich musste wieder an meinen Traum denken. *Dann ist ja alles klar für das weiße Blatt Papier*, hatte die Stimme gesagt. Aber was genau sollte das bedeuten? Wie sah der nächste Schritt aus?

Der alte Mann sprach weiter.

»Wenn das also dein Mindset ist, sobald du ab sofort einen Raum betrittst, egal welchen, dann kann dir nichts mehr passieren im Leben, weil jede neue Situation, egal welche, eben nur ein weiterer Schritt auf deinem Weg ist. Jede Hürde wird ab diesem Moment kein Hindernis mehr sein, sondern nur ein weiteres Puzzleteil deines Fortschritts. Dieser übergeordnete Glaube wird plötzlich allem einen Sinn geben.«

»Und was, wenn ich nicht an Gott glaube?«, fragte ich.

»Du musst nicht an Gott glauben«, sagte der alte Mann. »Hör dir einfach ihre Musik an.«

»Komm schon, du weißt, wie ich das meine.«

»Na gut, lassen wir Gott für einen Moment aus dem Spiel. Ich kann das ja auch verstehen. Dieser Name sorgt bei vielen Menschen für Verwirrung, weil es so viele Möglichkeiten gibt, ihn zu interpretieren. Gott ist also raus aus dem Game, kein Problem. Ich werde es dir anders erklären. Stell dir vor, du würdest ab sofort von einem unsichtbaren Kamerateam begleitet werden, das eine Dokumentation über dich dreht, über deinen gigantischen Erfolg in der Zukunft, dein Glück im Leben, dein wahres Ich und vor allem über deinen steinigen Weg dahin. Es wäre überall dabei und würde jetzt beginnen zu drehen. Wie sähe mit diesem Wissen über dein zukünftiges sehr erfolgreiches Leben dein nächster Schritt aus? Würdest du heute immer noch das Gleiche tun, was du gestern getan hast? Würdest du jammern und neidisch sein und in Selbstmitleid versinken und dich dabei filmen lassen oder würdest du morgens in den Spiegel blicken und voller Zuversicht dein Bestes geben? Du musst deinen nächsten Schritt noch nicht sehen. Du musst ihn nur gehen.«

»Ist es nicht das, was auch Picasso gesagt hat? Wenn du nicht weißt, was du malen sollst, dann musst du anfangen zu malen.«

»Ganz genau, Erik. Du musst begreifen, dass es keinen Unterschied gibt zwischen Pablo Picasso, Missy Elliott und dir. Ihr habt alle drei den gleichen Zugang zur magischen Quelle und es ist immer das gleiche Prinzip, bei allem, bei jeder, bei jedem. Denke an deine Anfänge und warum du einst mit dem, was du tust, begonnen hast. Erinnere dich an das Gefühl, das damals in deinem Herzen war, als du nichts von dem hattest, was du heute als normal empfindest. Hol dieses Gefühl zurück, den Hunger, die Leidenschaft, als nichts als die pure Lust am Leben dein Antrieb war und in deiner Vorstellung tatsächlich noch alles möglich schien. Erschaffe dir deine eigene Welt und erlaube dir, darin wieder ein Anfänger zu sein, ein Träumer zu sein, ein Bote. Ich kann mich nur wiederholen. Mach Liebe zu deinem Ziel. Die Liebe zu etwas, zu jemandem, aber vor allem zu dir selbst. Sei so, wie du dich selbst gerne hast.«

Der alte Mann legte ein weißes Papier vor mir auf den kleinen Tisch am Kamin und klopfte mit dem Zeigefinger darauf.

»Aller Anfang ist schwer«, sagte er und sah mir dabei tief in die Augen, um die Bedeutung seiner Worte zu unterstreichen. »Und die ersten Hürden eines noch unbekannten Weges scheinen oft unüberwindbar zu sein, aber …«

Er machte eine Pause und hob den gleichen Finger, mit dem er auf den Tisch geklopft hatte und hielt ihn an sein Herz. Dann sprach er weiter: »Ja, es gibt ein großes *Aber*, denn der langfristige Schmerz des Bedauerns, den Weg seiner Träume nicht gegangen zu sein, wird unendlich viel größer sein, als sich einmal zu überwinden, aufzustehen, alles Unnötige abzuschütteln und durch den Schmerz durchzugehen. Es liegt jetzt bei dir, welchen Schmerz zu wählst.«

Auch diese Worte kamen mir sehr vertraut vor. Wo hatte ich sie schon einmal gehört? Ich überlegte, kam aber nicht darauf. Dann verschwand der alte Mann im hinteren Bereich seines Ladens, den ich bisher noch nicht betreten hatte, und ließ mich allein mit dem leeren Blatt Papier zurück.

12

DIE MUSIK UM MITTERNACHT

Gott hatte unrecht. Allein diesen Gedanken zu haben, während ich durch den Plattenladen des alten Mannes spazierte und immer mal wieder eine Schallplatte aus einem Fach zog, sie kurz begutachtete und wieder zurücksteckte, brachte mich fast zum Lachen. Ich dachte darüber nach, was er mir im Traum gesagt hatte, also, falls er es wirklich war, und kam zu einer wertvollen Erkenntnis: Nichts zu wissen, kann in gewissen Situationen ein großartiges Geschenk sein. Denn wenn ich nichts weiß, halte ich mich auch nicht an irgendwelche Regeln, die andere aufgestellt haben, wie etwas zu sein hat. Ich denke nicht in alten Mustern und versuche auch nicht, meine Ideen in Kategorien oder Schubladen zu pressen. Wenn ich nichts weiß, bin ich frei.

Ich verliebte mich in diesen Gedanken. Zumindest für meinen gedanklichen Neuanfang war es von Vorteil, nicht zu wissen, wie es geht, denn so konnte ich auch keine Fehler begehen. Auf diese Weise blieb mein Geist offen für alle Möglichkeiten, die auf dem leeren Blatt Papier landen könnten. Vielleicht wollte die Stimme ja sogar, dass ich diesen Gedanken in diesem Moment hatte. Dann würde wiederum alles einen Sinn ergeben. Ich schmunzelte, erneut. Warum hatte ich damals begonnen? Was war mein Antrieb? Wie lautete mein wahres Warum? Mit diesen Fragen im Kopf zog ich meine Runden durch den Plattenladen und ließ mich von der Energie, die dieser Ort ausstrahlte, inspirieren. Ich versuchte, meine inneren Antennen zu aktivieren und einen Zugang zu finden zu jener magischen Quelle, um aus dem *Ich weiß es nicht* mit etwas Glück einen Funken Magie zu schöpfen und auf mein weißes Blatt Papier einen ersten Farbklecks zu malen.

Neben der Abhörstation entdeckte ich einen Stapel alter Musikmagazine, nahm das oberste in die Hand und setzte mich damit wieder vor den Kamin. Abgesehen von der Musik gab es für mich während der Weihnachtszeit kein schöneres Geräusch. Im Sommer war es das Meeresrauschen, im Winter das Knistern eines Kaminfeuers. Der ewige Klang der Sehnsucht. Lag darin die Antwort verborgen? Ich beobachtete die Flammen, die wild umhertanzten, und fragte mich, ob es überhaupt richtige Antworten geben konnte. In jedem Abschnitt seines Lebens befindet man sich in einer anderen Welt, in der es andere Antworten auf die gleichen Fragen gibt. Mit dem Wissen von heute macht es keinen Sinn, in die Vergangenheit zu reisen, sich Vorwürfe zu machen und Entscheidungen von einst infrage zu stellen. Man handelt ja immer nur mit dem Wissen aus jener Zeit. In der Theorie wusste ich all das und ich konnte es auch gut anderen vermitteln, aber in meiner eigenen Welt beherzigte ich diese weisen Worte noch zu wenig.

Wenn ich nun, so wie Nietzsche es vorschlug, all meine Welten nebeneinanderstellte, überlegte ich, ohne meinen Blick vom Feuer abzuwenden, mit all ihren unterschiedlichen Fragen und Antworten, welches Gefühl war in all den Jahren nie verschwunden und hat alle Phasen meines Lebens bis heute wie ein unsichtbarer roter Faden miteinander verbunden? Ich kannte die Antwort, konnte sie mit meinem Verstand jedoch nicht erfassen. Ich blätterte in dem Magazin, las aber nicht wirklich darin. Meine Gedanken schweiften immer wieder ab. Doch in der Mitte des Heftes, bei einer Geschichte über den britischen Musiker Burial, war meine Aufmerksamkeit auf einen Schlag voll da. Der Artikel war nicht sehr lang und ich hatte ihn in wenigen Minuten wie einen Schwamm aufgesogen. Sofort begann es in mir zu kribbeln.

Allmählich fügten sich die Puzzleteile zusammen, denn was ich dort von und über jenen Künstler las, öffnete irgendwo tief in mir eine verschlossene Tür, von der ich nicht einmal wusste, dass sie existierte. Diese Tür zeigte mir plötzlich völlig unerwartet eine neue Perspektive auf.

Burial ist ein Phänomen. Das Besondere an ihm ist, dass er nie in der Öffentlichkeit auftritt, keine Konzerte gibt und bis ins Jahr 2008 völlig anonym blieb. Ein Künstler, der stets im Geheimen agiert, nie selbst in Erscheinung tritt. Als das Interesse an seiner Person in der britischen Musikszene immer größer wurde und er auch erste Preise und Auszeichnungen für seine Musik gewann, kam heraus, dass hinter dem Pseudonym der aus London stammende William Emmanuel Bevan steckt. Doch bis auf den Namen und die Tatsache, dass er auf die gleiche Schule ging wie Pierce Brosnan, wenn auch viele Jahre später, weiß man bis heute so gut wie nichts über ihn. Burial, der in seinem Leben nur eine Handvoll Interviews gegeben hat, erzählte in einem jener wenigen, dass selbst seine engsten Freunde nicht wüssten, dass er überhaupt Musik machte. Alles in seinem Leben sollte ein Geheimnis bleiben, wie bei einem mysteriösen Superhelden, und seine Musik sollte völlig für sich stehen. Das gefiel mir sehr.

Was mich dann aber doch ein wenig überraschte, war, dass ausgerechnet Ellie Goulding eine von ganz wenigen Musikerinnen ist, die Burial jemals persönlich getroffen haben. Offenbar seien die beiden große Fans voneinander. Für Ellie Goulding sei Burial ein »ewiger Held« und »einer der wunderbarsten Menschen überhaupt«. Dem Billboard Magazine sagte sie, so der Artikel, dass Burial einer dieser bemerkenswerten Menschen sei, die man so selten trifft im Leben. Sie sei von ihm fasziniert und obwohl es nur ein paar Begegnungen mit ihm waren und sie nicht wisse, ob sie ihn je wiedersehen würde, würden sie spirituell immer in Verbindung stehen. Das ist auch deswegen so interessant, weil die Gegensätze der beiden Musiker größer nicht sein könnten. Auf der einen Seite der Underground-Künstler, der unbekannt bleiben will und noch nie eine Live-Show gespielt hat, und auf der anderen Seite eine der bekanntesten Sängerinnen der Welt, eine Pop-Diva, die riesige Stadien füllt. Ellie Goulding sei sich darüber bewusst, so ihre Aussage in dem Artikel, dass sie ihr Geld damit verdiene, große Konzerte zu spielen und sich permanent selbst zu promoten, aber bei all der Show würde sie immer an Burial denken und an die Reinheit, die in seiner Entscheidung steckte, einfach nur Musik zu komponieren, um sich und die Menschen, die sie hören, glücklich zu machen. Diese Aussage holte mich total ab. Ich konnte aber beide verstehen. Ich wusste genau, warum er im Verborgenen blieb und sie die große Öffentlichkeit suchte. Beide lebten ihr Leben auf ihre Weise. Der Artikel bewegte mich deswegen so tief, weil ich die wertvolle Erkenntnis gewann, dass ich gerne wie Burial sein wollte, aber das Leben von Ellie Goulding führte. Natürlich in völlig anderen, sehr viel kleineren Dimensionen, aber vom Prinzip her stimmte es. Ich hatte in meinem Leben das Rampenlicht gesucht, wenn auch nur in meiner Blase, weil ich glaubte, das würde mir Frieden bringen. Aber in Wahrheit hatte es mich mehr denn je davon entfernt.

In dem Artikel sprach Burial ein Thema an, über das ich vorher noch nie bewusst nachgedacht hatte. Er sagte, dass viele Menschen nur Bekannte hätten, aber keine wahren Freunde, und dass am Ende eines jeden Tages jeder für sich an einen verletzlichen Ort zurückkehren würde – eine Wohnung, eine Familie oder ein Zimmer in einer Wohngemeinschaft. Und dass wir als Gesellschaft nicht erkennen würden, dass so viele junge Menschen künstlich erwachsene Themen aufgreifen würden, um irgendwie dazuzugehören und gesehen zu werden. Manche dieser Themen würden den jungen Menschen sogar aufgedrängt werden: erwachsene Beziehungen, richtige Lebensprobleme, Familiendramen und andere Dinge, die man nicht auf die leichte Schulter nehmen dürfe. Burial sagte, er habe die Erfahrung gemacht, dass es einen innerlich kaputtmache, wenn man sich als Kind zu früh mit diesen erwachsenen Themen beschäftigt. Seine Songs würden deswegen davon handeln, dass man sich einen Engel wünscht, der über einen wacht, wenn man ganz allein ist in dieser komplizierten Welt der Erwachsenen und nichts anderes tun kann, als spät in der Nacht in einem McDonalds zu sitzen und nicht ans Telefon zu gehen.

Ich fühlte auf der Stelle eine Verbindung zu diesem Musiker. Diese Melancholie, diese Einsamkeit und Verletzlichkeit in seinen Worten kam mir sehr vertraut vor. Die ganze Welt war voller verwundeter Engel, denen man die Flügel gestutzt hatte. Diese Gedanken bewegten mich. Ich legte das Magazin zur Seite und suchte im Dubstep-Fach nach seiner Musik. Ich fand Burials zweites Album, *Untrue*, aus dem Jahr 2007, und hörte mir über Kopfhörer das Lied *In McDonalds* an. Seine Musik passte exakt zu meinem Gefühl nach seinen Worten: traurig und wunderschön zugleich.

»Was hörst du da?«, fragte mich der alte Mann.

Ich hatte ihn kommen sehen und nahm den Kopfhörer ab. Ich erzählte ihm von Burial und von Ellie Goulding und von verwundeten Engeln.

Der alte Mann nickte.

»Für viele Experten und Musikkenner ist *Untrue* eines der wichtigsten Alben des 21. Jahrhunderts. Zumindest in dem Genre Elektronische Musik. Und ich kann nicht widersprechen. Es ist ein Meisterwerk, auch wenn man es im Mainstream kaum kennt.«

»Ich glaube, ich weiß jetzt, was mit mir los ist«, sagte ich. »Im Herzen bin ich noch ein Kind, aber ich mache die ganze Zeit diesen Erwachsenenkram. Eigentlich will ich nur rausgehen und spielen, mache aber seit Jahren exakt das Gegenteil. Ich spiele nicht mehr, ich arbeite nur noch. Aus kindlicher Freude wurde eine Ernsthaftigkeit, wie sie nur Erwachsene kennen. Und genau das hat Burial mir gerade deutlich vor Augen geführt. Der rote Faden meines Lebens, von dem Nietzsche sprach, in dem die große Antwort steckt, hat einen Namen, den ich jetzt erkannt habe.«

»Ach ja?«, sagte der alte Mann und zog seine Augenbrauen hoch.

»Es ist die Sehnsucht«, sagte ich. »Die Sehnsucht nach diesem magischen Ort, an dem alles gut ist, wie es ist, auch wenn es ihn vielleicht gar nicht gibt. Aber genau dieses Gefühl hatte ich mit siebzehn, mit siebenundzwanzig und jetzt mit siebenunddreißig Jahren. Ich habe, so eigenartig es auch klingen mag, spirituelle Sehnsucht.«

»Erzähl mir davon«, sagte der alte Mann und setzte sich mir gegenüber. »Was ist diese spirituelle Sehnsucht für ein Ort für dich?«

»Es ist abstrakt. Es ist eigentlich kein echter Ort, den man physisch betreten kann. Meine Sehnsucht ist eher eine Art Bewusstseinszustand oder ein Gefühl. Ja, ein Gefühl von Nach-Hause-Kommen.«

»Und genau diesen Ort findest du in der Musik, richtig?«, sagte der alte Mann. »Musik zieht die Engel im Universum an. Es war immer so und wird immer so sein.«

»Wenn ich zurückdenke, dann wurde diese Sehnsucht tatsächlich immer von Musik begleitet. Vielleicht weil man diese Sehnsucht mit Worten nicht ausdrücken kann, weil das etwas ist, was nichts mit dieser Welt hier auf Erden zu tun hat, sondern etwas ist, was der Verstand nicht zu fassen bekommt.«

»Nach der Stille ist die Musik das, was dem Unaussprechlichen am nächsten kommt«, sagte der alte Mann.

»Genau«, bestätigte ich. »Genau das ist es. Es gibt einfach keine Worte dafür.«

»Das hat Aldous Huxley gesagt.«

»Wie jetzt? Der Aldous Huxley? Der *Schöne-Neue-Welt*-Aldous-Huxley?«

»Genau der«, sagte der alte Mann. »Ein Jahr bevor er seinen großen Weltbestseller veröffentlicht hat, schrieb er 1931 ein wunderschönes Essay mit dem Titel *Der Rest ist Stille.* Darin steht: Von der reinen Empfindung bis zur Intuition des Schönen, von der Lust und dem Schmerz bis zur Liebe und der mystischen Ekstase und dem Tod – all die Dinge, die grundlegend sind, all die Dinge, die für den menschlichen Geist von tiefster Bedeutung sind, können nur erlebt, nicht ausgedrückt werden. Der Rest ist immer und überall Stille. Nach der Stille ist das, was dem Unaussprechlichen am nächsten kommt, die Musik.«[2]

»Wahnsinn«, murmelte ich vor mich hin. »Am Ende bleibt immer die Musik.«

Der alte Mann lächelte zufrieden und sagte: »Als das Unsagbare ausgedrückt werden musste, legte Shakespeare seine Feder nieder und rief nach der Musik. Du siehst, auch der größte Schriftsteller aller Zeiten musste anerkennen, dass man mit Worten nicht alles sagen kann.«

»Ich glaube, ich verstehe es jetzt etwas besser. Als ich vorhin den Song von Burial hörte, wieder und wieder, er ist ja nicht sehr lang, da fiel es mir auf. Ich sah mich, wie ich eines Nachts, Jahre nachdem ich weggezogen war, in einem McDonalds in der Stadt saß, allein, und Nora durch die Tür kam. Sie erkannte mich nicht, aber ich sie. Vor langer Zeit hatte es ein *Uns* gegeben, aber die Jahre hatten ihre Spuren hinterlassen und uns nichts von dem Alten übrig gelassen. Ich winkte ihr nicht zu, machte sie nicht auf mich aufmerksam. Ich beobachtete sie bloß. Damals wusste ich nicht, warum ich mich so verhielt, und tat es als *Keine-Lust-zureden* ab. Aber eigentlich war der Fall klar: Nora hatte sich verändert. Genau wie ich. Sie nahm ihre Bestellung entgegen und setzte sich auf den Beifahrersitz des Autos, das draußen auf sie wartete. Und fuhr davon. Was ich damals fühlte, passte nur in die Welt von damals. Was wir damals erlebten, passte nur in die Welt von damals. Man kann ein altes Gefühl nicht in eine neue Welt transportieren. Was geschehen ist, ist geschehen. So hart es auch klingt, aber ich habe all die Jahre nicht Nora vermisst, sondern das Gefühl, das ich hatte, als ich mit ihr zusammen war. Das

---

2 *Übersetzt vom Autor.*

Lebensgefühl der damaligen Zeit. Das ist es, wonach ich all die Jahre gesucht habe.«

»Das Gefühl von Freiheit, von Aufbruch, von grenzenlosen Möglichkeiten«, nickte der alte Mann. »Der kleine Junge, Nirvana und das Skateboard.«

»Klingt wie ein Buchtitel, aber genau das ist es. Auch die Zeit danach, als wir gerade mit der Schule fertig waren, aber noch keine festen Jobs hatten. Es gab noch keine sozialen Netzwerke und keine Mobiltelefone so wie heute. Wir haben uns getroffen und dann einfach das Leben genossen. Zwei Autos voller Freunde, ein paar Sixpacks Bier von der Tankstelle, eine Handvoll Smileys und los ging's. Irgendwo gab es immer einen Rave, ein Festival, eine illegale Party, einen Ort, wo wir feiern konnten, mit Menschen, die so waren wie wir. Stundenlang haben wir getanzt, bis in die frühen Morgenstunden, auf Feldern, in riesigen Zelten, die auf Festplätzen aufgebaut waren, in alten Fabrikhallen, am Strand, und immer haben wir uns irgendwo wiedergefunden, auch wenn wir uns manchmal über Stunden aus den Augen verloren hatten. Wir waren so jung, so verrückt, so voller Hoffnung, Energie und Lebenslust. Niemand von uns hatte viel Geld. Aber es hat immer für alles gereicht, weil wir alles miteinander geteilt haben. Die Musik hat uns verbunden und durch die Nächte getragen. Dieses Gefühl, wenn du stundenlang ekstatisch getanzt hast, dir mit fremden Menschen in den Armen lagst, das pure Glück der Freiheit erlebt hast und dann, in den frühen Morgenstunden, zusammen mit deinen Freunden irgendwo auf einem Parkplatz im Niemandsland die Sonne aufgehen siehst, ist mit nichts zu vergleichen. Diese Liebe. Es war die schönste Zeit meines Lebens. Und dann war es einfach vorbei.«

»Gibt es ein Lied, das diese Zeit beschreibt?«, fragte der alte Mann und ich musste nicht lange überlegen.

»*Glue* von Bicep«, sagte ich. »Das ist ein DJ-Duo aus Belfast, Nordirland. Das Lied stammt zwar nicht aus der damaligen Zeit, aber es beschreibt das Lebensgefühl von einst einfach perfekt.«

»Würdest du gerne noch einmal in diese Zeit zurückkehren?«, fragte der alte Mann, während er nach der Platte suchte.

»Darüber habe ich auch schon nachgedacht«, antwortete ich und blickte durch den Raum. »Weißt du, früher war ich auch DJ, habe selbst Platten gesammelt und auf Partys aufgelegt. Manchmal frage ich mich, was wohl passiert wäre, wenn ich drangeblieben wäre und mich nicht auch noch für tausend andere Sachen interessiert hätte. Dann wäre ich vielleicht ein berühmter DJ geworden und hätte das Lebensgefühl von damals auch heute noch jeden Tag in meinem Leben.«

»Oder auch nicht«, sagte der alte Mann.

»Genau, oder auch nicht«, nickte ich. »Denn niemand kann sagen, wie mein Leben wirklich weitergegangen wäre, hätte ich damals andere Entscheidungen getroffen. Vielleicht würde ich, wie Avicii, auch gar nicht mehr am Leben sein. Wer weiß das schon? Meine Erlebnisse und all die Erinnerungen von damals sind nur deswegen so magisch, weil sie damals passiert sind, in einer anderen Welt, und weil man sie nicht reproduzieren kann, weil die Welt von heute eine andere ist. Das habe ich nun verstanden. Weißt du, nein, ich würde nicht gerne in diese Zeit zurückkehren wollen, denn alles hat seine Zeit. Ich bedauere nur, dass ich seitdem nie wieder etwas gefunden habe, was mich jenes Lebensgefühl von damals hat wieder spüren lassen.«

»Jede Entscheidung aus deiner Vergangenheit hat dich in der Summe hierhergeführt«, lächelte der alte Mann, der triumphierend eine 12“-Schallplatte in die Luft streckte. »Schon deshalb ergibt rückblickend alles einen Sinn. Das tut es immer, verstehst du?«

Der alte Mann legte die Platte von Bicep auf und ich schloss die Augen, um noch einmal alte Bilder aufleben zu lassen und auf eine kleine Zeitreise zu gehen. Kurz vor dem Ende des Liedes stand ich reflexartig auf, rannte in die Ecke, wo die Techno- und Elektro-Platten einsortiert waren, und versuchte mein Glück. Ich suchte und suchte und fand sie tatsächlich. Mit einem Bootleg von Paul Kalkbrenner lief ich zum Plattenspieler, nahm die Platte von Bicep runter, legte die neue Platte auf, drückte auf Play und sagte zum alten Mann: »Das passt jetzt perfekt. Zuerst *Glue* von Bicep und dann *Dockyard* von Paul Kalkbrenner. Ahhh, das ist gerade voll mein Element.«

Ich strahlte den alten Mann an, schloss erneut die Augen und für einen kurzen Moment war wieder alles so wie damals, als noch nichts so war wie heute.

»Ich fühle deine Sehnsucht«, hörte ich ihn irgendwann sagen, »deswegen habe ich auch ein Lied für dich. Wahrscheinlich kennst du es: *Don't You Worry Child* von der Swedish House Mafia. Der Refrain wird von John Martin gesungen. Nimm dieses Lied als Höhepunkt und krönenden Abschluss einer Ära und achte besonders auf den Text. Ich habe das Gefühl, er wurde nur für dich geschrieben. Nora, du, eure Lieder, ihr wart noch so jung, hattet so viele Träume … all das wirst du in dem Lied wiederfinden, vergangene Tage, die nicht wiederkommen. Das ist eure Geschichte.«

Der alte Mann ging wieder nach vorn und kam mit einer neuen Platte zurück. Er begann zu tanzen und zu singen: »Don't *you worry, don't you worry, child. See, heaven's got a plan for you. Don't you worry, don't you worry now.*«

Er legte die Platte auf, das Rauschen setzte ein, dann rief er mir über den Tresen zu: »Mach dir keine Sorgen. Mach dir keine Sorgen, Junge. Denn der Himmel hat einen Plan für dich. Mach dir keine Sorgen, mach dir einfach keine Sorgen.«

Ich stand auf, drehte die Musik lauter, lächelte und schaute hoch in Richtung Himmel. Dann tanzten wir für ein paar Minuten zum Rhythmus der Nacht, der mir in diesem Augenblick alles bedeutete.

Die Musik war längst aus und ich saß wieder vor dem Kamin. Der alte Mann im Sessel neben mir. Beide schauten wir ins Feuer.

»Ich kann verstehen, warum du das Lebensgefühl der damaligen Zeit so vermisst«, begann er. »Du hast vorhin drei Worte benutzt: Hoffnung, Energie und Lebenslust. All das ist aber noch immer da, auch in deiner jetzigen Welt, und die Menschen in dieser Welt inklusive dir brauchen sie mehr denn je. Das Feuer brennt wieder, mein Junge. Und ich meine nicht das Feuer in dem Kamin. Ich habe es gerade in deinen Augen gesehen. Ich rede von deiner wahren Leidenschaft.«

Ich drehte mich zur Seite und sah den alten Mann mit vielen Fragezeichen an.

»Die Antwort ist so nah, Erik. Sie liegt direkt vor dir. Der Schatz, nach dem du suchst, ist zum Greifen nah. Es grenzt an ein Wunder, dass du es nicht siehst.«

Ich sah es wirklich nicht.

»Na, dann hilf mir noch einmal auf die Sprünge«, gab ich ehrlich zurück. »Wirklich, ich stehe voll auf der Leitung.«

»Als du gerade die Platte von Paul Kalkbrenner aufgelegt hast, hast du zum ersten Mal so richtig tief von innen gestrahlt. Da habe ich dich gesehen, dein wahres Ich, wofür du brennst. Nimm dieses Feuer als neuen Ausgangspunkt. Gott hat einen Plan für dich. Du bist, wer du bist.«

»Wie meinst du das, ich bin, wer ich bin?«, fragte ich.

»Du kannst deiner wahren Bestimmung nicht entkommen. Du hast es in den letzten Jahren versucht, indem du dich betäubt hast, wenn auch unbewusst, aber du kannst vor dem Thema deines Lebens nicht wegrennen. Du hast ja selbst erlebt, was dann passiert. Weshalb hast du damals aufgehört, ein DJ zu sein? Warum hast du aufgehört, Musik zu hören, Musik zu atmen, Musik zu träumen, Musik zu spielen, Musik zu leben? Wieso hast du das gemacht?«

»Wieso, weshalb, warum?«, zischte ich und starrte wieder ins Feuer.

»Ja, wer nicht fragt, bleibt dumm«, antwortete der alte Mann. »Also, warum hast du die Musik aus deinem Leben verbannt?«

»Es ist ja nicht so, dass das ein bewusster Schritt war«, sagte ich. »Nach dem Tod meiner Mutter habe ich einfach einen radikalen Schnitt gemacht. Ich wollte nur noch weg von zu Hause, weit weg. Und ich habe nichts mitgenommen. Meine Platten lagern immer noch in Kisten, irgendwo im Keller meines Elternhauses. Tja, und dann habe ich mich in die Arbeit gestürzt. Ich habe den Markt erkannt für das, was ich heute mache, habe Chancen gesehen und mich Tag und Nacht reingehängt. Für Musik hatte ich keine Zeit mehr.«

»Und die Mauer um dich wurde größer und größer«, sagte der alte Mann.

Ich reagierte nicht.

»Hat dir die Musik nicht gefehlt?«

»Ich war so in meiner Blase gefangen, dass ich kaum wahrnahm, was außerhalb passierte. Für mich zählten nur Resultate, Fakten und Zahlen. Alles andere schob ich weg und ließ nichts an mich ran, was mich von meinem Ziel hätte ablenken können. Ich wollte finanziell, aber auch in sonst jedweder Hinsicht, einfach nie mehr von irgendwem abhängig sein, und alles hatte sich dem unterzuordnen. Erst Noras Tod und meine Reise zu ihrer Beerdigung hat mich aufhorchen lassen. Und dass ich jetzt hier mit dir darüber rede, hat ja auch etwas zu bedeuten. Ob mir die Musik gefehlt hat, fragst du? Erst als ich vor deinem Laden stand.«

»Musik wirkt wie ein Zauberschlüssel, dem sich auch das verschlossenste Herz öffnet«, sagte der alte Mann. »Du kannst stolz auf dich sein, Erik. Die Mauer bröckelt schon. Es wird nicht mehr lange dauern.«

»Und dann?«, fragte ich.

»Wirst du frei sein«, sagte der alte Mann.

»Frei wovon?«, fragte ich.

»Von deiner Angst, nicht genug zu sein, so wie du wirklich bist. Diese Form der Angst ist deswegen so grausam und fühlt sich wie das schlimmste Gefängnis an, weil du nicht einmal die Chance bekommst, daraus zu fliehen. Diese Angst treibt einen immer größer werdenden Keil zwischen das Bild, das du vorgibst zu sein, und dein wahres Ich. Wenn du an deine Zukunft denkst, was fühlst du dann?«

»Das ist eine gute Frage, alter Mann. Ich kann dir sagen, was ich fühle, wenn ich an diesen Moment hier denke.«

»Dann fangen wir damit an«, sagte er.

»Ich fühle mich geborgen, in Sicherheit, ich muss nichts darstellen. Ich fühle keinen Druck. Ein bisschen fühlt es sich wie Urlaub an, nach einer Auszeit vom Leben, nicht real, sondern wie in einem Traum.«

»Woher weißt du denn, dass Träume nicht real sind?«, fragte er.

»Guter Punkt«, sagte ich. »Vor allem fühle ich mich leicht, weil ich zum ersten Mal seit langer Zeit nichts verkaufen muss. Kein Produkt, kein Gefühl, auch nicht meine Seele. Das klingt hart, wenn ich das so sage, als hätte ich meine Seele an den Teufel verkauft oder so. Ganz so schlimm ist es ja nicht, aber … na, du weißt schon, was ich sagen will. Aber wenn ich jetzt an meine Zukunft denke, an all die Aufgaben, die vor mir liegen, all die Entscheidungen, die ich zu treffen habe, all die Gespräche, die ich mit meinen Mitarbeitern führen muss, puh, dann würde ich meine Gedanken am liebsten abstellen und meinen Kopf in den Sand stecken. Ich will gar nicht mehr in meine Firma zurück, was total absurd ist, weil ich in den letzten Stunden ja alles dafür getan habe, um genau dorthin zurückzukehren. Wenn ich an meine Zukunft denke, dann sehe ich eine gewaltige Unordnung vor mir. Ja, das trifft es ganz gut. Und diese Unordnung macht mir Angst.«

Der alte Mann blieb regungslos in seinem Sessel sitzen und schaute in die flackernden Flammen. Nach einem Augenblick der Stille sagte er:

»Diese Unordnung hat ihren Zweck, Erik. So wie alles in deinem Leben, wenn du genau hinsiehst. Diese Unordnung, vor der du zu Recht Respekt hast, denn genau das ist ihre Aufgabe, hat sogar einen Namen. Ich nenne sie *Die große Unbekannte.*«

»Klingt wie der Titel eines Alfred-Hitchcock-Films«, sagte ich und blickte zum alten Mann, der sich jetzt ebenfalls zu mir drehte.

»Du solltest die Macht, die die große Unbekannte auf dich hat, nicht unterschätzen«, sagte er und untermalte seine Aussage mit einem warnenden Blick. »Im Augenblick ist sie nämlich dein stärkster Feind. Jedes Mal, wenn in deinem Leben Probleme auftauchen, so wie jetzt, wenn dein Leben aus den Fugen gerät, so wie jetzt, und eine gewaltige Unordnung herrscht, so wie jetzt, dann stehst du der großen Unbekannten gegenüber. Sie ist ein Teil von dir und der Stimme, die du hörst, wenn du Dinge und Menschen, auch dich selbst, bewertest. Die große Unbekannte ist nicht sozial, sie hasst es, wenn du gute Verbindungen zu anderen Menschen schaffst, und sie liebt es zu spalten und Intrigen zu spinnen. Sie ist eine unsichtbare Kraft, die dich davon abhalten will zu wachsen, in deine Kraft zu kommen oder dich positiv zu verändern. Sie tut alles dafür, um deine Weiterentwicklung zu stoppen und dein wahres Potenzial zu blockieren. Sie will dich am Boden sehen und dich bis aufs Blut fertigmachen. Die große Unbekannte ist eine Meisterin in der Kunst der Manipulation und sie wird dir immer sagen, dass du nicht gut genug bist, dass du es nicht schaffen wirst und dass deine wahren Ziele unmöglich zu erreichen sind. Wenn du so willst, dann ist die große Unbekannte ein einziger Traumkiller mit einem gigantischen Waffenarsenal. In einem Computerspiel wäre sie der Endgegner. Das Perfide an ihrem Handeln ist, dass sie dir einen klaren Rahmen vorgibt, wer du bist und was du kannst. Und solange du dich in diesem Rahmen bewegst, lässt sie dich in Ruhe, auch wenn du leidest. Aber sobald du es wagst, auch nur einen Fuß über diese Grenze zu setzen, dann bekommst du ihre ganze Macht zu spüren. Eine Art Urangst durchdringt deinen Körper, deren einzige Aufgabe darin besteht, dir jedwede Hoffnung auf eine bessere Zukunft zu nehmen, damit du ja wieder zurück in deinen alten Rahmen gehst und dort auch bleibst. Denn, und das ist der Grund, warum wir der großen Unbekannten trauen: Eigentlich will sie nur dein Gutes, sie will deine Sicherheit, sie will, dass du überlebst. Doch die Frage ist: Willst du nur überleben oder wirklich leben? Je nach

Situation solltest du der großen Unbekannten mehr oder weniger Raum in deinen Entscheidungen einräumen. Und wenn du nicht aufpasst und sie nicht bewusst in ihre Schranken weist, kriecht sie in deine Seele, nährt sie mit Zweifeln und bringt dich dazu, nie etwas Neues außerhalb deiner Komfortzone zu wagen, denn deine wahren Träume sind eine Bedrohung ihrer Existenz.«

»Wow, das klingt ja wirklich nach einem Horrorfilm«, sagte ich. »Ist ja gruselig. Kann man diese große Unbekannte denn irgendwie besiegen?«

»Nun, bisher ist mir kein Mensch bekannt, der das jemals geschafft hat. Es ist aus gutem Grund unmöglich. Kurzfristig kannst du die große Unbekannte schon besiegen, aber sie wird immer wieder zurückkommen, denn im Kern besteht sie aus drei Aspekten des Lebens, denen niemand entfliehen kann: Schmerz, Unsicherheit und Arbeit. Mit diesen drei Punkten wirst du leben müssen, egal wer du bist, wo du herkommst oder welche Voraussetzungen dir in diesem Leben mitgegeben wurden. Schmerz, Unsicherheit und Arbeit werden dich durch dein ganzes Leben begleiten.«

»Warum ist das so?«, fragte ich.

»Weil die Natur schlau ist«, sagte der alte Mann. »Gott ist clever. Ziemlich clever sogar. Ohne diese drei Aspekte gäbe es nämlich keinen Fortschritt. Schmerz ist der stärkste Treibstoff, um Veränderung herbeizuführen. Er ist es, der dich weite Wege gehen lässt. Du bist doch der beste Beweis dafür. Es war der gesammelte Schmerz deines alten Lebens, der dich aus diesem Zug hat aussteigen lassen. Und Unsicherheit ist der Faktor, der dich nicht aufgeben lässt. Du weißt nie, was morgen passieren wird, also machst du heute alles, was notwendig ist, um ein bestmögliches Morgen vorzubereiten. Gäbe es keine Unsicherheit, würde alles zusammenbrechen. Niemand würde sich mehr anstrengen, um etwas zu erreichen. Das Haus, in dem wir alle leben, würde einstürzen. Und mit deiner Arbeit gibst du deinem Leben einen Sinn. Schmerz, Unsicherheit und Arbeit. Das sind die drei

Faktoren, die dein Leben begleiten. Ohne sie würde nichts entstehen.«

»Aber geht es nicht auch ohne diesen ganzen Mindfuck, also diese zerstörerische Negativität, die einen nur fertigmacht? So viele Menschen, und das kann ich dir aus meiner Arbeit als Life Coach nun wirklich sagen, leiden darunter. Warum muss alles immer diese Schwere haben?«

»Gegen die Naturgesetze kannst du nicht argumentieren«, antwortete der alte Mann. »Fragst du etwa den Tag, warum es die Nacht gibt? Wir brauchen das Negative der großen Unbekannten, um aus ihr etwas Positives zu erzeugen. Wir brauchen den Abgrund als Motivation, um zu wachsen. Glück entsteht ja nicht durch den Erfolg selbst, nach dem so viele Menschen streben. Und niemand weiß das besser als du, Erik. Glück entsteht dadurch, dass du den ganzen Weg gehst. Durch den Schmerz durch, durch die Unsicherheit durch, begleitet von deiner täglichen Arbeit. Wochenlang, monatelang, jahrelang, ein Leben lang. Der Weg ist das Ziel. Wer den Prozess liebt, wer den Weg liebt – wenn es *sein* Weg ist, das ist entscheidend –, wird automatisch zu einem zufriedenen Menschen, der ein glückliches Leben führt. Und je größer der Schmerz, desto größer wird deine Chance, daraus etwas Neues zu erschaffen.«

Tausend Fragen wirbelten durch meinen Kopf und doch bekam ich keine einzige zu greifen. Ich verstand, was der alte Mann mir sagen wollte, auch wenn ich es mit Worten nicht erklären konnte.

»Wo die Worte aufhören, da beginnt die Musik«, sagte er, als könnte er meine Gedanken lesen. »Und in der Musik liegen deine Antworten. Du bist, wer du bist.«

»Schon wieder dieser Satz: Du bist, wer du bist. Wer bin ich denn?«

»Wer du genau bist, weißt nur du. Ich kann dir nur sagen, wen ich in dir sehe: Du bist ein Mensch, der seinen alten Rahmen gesprengt hat und mit dieser neuen Situation nun zu kämpfen hat.

Das ist gut. Wichtig ist, dass du jetzt weitergehst und den Rufen der großen Unbekannten widerstehst. Willst du in deinem Leben die nächste Stufe erreichen und dich weiterentwickeln, musst du etwas tun, was du all die Jahre vehement vermieden hast – dich verletzlich zeigen. Du musst diesen Raum öffnen. Anders geht es nicht. Solange du dich aber weiter hoch oben auf die Bühne stellst, um dich als Guru zu inszenieren und dich somit automatisch von den Menschen zu entfernen, die zu dir kommen, wird sich nichts ändern. Dann hat die große Unbekannte gewonnen. Echte Verbindung schaffst du, indem du eine Brücke zu den Menschen baust, und diese Brücke kann die Musik sein. Die Wahrheit ist, und auch das weiß niemand so gut wie du, dass jeder Mensch Hilfe braucht, um weiterzukommen. Jeder, auch du. Zeig der Welt, wer und wie du wirklich bist. Erzähle ihnen von deinen Ängsten, rede übers Scheitern, von deinen Schwächen. Deine Ehrlichkeit und deine Verwundbarkeit werden wie Brücken funktionieren. Sie werden dich mit dem Rest der Welt verbinden, weil du damit ein unglaublich kraftvolles Signal zu den Menschen sendest: Ich brauche euch, weil ich es allein nicht schaffe.«

Ich war sprachlos. Was der alte Mann da sagte, war genau das Gegenteil von dem, was ich die Jahre zuvor getan hatte. Das musste ich erst mal sacken lassen.

»Jetzt hast du die Möglichkeit, etwas zu ändern. Du hast die Chance, anders auf deine Gefühle zu reagieren, als du es bisher getan hast. In dieser Erkenntnis liegt deine Wahrheit, nach der du suchst. Du kannst dich anders entscheiden. Wahres Vertrauen ins Leben, in deine Zukunft besteht darin, mit der Ungewissheit in Frieden zu leben und diesen Weg niemals zu verlassen. Dieser Weg muss nicht perfekt sein. Auch muss er nicht perfekt für die anderen aussehen. Gib einfach dein Bestes. Und danach wieder und wieder und wieder. Gib einfach an jedem Tag dein Bestes. Es klingt abgedroschen, aber glaube mir, das ist es nicht. Hast du noch die Kapazität für eine weitere Frage?«

Ich nickte schnell, obwohl mein Kopf schwirrte, doch ich fühlte mich wie ein Schwamm, der jetzt, und zwar nur jetzt, die einmalige Chance hatte, sich mit allem vollzusaugen, was er die nächsten Jahre brauchen würde.

»Wer bist du, wenn ich dir alles im Außen wegnehme?«

»Was meinst du mit *alles*?«, fragte ich zurück.

»Wie hoch ist dein Selbstvertrauen, wenn ich dir deine Social-Media-Follower wegnehme, von denen du so gerne erzählst? Wie hoch ist dein Selbstwert, wenn ich dir als Speaker deine Stimme wegnehme? Wie würdest du dich fühlen, wenn du völlig nackt vor mir stündest, ohne deine Erfolge aus der Vergangenheit aufzählen zu können? Wahrer Erfolg im Leben besteht darin, dass du dich auch dann liebst und wertschätzt, wenn nur du übrig bleibst.«

»Nur ich und der Weg«, antwortete ich leise.

»Endlich, Erik«, sagte der alte Mann. »Wir haben hier einen kleinen Durchbruch zu feiern. Nur du und der Weg. Hör damit auf, den Menschen gefallen zu wollen, nur damit du sie als potenzielle Käufer deiner Produkte nicht verlierst. Wenn du von jedem der Freund sein willst, bist du in Wahrheit dein eigener Feind.«

»Wenn du von jedem der Freund sein willst, bist du in Wahrheit dein eigener Feind«, wiederholte ich die Worte des alten Mannes. »Wow, das liebe ich.«

»Das habe nicht ich, sondern das hat ein großer Straßenphilosoph aus Brooklyn namens Mike Tyson gesagt und nichts könnte wahrer sein.«

Wir lachten eine Runde, gaben uns die Ghettofaust und beobachteten wieder den wilden Tanz des Feuers, das mittlerweile etwas kleiner geworden war.

»Wie geht es dir, mein Junge?«

»Obwohl ich vor gewaltigen Aufgaben stehe«, sagte ich, selbst verwundert über meinen inneren Gefühlszustand, »könnte ich gerade in diesem Moment nicht glücklicher sein. Zum ersten Mal seit langer Zeit habe ich das Gefühl, dass sich alles zum Guten wenden wird. Auch ohne einen konkreten Plan zu haben.«

Der alte Mann nickte.

»Weißt du noch, als ich dich gefragt habe, wer du bist, und du mir all deine Titel aufgezählt hast – Life Coach, Entrepreneur, Motivator, Guru und so weiter.«

»Ja, ich erinnere mich.«

»Weißt du, welchen Titel ich dir geben würde? Du hast es eben selbst gesagt.«

»Keine Ahnung.«

»Erinnerer«, sagte der alte Mann. »Das bist du. Das sehe ich in dir. Du musst anderen Menschen keine klugen Ratschläge erteilen, erinnere sie lieber daran, was wirklich zählt im Leben. Erzähle deine Geschichte. Erzähle ihnen von deinem Weg, deiner Suche, deinen inneren Kämpfen und mach mit ihnen genau das, was wir hier machen. Spiel deine Lieder und lass die Menschen ihre Lieder spielen. Hört zusammen Musik und erzählt euch von euren Träumen. Nimm diesen Ort hier, diesen Plattenladen und das Gefühl, das er dir gibt, ab sofort überall mit hin. Nimm die Musik mit, nimm die Liebe mit, nimm die Kraft mit, nimm alles mit, was du hier für deine Schatzkiste gesammelt hast. Das ist deine Aufgabe. So sehe ich deine Bestimmung. Schaffe für dich und die Menschen, die zu dir kommen, eine Oase, wo sie, genau wie du hier, sich selbst neu erleben können, wo sie ganz sie sein können. Mach da weiter, wo du einst aufgehört hast. Spiele wieder deine Musik. Höre wieder deine Musik. Lass die Farbe und den Klang des Lebens wieder in dein Herz hinein. Lass diesen Soundtrack dich von innen füllen und ich verspreche dir, dass du auch im Außen immer genug haben wirst. Vertraue dir und deinem neuen Weg, auch wenn er am Anfang holprig sein wird. Du weißt ja, dass das dazugehört. Oftmals testet das Universum gerade zu Beginn, wie sehr wir etwas wirklich wollen. All die Hürden, die am Anfang einer jeden Reise auftauchen, kommen ja nicht aus dem Nichts. Sie erfüllen einen Zweck. Verschwinde für eine Weile, lerne und werde besser, erlange Klarheit und stell dich neu auf, kehre dann zurück und teile dein neues Wissen. Ein

Comeback ist immer stärker als ein Rückschlag. Das darfst du nie vergessen. Bleib auf dem Boden, bescheiden, und greif nach den Sternen, nach deinen Sternen.«

»Ein Erinnerer«, sagte ich und versuchte mich mit diesem Begriff anzufreunden. »Das klingt gut, alter Mann. Das klingt richtig gut.«

»Ich möchte dir noch von Stormzy erzählen, bevor ich mich gleich schlafen lege.«

»Wer ist das?«, fragte ich.

»Stormzy ist ein Musiker aus London. Eigentlich heißt er Michael Omari, aber Stormzy ist sein Künstlername. Seinen Musikstil nennt man Grime, das ist eine wilde Mischung aus Breakbeats, Jungle, 2-Step und UK Garage auf der einen Seite und Hiphop, Reggae und Dancehall auf der anderen Seite. Es ist Musik für die Clubs, düster und schmutzig, wie der Name Grime schon sagt, und ziemlich schnell, 140 Beats pro Minute. Musik für die Straße und definitiv nichts fürs Pop-Radio. Aus dieser musikalischen Welt kommt Stormzy, der ziemlich schnell zum Superstar aufsteigt. Seine ersten beiden Alben landen auf Platz 1 der englischen Charts und er gewinnt mehrfach bedeutende Auszeichnungen wie *Künstler des Jahres*. Er ist der erste schwarze Musiker überhaupt, der es schafft, als Headliner beim Glastonbury Festival aufzutreten, dem renommiertesten Musikfestival Englands, und das amerikanische *Time Magazin* kürte Stormzy zu einem der *Next Generation Leaders*. Ziemlich viel Erfolg und ziemlich viele Ehrungen für einen noch so jungen Musiker. Musikalisch hat Stormzy seine Nische gefunden. Er repräsentiert den coolen und harten englischen Sound der Straße und die Kids lieben ihn dafür. Und Stormzy macht alles, um dieses Bild zu erfüllen. Doch in ihm gibt es etwas, was rauswill, aber nicht rausdarf. Was dazu führt, dass Stormzy Depressionen bekommt, weil er im Außen zwar immer erfolgreicher wird, aber sein Herz immer mehr Narben bekommt. Er liebt Soul und Gospel und R&B, traut sich aber als harter Grime-Rapper nicht in der Öffentlichkeit zu singen, weil er glaubt, einem bestimmten Klischee entsprechen zu müssen. Bis es eines Tages nicht mehr geht, weil der Schmerz zu stark wird. Er zieht sich für zwei Jahre aus dem Rampenlicht zurück, geht jeden Tag ins Studio, übrigens auch nur mit einem leeren Blatt Papier bewaffnet, ohne Erwartungen an sich oder das Endergebnis, und lässt die Energie des Universums durch sich durchfließen. *Lass los und lass Gott den Rest erledigen.* So lautete das Motto. Genau wie bei Missy Elliott damals. Dadurch, dass Stormzy alles zuließ, was während des kreativen Prozesses passierte, und sich keine Grenzen setzte, erschuf er in meinen Augen ein großes Meisterwerk: ein Soulalbum eines Grime-Rappers, der eigentlich gar nicht singen kann, weswegen die Songs so ehrlich und echt und wunderschön sind. Er spricht darin über seine Depressionen, über Gott, über Liebeskummer und den Schmerz, den du fühlst, wenn du einen Menschen verlierst, über große Träume und noch größere Abstürze. Stormzy spricht über all das, was Gangsterrapper normalerweise verschweigen, er traut sich zu singen, zeigt sich verletzlich, geht neue Wege und landet erneut auf Platz 1 der Charts. Sein drittes Album trägt den Namen *This Is What I Mean* und man kann in jeder Strophe die Freiheit fühlen, die er sich selbst mit der Entscheidung geschenkt hat, nichts mehr zurückzuhalten, sondern auszudrücken, wer er ist und wofür er steht. Das Lied, das ich gerne mit dir hören würde, heißt *I Got My Smile Back*, denn ich glaube, was Stormzy hier erzählt, das gilt auch für dich. Ich habe es vorhin in deinen Augen gesehen. Dein Lächeln, es ist zurück. Zumindest für diesen Moment. Was daraus wird, wird sich zeigen.«

Dann stand der alte Mann auf, holte das Album aus einem der Regale, legte die Platte auf und wünschte mir eine gute Nacht. Ich weiß nicht, wie oft ich diesen Song in jener Nacht noch hörte, aber nach einer gefühlten Ewigkeit setzte ich die Nadel nicht wieder am Anfang ab, sondern ließ die Platte einfach weiterlaufen, nahm die Decke, die mir der alte Mann bereits hingelegt hatte, und schlief zusammen mit dem letzten Song des Albums, *Give*

It To The Water, was so viel bedeutet wie *Begib dich in Gottes Hände*, erschöpft, aufgewühlt und glücklich vor dem Kamin ein. Ich glaube, ich hatte ein Lächeln im Gesicht.

13

DER NEUE TAG

»Guten Morgen, Schlafmütze«, hörte ich den alten Mann sagen, der schon mit einem Stapel Feuerholz in den Armen fröhlich pfeifend an mir vorbeilief.

»Guten Morgen«, grummelte ich. »Was sagt denn die Uhr?«

»Es ist schon spät, fast halb neun«, rief der alte Mann von irgendwoher. »Es ist ein herrlicher Tag. Die Sonne scheint, der Schnee funkelt, einfach wunderbar. Kaffee ist auch gleich fertig. Wenn du willst, dann kannst du dich hinten im Bad frisch machen, duschen gehen, Zähne putzen und was immer du sonst noch machen musst. Ich habe dir auch ein Handtuch und ein frisches T-Shirt hingelegt.«

Ich drehte mich zur Seite und streckte mich, um einen Blick aus dem Schaufenster nach draußen zu werfen. Es hatte ordentlich geschneit über Nacht. Alles war weiß. Ich zählte bis fünf und stand mit einem Satz auf, faltete die Decke zusammen und ging direkt ins Badezimmer. Zehn Minuten später stand ich frisch geduscht, in Boxershorts und einem Guns n'Roses-T-Shirt in der Küche und nahm direkt meinen ersten Espresso des Tages entgegen.

»Ah, was für ein Service«, lächelte ich und sog genüsslich den Duft der frisch gemahlenen Kaffeebohnen durch meine Nase ein. »Das bin ich gar nicht mehr gewohnt. Danke vielmals.«

»Komm mit«, sagte der alte Mann. »Lass uns den Kaffee draußen trinken, Sonnenstrahlen tanken und dabei die erfrischende Morgenluft spüren. Das bringt unseren Organismus in Schwung.«

Ich folgte dem alten Mann und stand wenig später hinter dem Haus auf einer wunderschönen Holzveranda und schaute in eine Ewigkeit aus schneebedeckter Natur. Der alte Mann hatte sich hier wahrlich ein Paradies erschaffen. Mit meinem rechten Zeh malte ich einen Smiley in den Schnee. Der alte Mann hatte seine Augen geschlossen und atmete mit tiefen Zügen die kalte Luft ein. Ich nippte den letzten Schluck Espresso aus meiner Tasse und dachte über das nach, was nun vor mir liegen würde.

»Hab ich's verkackt?«, nuschelte ich vor mich hin.

»Wie bitte?«, fragte der alte Mann zurück.

»Heute kommt mir dein Leben so viel besser vor als meins«, sagte ich. »Und wenn ich darüber nachdenke, was ich die letzten Jahre so getrieben habe, dann komme ich nicht umhin zu denken, dass mein Leben ein einziger Haufen Bullshit ist und ich in meiner Vergangenheit eine schlechte Entscheidung nach der anderen getroffen habe.«

»So früh am Morgen und schon so viele negative Gedanken«, lachte der alte Mann, der immer noch in den Himmel schaute und die Kälte einatmete. »Weißt du, Erik. Wir sehen nur das, worauf wir uns fokussieren. Aber jetzt fokussieren wir uns noch für fünf Minuten auf die frische Luft und sind ganz still dabei. Aus dieser Stille schöpfen wir Kraft für den Tag. Danach machen wir Feuer, essen Knäckebrot mit Käse und reden über deine Gedanken.«

Die Wärme des Kamins bitzelte an meinen eiskalten Fußsohlen und aus den Boxen lief leise das Weihnachtsalbum *Louis Wishes You a Cool Yule* von Louis Armstrong. Der alte Mann legte noch ein weiteres Holzscheit nach und setzte sich neben mich.

»Dein Leben ist nicht so schlecht, wie du denkst«, sagte er ziemlich unvermittelt. »Du gehörst zu den reichsten und privilegiertesten Menschen der Welt. Das muss dir jeden Tag bewusst sein. Alles, was du tun musst, ist, hier und da an einigen Stellschrauben zu drehen. Das war's dann aber auch schon.«

Der alte Mann machte eine kurze Pause, während er mit der Metallzange die Holzscheite zeltförmig stapelte. Dann sprach er weiter: »Wir neigen dazu, unsere eigenen Leistungen kleinzureden, sie für selbstverständlich zu nehmen und unsere Niederlagen zu überhöhen. Unsere ganze Gesellschaft funktioniert nach diesem Prinzip, deswegen sind wir schon so gepolt, ständig nach dem Negativen Ausschau zu halten. Wir suchen nach dem, was nicht funktioniert, und richten unsere Scheinwerfer darauf. Auch unsere inneren Scheinwerfer. Das Internet, die sozialen Medien, die Klatschpresse, die Talkshows und Nachrichtensendungen – all das ist ein Spiegelbild unserer gesellschaftlichen Seele. Das Gute ist langweilig und wird ignoriert, das Schlechte wird gefördert und bekommt eine große Überschrift. Die Kritik einer berühmten und etablierten Künstlerin, die ein schlechtes Album gemacht hat, wird gelesen. Der Bericht über einen völlig unbekannten Künstler, der aber ein sensationelles Debütalbum abgeliefert hat, wird gar nicht erst gedruckt. Die Menschheit zerstört sich selbst, indem sie sich immer nur von einer Katastrophe zur nächsten hangelt. Schlechte Nachrichten sind eben Good News, weil sie sich besser verkaufen lassen. Im März letzten Jahres habe ich eine interessante Beobachtung gemacht, die leider ziemlich gut beschreibt, wie unsere Gesellschaft funktioniert. Hast du die Oscar-Verleihung verfolgt?«

»Hmm, du meinst diese Sache mit Will Smith?«, fragte ich und schüttelte den Kopf. »Verfolgt nicht, aber den Skandal habe ich natürlich mitbekommen.«

Der alte Mann nickte und fuhr fort: »Will Smith ging auf die Bühne und schlug Chris Rock, dem Moderator der Show, vor laufender Kamera ins Gesicht. Auch ich habe in den darauf folgenden Tagen einige Videos von dem Vorfall gesehen und mir Kommentare und Artikel darüber durchgelesen. Dann dachte ich darüber nach. Eine der wichtigsten Veranstaltungen des Showbusiness und alle reden *nur* über diese eine negative Sache, die so vieles vereint, was man auf der dunklen Seite des menschlichen Verhaltens findet: Gewalt, Rache, Leid, Versagen, Schande, Scham, Schaulust, Ego. All das sind Elemente, die auch sonst viel Aufmerksamkeit bekommen, die laut sind und Schlagzeilen bringen. Aber frag dich selbst: Was ist an diesem Abend denn sonst noch passiert? Kannst du dich an irgendetwas Positives erinnern?«

Ich überlegte, musste dem alten Mann aber recht geben. Ich hatte mir nur das Negative gemerkt.

»Ich kann dir sagen, was sonst noch passiert ist«, sagte der alte Mann. »Der gehörlose Schauspieler Troy Kotsur gewann den Oscar als bester Nebendarsteller für seine Rolle als Frank Rossi in dem Film *Coda*. Jessica Chastain wurde als beste Hauptdarstellerin für ihre Rolle als Tammy Faye Bakker in *The Eyes of Tammy Faye* ausgezeichnet und gewann damit den Oscar zum ersten Mal. Und Questlove von der Rap-Gruppe The Roots gewann für *Summer of Soul* seinen ersten Oscar in der Kategorie *Bester Dokumentarfilm*. Alles besondere Momente, die kaum jemand mitbekommen hat, weil sich die ganze Welt nur auf diesen einen negativen Moment fokussiert hat. Das alles tun wir uns an. Tag für Tag. Dabei haben wir immer die freie Wahl, worauf wir unsere Aufmerksamkeit lenken. Lass dich ab sofort von den Dingen inspirieren, die dich ins Licht führen, und dich motivieren, weiter an dich und deinen wahren Traum zu glauben. Sieh immer genau hin, wage einen zweiten Blick und lass dich nicht mehr blenden von dem, was der Mainstream dir vor die Füße und auf deinen Bildschirm spuckt, nur weil es die meisten Klicks bekommt. In der Regel führt dich das nämlich nirgendwohin.«

»Wow, so habe ich das noch nie gesehen«, sagte ich, »aber es macht Sinn, was du sagst. Alles ergibt einen Sinn.«

»Wenn du auf dein vergangenes Leben schaust, dann kannst du stolz auf dich sein. Du hast so viel geleistet, hast so vielen Menschen geholfen und Liebe in die Welt geschickt, auch wenn du das gerade nicht sehen kannst. Das Gleiche gilt übrigens für deine Mitstreiter. Auch sie haben schöne Seiten an sich. Auch sie haben viele gute Dinge gemacht, da bin ich mir ganz sicher. Es lohnt sich immer, auf das ganze Bild zu schauen, wenn du nach der Wahrheit suchst, anstatt nur einen kleinen Ausschnitt zu betrachten. Denkst du jetzt immer noch, dass dein Leben ein Haufen Bullshit ist?«

»Nein, aber ...«

»...du haderst noch immer mit dir, weil du glaubst, in deiner Vergangenheit zu viele schlechte Entscheidungen getroffen zu haben, richtig?«

Der alte Mann war mir ins Wort gefallen und hatte mal wieder alle Treffer versenkt.

»Lass mich dir mal ein paar Geschichten über schlechte Entscheidungen erzählen, okay? Beginnen wir mit Britney Spears.«

»Was, mit Britney?«, fragte ich erstaunt.

»Ja, pass mal auf. Sie oder besser gesagt, ihr Team, hat im Jahr 2007 *Umbrella* abgelehnt. Als der Songwriter Tricky Stewart den Song komponierte, stellte er sich vor, dass Britney ihn singen würde. Die beiden kannten sich schon, da sie bereits gemeinsam an dem Madonna-Duett *Me Against The Music* gearbeitet hatten. Er hat den Song *Umbrella* quasi für Britney maßgeschneidert. Aber ihr Team fühlte den Song nicht und entschied, dass es sich nicht lohnen würde, ihn aufzunehmen. Über viele Umwege landete der Song dann bei einer jungen und noch unbekannten Künstlerin namens Rihanna, die damit ihren internationalen Durchbruch feierte. *Umbrella* wurde weltweit zum Nummer-1-Hit und machte Riri zu einem der größten Stars ihrer Zeit und ersten Frau im Musikgeschäft, die über eine Milliarde Dollar schwer ist. Hätte Britney Spears den Song damals aufgenommen, wären die letzten fünfzehn Jahre der Popmusikgeschichte vielleicht ganz anders verlaufen. Rein kommerziell betrachtet hat Britney Spears in ihrer Karriere aber sehr viel richtig gemacht. Selbst wenn sie in diesem Fall eine schlechte Entscheidung getroffen hat, so hat sie musikalisch an anderen Stellen viele gute Entscheidungen getroffen. Sie zählt nicht ohne Grund zu den erfolgreichsten Musikerinnen aller Zeiten. Oder nimm die Beatles.«

»Was ist mit denen? Haben die auch mal schlechte Entscheidungen getroffen?«, fragte ich.

»Mit Sicherheit«, lachte der alte Mann, »aber lass mich dir kurz von der schlechtesten Entscheidung im Musikgeschäft aller Zeiten erzählen. Wenn du dich danach immer noch mies fühlst, dann kann ich dir auch nicht mehr helfen.«

»Oha, da bin ich aber gespannt«, grinste ich, und der alte Mann grinste zurück.

»Über die Entscheidung von Decca Records, die Beatles nach einem Vorsingen im Januar 1962 abzulehnen, ist ja schon alles geschrieben und gesagt worden. Was daran wirklich wahr ist und was Mythos, ist nach so vielen Jahren schwer zu sagen. Der damalige Manager der Beatles, Brian Epstein, sagte, dass ihm der Decca-Chef Dick Rowe mitgeteilt habe, dass Gitarrenmusik auf dem absteigenden Ast sei, wobei Dick Rowe immer darauf bestand, dass er nie so eine Aussage getätigt habe. Na ja, ich glaube eher, dass ihm der Fehler seines Lebens unterlaufen war und er nun seine Reputation retten wollte. Fakt ist nämlich, dass die Beatles am 1. Januar 1962 ein Demoband mit fünfzehn Songs bei Decca Records abgaben und die daraufhin die junge Band ablehnten. Das war natürlich ein riesiger Fehler, aber letztlich können wir Musikfans dankbar dafür sein, denn die Absage von Decca Records führte die Beatles direkt zu George Martin, dem legendären Musikproduzenten, mit dem sie gemeinsam all die wunderschöne Musik aufnahmen, die wir noch heute so lieben. Und auch Decca Records hat nicht nur schlechte Entscheidungen getroffen. Immerhin haben sie danach noch Musiker wie Buddy Holly, Little Richard, Roy Orbison, Eddie Cochran, Tina Turner, Tom Jones und die Rolling Stones unter Vertrag genommen. Die 7"-Single der Stones, die draußen im Schaufenster steht, stammt übrigens aus dem Hause Decca Records. Auch sie haben also neben einer sehr schlechten Entscheidung viele gute Entscheidungen getroffen. Das ganze Bild, Erik. Betrachte immer das ganze Bild. Oh, Tom Jones, zu ihm muss ich dir auch etwas erzählen.«

Der alte Mann hörte gar nicht mehr auf zu reden. Seine Augen funkelten vor Freude. Ich liebte es, ihm zuzuhören und seinen Geschichten zu lauschen, für die er so sehr brannte.

»Tom Jones muss ich dir nicht erklären. Musiker, Sänger, Showman, Legende, Sexsymbol, einfach ein Boss, von der Queen zum Ritter geschlagen und so weiter. Mehr kann man als Brite in der äußeren Welt nicht erreichen, okay? Also, Tom Jones hatte sein erstes Nummer-1-Album im Jahr 1968. Damals war er achtundzwanzig Jahre alt. Mit seiner Musik ganz oben in den Charts zu stehen, schaffte er dann erst wieder im Jahr 1999, also einunddreißig Jahre später im Alter von neunundfünfzig. Danach dauerte es weitere einundzwanzig Jahre, bis er das zum dritten Mal in seiner Karriere schaffte. Im April 2021 stieg Tom Jones mit seinem Album *Surrounded by Time* wieder auf Platz 1 der englischen Charts ein. Im Alter von achtzig Jahren. Was glaubst du, ist das Geheimnis eines so lange anhaltenden Erfolges? Es sind drei Punkte, aber verwechsle diese nicht mit den drei Daseinsprinzipien von gestern Abend.«

»Da muss ich kurz überlegen«, sagte ich und blickte in die Flammen, als würden sie die Antwort kennen. »Drei Punkte, ja? Dann sage ich: Talent, Disziplin und Feuer im Herzen.«

»Bravo, alles richtig«, applaudierte der alte Mann. »Zumindest ist nichts davon falsch. Ohne Disziplin geht es nicht, ohne Feuer im Herzen auch nicht, nur was das Talent angeht, da sage ich ganz klar, dass man nicht unbedingt Talent braucht, um große Erfolge zu erzielen. Nein, es braucht eine Leidenschaft, denn ob jemand talentiert ist, ist wieder nur ein Label, das von der äußeren Welt verliehen wird. Ganz oben in der Skala, bei den Besten der Besten, da macht es sicher den Unterschied aus, aber für 99,9 Prozent der Menschen spielt Talent nur eine zweitrangige Rolle. Wenn du fleißig und bereit bist, weite Wege zu gehen und für deinen Traum zu arbeiten, musst du von Gott nicht mit Talent gesegnet worden sein. Die drei Punkte auf meiner Liste heißen *Zeit, Durchhaltevermögen und Freude am Sein*. Erfolg hat stets der, der nicht schnell erfolgreich werden muss, sondern der, der liebt, was er tut, der Tag für Tag dankbar dafür ist, diese Tätigkeit ausüben zu dürfen. Monat für Monat. Jahr für Jahr. Ein Leben lang. Das ist das Geheimnis für ein erfolgreiches Leben, mein Junge. Du bist erst siebenunddreißig Jahre jung. Wenn alles gut läuft, liegen noch vierzig oder fünfzig, vielleicht sogar sechzig Jahre vor dir. Wie kann man bei so einer Aussicht denken, man habe sein Leben verkackt? So hast du es doch ausgedrückt, oder?«

Ich nickte und fühlte mich schlecht, da ich offenbar doch noch nicht alles verstanden hatte. Auf der Datenautobahn zwischen Herz und Verstand hatte es offenbar einen Stau gegeben und die Informationen waren noch nicht überall angekommen. Aber wie der alte Mann so schön gesagt hatte, ich hatte noch viel Zeit, um all das zu lernen.

»Wir haben gerade über die Oscar-Verleihung und alte Männer gesprochen«, redete der alte Mann weiter. »Dazu fällt mir eine weitere Geschichte ein. Eine Geschichte über Willenskraft und wahren Erfolg im Leben. Warte kurz, ich hole mir den Brief ins Bewusstsein. Den möchte ich dir vorlesen.«

Der alte Mann schloss seine Augen und öffnete in Gedanken wieder irgendwelche Schubladen. Er war wirklich der interessanteste und sonderbarste Mensch, den ich je getroffen hatte. Nach wenigen Atemzügen war er so weit.

»Kennst du Sidney Poitier?«, fragte er mich schließlich.

»Ja, der Name sagt mir was. Er ist ein Schauspieler, richtig?«

»Er war ein Schauspieler«, korrigierte mich der alte Mann. »Sidney Poitier ist am 6. Januar 2022 im Alter von vierundneunzig Jahren gestorben. Auch du kannst so alt werden, Erik. Vergiss das nicht. Das wären noch siebenundfünfzig Jahre von jetzt an. Ein ganzes Leben.«

»Ein ganzes Leben«, wiederholte ich leise.

»Also gut, hier kommt seine Geschichte«, begann der alte Mann wieder zu erzählen. »Im Januar 1943 verließ der kleine Sidney im Alter von fünfzehn Jahren seine völlig verarmte Familie in Nassau auf den Bahamas und machte sich auf den Weg in die Vereinigten Staaten, um ein besseres Leben für sich und seine Liebsten zu finden. Es folgten harte Monate mit schlecht bezahlten Jobs in Miami und unzählige Nächte im Freien, weil er sich keine Wohnung leisten konnte, während er sich langsam über die Stadtgrenze hinaus den weiten Weg bis nach Harlem durchschlug. Dort angekommen, gerade erst sechzehn Jahre alt geworden und nicht in der Lage, einen Job zu finden, der ihn über Wasser hielt, log er, was sein Alter angeht, und meldete sich bei der US-Armee, einfach nur, um einen Ort zum Schlafen und genug zu essen zu haben. Dort wurde er allerdings ein Jahr später wieder entlassen, weil sein Schwindel aufflog. Schon bald war sein erspartes Geld aufgebraucht und er stand kurz davor, endgültig aufzugeben. Da er verzweifelt war und nach Hause zurückkehren wollte, aber nicht einmal genug Geld für ein Ticket zusammenkratzen konnte, schrieb er diesen Brief an den damaligen Präsidenten Roosevelt und bat darin um ein Darlehen. Hör gut zu:

Lieber Präsident Roosevelt,
mein Name ist Sidney Poitier und ich befinde mich in den Vereinigten Staaten, genauer gesagt in New York City. Ich komme von den Bahamas. Ich würde gerne dorthin zurückkehren, aber ich habe kein Geld dafür. Ich würde mir deswegen gerne 100 Dollar von Ihnen leihen. Ich werde sie Ihnen natürlich sofort zurückschicken, wenn ich auf den Bahamas bin. Ich vermisse meine Mutter und meinen Vater, meine Brüder und Schwestern und mein Zuhause in der Karibik. Ich scheine mich hier in Amerika nicht richtig organisieren zu können, vor allem nicht bei dem kalten Wetter, und deshalb bitte ich Sie als amerikanischen Bürger, mir 100 Dollar zu leihen, damit ich nach Hause zurückkehren kann. Ich werde sie Ihnen zurückschicken, das verspreche ich, und wäre Ihnen für Ihre Hilfe sehr dankbar.

Ihr amerikanischer Mitbürger,
Sidney Poitier

Er erhielt keine Antwort. Also musste er in den USA bleiben und das Beste aus seiner Situation machen. Er schloss sich dem *American Negro Theater* an, übte jeden Tag, so viel er konnte. Er machte sich ganz langsam einen Namen als Schauspieler. Im Jahr 1963, also achtzehn Jahre nach seinem Brief an Präsident Roosevelt, wurde Sidney Poitier für seine Hauptrolle in dem Film *Lilien auf dem Felde* als erster Schwarzer mit einem Oscar als bester Schauspieler ausgezeichnet. Die höchste Auszeichnung, die man als Schauspieler bekommen kann. Zur Erinnerung: Er kam mit fünfzehn Jahren in ein fremdes Land, allein, ohne Geld, ohne Familie, ohne Beziehungen, nur mit seinen Kleidern am Körper … und schaffte das Unmögliche. Was für ein Kampfgeist. Was für eine Willenskraft. Was für eine Geschichte. Sidney Poitier hatte absolut keine Chance und hat trotzdem oder gerade deswegen einen unmöglichen Traum möglich gemacht. Erik, wann immer du glaubst, es schwer zu haben, wann immer du mit dir haderst, weil du glaubst, in der Vergangenheit falsche Entscheidungen getroffen zu haben, wann immer du schon kurz davor bist, deinen neuen Traum wieder zu begraben und in alte Muster zu verfallen, dann erinnere dich an diese Geschichte. Sidney Poitier musste ganz allein in einer fremden Welt zurechtkommen, du nur in einem neuen Leben.«

Bevor ich antworten oder auch nur über die Worte des alten Mannes nachdenken konnte, hörte ich, wie jemand durch die Ladentür kam. Eine Frau trat ein. Der alte Mann erkannte sie sofort, obwohl ein dicker Schal um ihren Kopf gewickelt war, und begann zu lächeln.

»Wer hat Lust auf frischen Apfelkuchen?«, rief sie in unsere Richtung und hielt dabei einen Pappkarton in die Luft.

»Apfelkuchen zum Frühstück?«, lachte ich und streckte sofort meinen rechten Zeigefinger nach oben, so wie früher in der Schule, wenn man ausnahmsweise eine Antwort wusste. »Das hört sich besser an als Knäckebrot!«, rief ich ausgelassen. Der alte Mann und ich blickten uns verschmitzt an.

»Na klar, es gibt nichts Besseres«, sagte die Frau und stellte den Karton auf dem Tresen ab. Dann befreite sie sich von dem Schal, ging an mir vorbei und fiel dem alten Mann quietschend um den Hals.

14

DIE NACHBARIN UND DER APFELKUCHEN

Ich legte neues Holz auf und ließ den alten Mann und die unbekannte Frau sich in Ruhe begrüßen. Zeit, um mir ein paar Gedanken über die Geschichten zu machen, die ich gerade gehört hatte und die noch immer in meinem Kopf nachhallten. Es stimmte. Ich hatte wirklich noch ein ganzes Leben vor mir. Zehn, zwanzig, dreißig, vierzig oder fünfzig Jahre sind eine Menge, wenn man jeden Tag davon in Dankbarkeit lebt, alle Gefühle auf dieser Reise zulässt und die Chancen ergreift, die sich einem immer wieder bieten. Und damit wurde ich vom Universum nun wirklich reichlich beschenkt. Das begriff ich nun. Ich konnte genauso neu anfangen, wie ich damals nach der Schule neu angefangen hatte. Was sollte schon passieren? Die Voraussetzungen, die ich in diesem Leben mitbekommen hatte, waren nahezu optimal, auch wenn ich das lange nicht so sah oder nicht wahrhaben wollte. Ich hatte genug Geld auf dem Konto, um meine Rechnungen zu bezahlen, ein Dach über dem Kopf, ein warmes Bett, einen vollen Kühlschrank und einen gesunden Körper. Welch Privileg in einer Welt, in der Millionen Menschen nichts von alldem auch nur für einen einzigen Tag haben werden. Ich musste auch nicht vor einem Krieg fliehen oder wegen meiner Hautfarbe, Religion oder sexuellen Orientierung um mein Leben fürchten. Ich konnte öffentlich sagen, was ich wollte, und tun, was ich wollte, ohne dass mir Konsequenzen für mein Leben drohten. Allein deswegen zählte ich zu den reichsten Menschen der Welt. Dass ich die letzten Jahre meines Lebens unglücklich war und all das Gute, das schon längst da war, nicht sehen konnte, kam mir plötzlich wie Verrat vor – Verrat dem Leben selbst gegenüber.

»Na, worüber grübelst du nach?«

Die unbekannte Frau ließ sich in den Sessel neben mir fallen, wo sonst der alte Mann saß, und atmete tief ein und aus.

»Über mein Leben«, sagte ich und sah sie an.

»So schlimm?«, fragte sie.

»Na ja, es geht«, sagte ich und warf zur Ablenkung einen kleinen Holzspan ins Feuer. »Ich heiße Erik. Hi.«

»Und mein Name ist Ella«, lächelte sie.

»Und was machst du hier, Ella?«, fragte ich.

»Das Gleiche könnte ich dich auch fragen«, sagte sie und machte eine kurze Pause. Dann grinste sie und sagte: »Also, ich bringe Apfelkuchen vorbei. Was ist dein Grund?«

»Puh, wenn ich das nur so genau wüsste. Apropos Apfelkuchen, was ist damit passiert?«

»Keine Sorge«, lachte sie. »Der alte Mann hat ihn mit in die Küche genommen und kurz in den Ofen geschoben, damit er schön warm bleibt. Außerdem wollte er Kaffee aufsetzen.«

»Du nennst den alten Mann auch ›alter Mann‹?«, fragte ich verwundert.

»Na klar, jeder tut das.«

»Interessant«, sagte ich leise. »Du bist also nicht seine Tochter?«

»Und du nicht sein Sohn?«, fragte sie augenzwinkernd zurück.

»Nein, bin ich nicht«, schüttelte ich mit dem Kopf.

»Dann haben wir das ja geklärt«, lachte sie.

»Woher kennst du den alten Mann?«, fragte ich nach einer kurzen Pause.

»Ach, das ist eine lange Geschichte.«

Ich nickte und sagte: »Das glaube ich dir gern.«

»Sagen wir so: Ich war auf der Flucht vor mir selbst und bin über etliche Umwege hier gelandet und, na ja, bin geblieben.«

»Du bist einfach so geblieben?«, fragte ich.

»Ja, bin ich. Genauer gesagt, bin ich nicht geblieben, sondern zurückgekommen.«

»Willst du's mir erzählen?«, fragte ich.

»Hast du heute denn noch was vor?«, grinste sie.

»Eigentlich nicht«, sagte ich.

»Also, wo fange ich da an?«, sagte sie und fuhr sich mit beiden Händen durch ihre wuscheligen Haare. »Ich bin in der Stadt aufgewachsen, war immer ein Big City Girl. Du weißt schon, was ich meine.«

Ella sah zu mir rüber und ich nickte, auch wenn ich nicht zu 100 Prozent wusste, was sie darunter verstand. Ich wollte sie mit einer Nachfrage aber nicht unterbrechen und aus dem Fluss bringen, sondern ihr einfach nur zuhören.

»Na ja, meine Eltern sind früh bei einem Autounfall ums Leben gekommen, was mir damals echt den Boden unter den Füßen weggerissen hat, wie du dir sicher vorstellen kannst. Auf einen Schlag war ich ganz allein, bin ziellos umhergeirrt und habe mich treiben lassen, von Party zu Party, einfach nur, um nichts fühlen oder gar entscheiden zu müssen. Dann bin ich schwanger geworden, mit zweiundzwanzig, von einem Mann, der doppelt so alt war wie ich und den ich kaum kannte. Er wollte das Kind nicht, ich schon. Ich dachte, eine neue Familie zu gründen, würde mir vielleicht Halt geben, eine neue Perspektive, und zurückbringen, was ich verloren hatte. Ich war einfach jung, dumm und naiv.«

Als Ella aufhörte zu reden, sagte ich: »Um alt, klug und weise zu werden, muss man vorher jung, dumm und naiv gewesen sein. Ich spreche da aus Erfahrung. Und dann, wie ging es weiter?«

»Es ging so weiter, dass mein Ex mit der Schwangerschaft das Interesse an mir verlor, wenn es überhaupt je vorhanden war, und ich nicht sehen wollte, was offensichtlich war. Ich wollte mein Glück erzwingen und verlor damit auch das letzte bisschen Selbstwertgefühl, das noch vorhanden war. Anstatt meine Wunden zu heilen, kamen immer wieder neue dazu. Wann immer ich versuchte, Licht in mein Leben zu bringen, kam mein Ex und knipste es wieder aus. Alles musste nach seinen Regeln laufen und da ich zu schwach war, ließ ich mich von ihm kleinhalten. Er hat meine Träume und Ideen nie verstanden, hat meine Vorstellung von Glück nie geteilt und mich nie so gesehen, wie ich mich sehe. Anstatt mir aufzuhelfen, hat er versucht, mich zu brechen, was ihm aber nicht gelungen ist. Ein Satz hat mir dabei die Augen geöffnet.«

»Ach, ja? Wie hieß er?«

»Wenn alles schiefläuft und dein Leben der Hölle gleicht, bleib nicht stehen, sondern geh einfach weiter.«

»Diesen Satz habe ich vor Kurzem so ähnlich auch schon mal gehört«, sagte ich und dachte kurz über den gestrigen Tag nach. Eine Melodie setzte ein. Ich wusste nicht, woher sie kam, aber ich hörte sie genau. Ein Piano begann zu spielen, dann sang ich wie von selbst leise den Refrain mit: »*Hey, sei nicht so hart zu dir selbst. Auch wenn dich gar nichts mehr hält. Du brauchst nur weiterzugeh'n. Komm nicht auf Scherben zum Steh'n.*«

»Das ist wunderschön«, sagte Ella und sah mich mit großen Augen an. »Hast du das etwa gerade erfunden?«

»Nein, ich kann es mir auch nicht erklären, aber plötzlich habe ich in meinem Kopf dieses Lied gehört«, sagte ich. »Und es läuft immer noch. Es stammt von Andreas Bourani, einem Musiker aus Deutschland, und heißt *Hey*. Es muss irgendwie aus meinem Unterbewusstsein aufgetaucht sein. Verrückt.«

»Das muss an diesem Ort hier liegen«, sagte Ella und zuckte mit den Augenbrauen. »Er ist magisch, wie du sicher weißt. Und, läuft das Lied noch?«

Ich nickte und sang leise weiter: »*Wenn die Angst dich in die Enge treibt. Es fürs Gegenhalten nicht mehr reicht. Du es einfach grad nicht besser weißt. Dann sei. Es geht vorbei.*«

»Es geht vorbei«, nickte Ella. »Wow, so ein schönes Lied. Ich werde es mit auf meine Playlist nehmen. Danke für den Tipp.«

Ich fühlte mich wie der alte Mann und konnte nun ein bisschen besser verstehen, warum er an diesem Ort lebte und sein Leben der Musik widmete.

»Weißt du«, erzählte Ella weiter, »wenn du tief im Schmerz feststeckst, dann siehst du manchmal den Wald vor lauter Bäumen nicht. Wenn du logisch darüber nachdenkst, ist es völlig klar. Warum solltest du auch an einem Ort bleiben, der nicht gut für dich ist? Heute würde ich jedem Menschen sagen: Atme ein, atme aus und geh beherzt weiter, direkt durch den Schmerz durch!«

»Oder höre Andreas Bourani«, scherzte ich.

»Oder höre Andreas Bourani«, wiederholte sie ebenfalls mit einem Lächeln im Gesicht. »Aber damals, als es um mich ging, war diese Erkenntnis ganz weit weg.«

»Was war der Wendepunkt?«, fragte ich.

»Eines Nachts bin ich aufgewacht und hatte eine Eingebung. Ich weiß auch nicht, wie ich das anders beschreiben soll. Es war, als hätte eine kosmische Energie im Schlaf zu mir gesprochen. Ich ging in das Kinderzimmer meiner Tochter, die friedlich in ihrem Bettchen schlief, nahm ein Blatt Papier und ihre Box mit Buntstiften, ging ins Bad, setzte mich dort auf den Boden und fing an, das hier aufzuschreiben. Warte, ich zeig's dir. Ich habe ein Foto davon.«

Ella holte ihr Handy aus der Hosentasche und scrollte eine Weile durch ihre Fotoalben. Dann lächelte sie, nickte zufrieden und reichte mir das Gerät rüber.

»Das habe ich vor sechs Jahren aufgeschrieben.«

Ich betrachtete das Bild, das voll mit wunderschönen Bleistiftskizzen war: zwei Menschen, die auf einer Blumenwiese liegen, Pferde, Vögel und ein Wasserfall, Berge, Bäume, hier und da gab es einen leichten Farbklecks, und in der Mitte stand als Gedicht geschrieben:

Wenn du glaubst, dass nichts mehr geht
und deine Welt zusammenbricht,

dann erinnere dich, weshalb du hier bist
und was wirklich der Wahrheit entspricht:

1. *mein Weg ist noch lange nicht vorbei*
2. *meine Träume sind noch nicht erloschen*
3. *meine Welt bricht nicht zusammen (auch wenn es sich so anfühlt)*
4. *ich mache gerade die wertvollste Erfahrung meines Lebens*
5. *ich nutze sie als Motivation und Warnung für alles, was noch kommt*
6. *ich betrachte diese Situation als Prüfung*
7. *ich vertraue darauf, dass am Ende alles einen Sinn ergibt*
8. *und gehe einfach weiter*
9. *und wachse an dieser Aufgabe*
10. *und bin dankbar, weil ich spüre, dass alles gut wird*

Ich las mir das Gedicht und die zehn Punkte noch ein zweites Mal durch und dann noch ein drittes Mal. Ich wusste nicht, wie ich reagieren oder was ich sagen sollte. Ich war sprachlos, beeindruckt und überwältigt zugleich.

»Das ist von dir?«, fragte ich schließlich.

»Ja«, antwortete Ella.

»Auch die Zeichnungen?«

»Ja«, sagte sie.

»Wow, ich finde es wunderschön. Ich habe richtig Gänsehaut. Es passt alles zu deiner Geschichte.«

Ich gab Ella ihr Handy zurück.

»Seit dieser Nacht hat mich die Hoffnung auf ein gutes Ende meiner Geschichte und das meiner Tochter immer getragen. Ich fühlte auf einmal ganz tief in mir, dass mein Weg so nicht enden sollte. Und zum ersten Mal in meinem Leben habe ich die Kraft gespürt, zu mir zu stehen und eine Entscheidung zu treffen, ohne dafür um Erlaubnis zu fragen oder dafür Rechenschaft ablegen zu müssen. Ich glaube, dass mein Schutzengel sehr froh war, dass ich endlich ihre Sprache verstand und ihre Botschaft hörte. Früher habe ich oft zu mir gesagt *Irgendwann wird es schon besser* oder *Eines Tages wird alles anders.* So habe ich gedacht, habe die Verantwortung weit weggeschoben, bis mir klar wurde, dass *irgendwann* und *eines Tages* keine echten Tage sind und niemals in meinem Lebenskalender auftauchen werden. Montags, dienstags, mittwochs, donnerstags, freitags, samstags, sonntags – nur an diesen Tagen kannst du deine Richtung wechseln und neue Entscheidungen treffen. Also habe ich meine Tochter noch in der gleichen Nacht ins Auto gepackt und bin einfach drauflosgefahren. Stundenlang. Ohne Ziel.«

»Wahnsinn, das war irgendwie unvernünftig und mutig zugleich. Ich weiß nicht, was ich sonst sagen soll. Ich will dich auch gar nicht unterbrechen. Erzähl bitte weiter. Ich will unbedingt wissen, was dann geschah. Ihr seid durch die Nacht gefahren und …«

»… und haben dabei immer wieder das gleiche Lied gehört«, sprach Ella weiter. »Also, ich habe es gehört, rauf und runter, rauf und runter, ganz leise. Meine Kleine saß ja hinten und hat geschlafen. Gott, ich weiß nicht, wie oft ich diesen Refrain damals im Geiste mitgesungen habe: *If I only could make a deal with god, and I'd get him to swap our places. Be running up that road, be running up that hill, with no problems.* Einmal sang ich sogar laut mit und blickte nach hinten: Meine Tochter war aufgewacht und schaute mich ganz ernst an und hielt ihre Hände so, als ob sie Beifall klatschen wollte. Sie hatte sich nach vorn gelehnt und lächelte plötzlich, um sich in der nächsten Sekunde wieder zurückzulehnen und weiterzuschlafen.«

»Du kannst nicht nur Gedichte schreiben und zeichnen, du kannst auch noch singen, wie mir scheint«, sagte ich beeindruckt.

»Ach, jeder kann singen«, lachte Ella. »Die meisten trauen sich nur nicht. In meinem alten Leben hätte ich das niemals gemacht, ich wäre vor Scham im Boden versunken, aber jetzt ist zum Glück alles anders. Ich liebe Kate Bush. Ihr Song hat alles verändert.«

»Die Kraft der Musik«, sagte ich.

»Die Kraft der Musik«, nickte Ella und machte eine Handbewegung, um uns erneut daran zu erinnern, an welchem Ort wir uns hier befanden.

»Du hast also, wie in dem Lied, einen Deal mit Gott gemacht?«, fragte ich weiter.

»Nicht direkt, nicht bewusst«, antwortete Ella. »Es war eher so, als hätte ich während der Autofahrt ein Gespräch geführt und irgendwann fiel in dieser Unterhaltung ein Satz, der mich aufhorchen ließ: *Ich würde sofort für mein Kind sterben.* Ja, das waren die Worte, die mein Herz höher schlagen ließen. Hast du Kinder, Erik?«

»Noch nicht«, sagte ich.

»Und willst du?«, fragte sie.

»Ich glaube, ich wäre ein guter Vater«, sagte ich.

»Aber?«, fragte sie nach.

»Kein Aber, ich habe einfach noch nicht die Richtige gefunden. Nicht die richtige Frau, aber auch nicht die richtige Zeit.«

»Aber wenn du sie gefunden hättest, die Frau, meine ich, würdest du dann Babys machen wollen?«

Ella ließ nicht locker.

»Ich kann es dir nicht sagen«, antwortete ich, »aber ich werde es dich wissen lassen, wenn es so weit ist. Einverstanden?«

»Einverstanden«, lachte sie und erzählte weiter, wobei sich ihre Tonlage sofort wieder änderte. »Ich hörte also immer wieder diesen Satz, der aus meinem Mund kam: *Ich würde sofort für mein Kind sterben.* Vermutlich würden die meisten Eltern so entscheiden, sie würden, ohne darüber nachzudenken, ihr Leben opfern, damit ihr Kind weiterleben kann. Aber dann dachte ich darüber nach: Wie wahrscheinlich ist es, dass man jemals in so eine Situation gerät? Außer in Filmen passiert das doch eher selten. Anstatt sich also zu fragen, ob man für sein Kind sterben würde, stellte sich mir eine viel bessere Frage: *Wäre ich auch bereit, für mein Kind zu leben? Würde ich alles tun, um für mein Kind physisch wie seelisch gesund zu sein? Würde ich alles Störende beseitigen, um voll und ganz für mein Kind da sein zu können? Wäre ich bereit, neue Entscheidungen zu treffen, um die Zeit mit meinem Kind bewusster zu erleben?* Und schließlich die eine Frage, die mir im positiven Sinne fast die Luft zum Atmen nahm: *Wäre ich bereit, mich selbst wieder so sehr zu lieben, um ein gutes Vorbild für mein Kind zu sein und ihr somit immer reichlich Liebe geben zu können?* Sterben müsste man für sein Kind nur einmal. Leben aber kann man für sein Kind jeden Tag. Und nur darauf würde es ankommen. Tja, mit diesen Gedanken kam ich damals hier an.«

»Ich kann dich gut verstehen«, sagte ich. »Jedenfalls kann ich mir genau vorstellen, wie du dich gefühlt hast. Und dann, wie ging es weiter?«

»Ich hatte bei all den Gesprächen mit meinem Schutzengel nicht auf die Tankanzeige geachtet, hatte irgendwann kaum noch Benzin und kam auch meilenweit an keiner Tankstelle vorbei. Mein Auto blieb dann einfach am Straßenrand liegen. Ich nahm meine Tochter auf den Arm, es dämmerte bereits, die Vögel zwitscherten und begrüßten den neuen Tag. Und rate mal, welches Lied lief, als wir durch diese Tür da vorn traten?«

»Wenn du schon so fragst, dann kann es nur ein Lied sein: *Running Up That Hill.*«

»Ganz genau«, sagte sie.

»Mich wundert das ja nicht mal. Hier wundert mich gar nichts mehr. Mir ist gestern das Gleiche passiert wie dir vor einigen Jahren.«

»Was war dein Song?«, fragte Ella und zeigte auf den Plattenspieler.

Ich lächelte und sagte: »*You Can't Always Get What You Want* von den Rolling Stones.«

»Diese Geschichte würde ich eines Tages gerne mal hören«, sagte sie.

»Eines Tages ist kein Tag«, antwortete ich und stand auf, um im Achtzigerjahre-Pop-Regal nach Kate Bush zu suchen. Jetzt war ich es, der für einen anderen Menschen eine Platte auflegte, und nicht der alte Mann.

»Lass uns kurz Musik hören«, sagte ich und ging mit einer schwarzen 12“Maxi-Single an ihr vorbei, legte die Platte auf, drückte auf Play und setzte mich wieder neben sie in den Sessel.

»Musik ist die Sprache der Engel«, lächelte Ella, »und dieser Song ist definitiv das Lieblingslied meines Engels. Durch ihn habe ich ihre Sprache endlich verstanden. Jedes Mal, wenn ich den Song höre, kommen all die Bilder und Emotionen zurück, die ich damals durchlebt habe. Ich habe den Song echt lange nicht mehr gehört, fällt mir gerade auf.«

»Das ist doch ein gutes Zeichen, wenn du den Song lange nicht mehr gehört hast, denn das heißt ja, dass dein Engel nicht mehr viel Arbeit mit dir hat.«

»Tja«, lächelte Ella und zog ihre Augenbrauen hoch. »Wunden können heilen.«

»Wie ging es dann weiter?«, fragte ich.

»Ich saß da, wo du gerade sitzt, wir hörten Musik und der alte Mann erzählte mir die Geschichte des ältesten Mannes Griechenlands, der schon weit über hundert Jahre alt war, und wie er von einer Tageszeitung von Kreta, wo er lebte, gefragt wurde, was er über Glück und das Leben dachte. Seine Antwort hat mich damals zum Nachdenken gebracht, denn er sagte: ›Das Geheimnis meines glücklichen Lebens liegt in der Schlichtheit. Ich wohne in einem kleinen Haus und sitze jeden Tag in der Sonne meines Gartens. Oliven, Käse, ein bisschen Brot und Wein, die Natur und ein gutes Gespräch mit den lieben Nachbarn. Mehr brauche ich nicht.‹ Diese Worte haben damals mein Herz tief berührt und ich weiß, dass es vielen Menschen ähnlich geht. Ich hatte meine Tochter immer noch im Arm, sie schlief friedlich und ich schaute sie dabei an. Große Ziele und Ambitionen zu haben, das ist nicht verkehrt, aber manchmal führen sie einen auch in die Irre. Es lohnt sich wirklich sehr, hin und wieder still dazusitzen, sein Kind oder eben die Natur zu beobachten und sich zu fragen:

Was genau brauche *ich* eigentlich, um ein glückliches Leben zu führen, und was kann weg?«

Ich stand auf, um die Platte wieder in ihre Hülle zu schieben und zurück an ihren Platz zu stellen. Ich wiederholte ihre Frage in Gedanken.

»Und, hast du eine Antwort auf deine Frage gefunden?«, fragte ich und setzte mich auf den Tresen, genau wie der alte Mann es gestern so oft gemacht hatte.

»Die habe ich, Erik«, lächelte sie über beide Ohren. »Ich male wieder. In jener Nacht, in der mein Engel zu mir sprach und ich das Bild zeichnete, das ich dir vorhin gezeigt habe, da wurde mir erst klar, wie sehr mir das Malen fehlte. Und das Schreiben. Als Kind habe ich den ganzen Tag so meine Gefühle ausgedrückt. Noch bevor ich in die erste Klasse kam, noch bevor ich richtig schreiben konnte, habe ich mir bereits Geschichten ausgedacht und anhand von Bildern kleine Storyboards erstellt und sie zu Collagen zusammengeklebt. Später kam dann der Computer dazu. In welchen Phasen meines Lebens ich auch war, ich habe immer einen Stift, einen Pinsel, eine Schere und Kleber in der Hand gehabt. Während der Schulzeit habe ich mich jeden Tag darauf gefreut, nachmittags für zwei oder drei Stunden am Schreibtisch zu sitzen und mir irgendwas ausdenken zu dürfen. Die Malerei und das Schreiben gehören zu meinem seelischen Gleichgewicht einfach dazu. Das fiel mir aber erst auf, als ich nach einer langen Pause wieder damit angefangen habe.«

»Was schreibst du denn?«, fragte ich.

»Kinderbücher«, sagte sie stolz. »Und ich illustriere sie auch selbst. Und mein eigener Verlag bin ich auch. Alles aus einer Hand.«

»Das klingt wahnsinnig toll«, sagte ich. »Darf ich fragen, ob du davon leben kannst?«

»Darfst du«, lächelte Ella. »Ja, wir können davon leben. Ich verkaufe im Schnitt etwa zwanzig Bücher am Tag, mal mehr, mal weniger, aber um mein Geschäftsmodell richtig zu verstehen, müsstest du die ganze Geschichte kennen. Ich betreibe nämlich auch noch eine kleine Bäckerei und einen Pferdehof, auf dem Kinder Urlaub machen können.«

»Wie bitte?«, sagte ich verblüfft und staunte nicht schlecht.

»Selfmade, Honey«, lachte Ella.

»Wow, ich bin mehr als beeindruckt«, sagte ich und applaudierte.

»Danke, danke. Aber um zurück in meine Kraft zu kommen, musste ich erst mal herausfinden, was mir überhaupt Freude macht im Leben, denn das hatte ich komplett vergessen. Der alte Mann hat mir dann geholfen, mich zu erinnern. Außer dem Schreiben und Malen gab es nämlich noch das Backen. Stundenlang habe ich als Kind an den Wochenenden mit meiner Oma in der Küche verbracht, um neue Rezepte zu erfinden. Ich habe es geliebt. Und natürlich das Reiten. Ich liebe Pferde. Schon immer. Schreiben, Malen, Backen und Pferde. Das stand am Ende des Tages dann auch auf meinem Wunschzettel. Very girly, I know. But I am what I am.«

»Und jetzt machst du genau das«, sagte ich und war tatsächlich erstaunt. »Aber wie hast du das hinbekommen?«

»Das klingt so einfach, wenn ich das erzähle, aber glaube mir, das war es nicht. Ich musste mich mit meinem Ex, der ja immer noch der Vater unserer Tochter ist, herumschlagen. Der mit ganz neuer Kraft versuchte, erneut meine Träume kleinzureden, meine Leidenschaften als egoistisch abzutun, der plötzlich ein ganz großes Interesse an der Kindererziehung unserer Tochter zeigte, was vorher nie so richtig zum Vorschein kam. Ich musste einen Weg finden, mit ihm zurechtzukommen, um unserem Kind zu ermöglichen, weiterhin eine Bindung zu ihm haben zu können. Das war so verdammt schwer, denn ich hatte ja keine Perspektive oder Unterstützung, sondern nur eine Vision über mein Leben, wie es sein *könnte*. Und Goliath auf der anderen Seite, der diese Vision gerne vernichten wollte.«

Ella machte eine Pause, in der sie sich gedankenversunken ein Stück Knäckebrot in den Mund schob. Dann sprach sie kauend weiter: »Ich habe lediglich eine Chance gesehen, an der ich früher arglos vorbeigelaufen wäre, und habe mich etwas getraut, was früher undenkbar für mich gewesen wäre. Als ich damals hier im Plattenladen saß, da kam eine alte Dame herein, eine gute Freundin des alten Mannes, und wir unterhielten uns. Wir haben uns auf Anhieb super verstanden, haben zusammen Tee getrunken und geplaudert. Da erzählte sie mir, dass ihr Mann vor einiger Zeit gestorben sei und es nun diesen Hof gäbe, der leer stünde. Sie wohnte selbst längst in einer praktischen Wohnung hier im Ort, aber der Hof, den ihre Eltern gebaut hatten, wo sie aufgewachsen war und der außerhalb an einem kleinen See liegen würde, stünde zum Verkauf. Die alte Frau hatte etliche Angebote auf dem Tisch, von Maklern und großen Immobilienfirmen aus dem ganzen Land, aber sie fühlte sich unwohl dabei. Ich fragte sie, ob sie meiner Tochter und mir den Hof zeigen wolle. Sie muss gewusst haben, dass ich keinerlei Mittel hatte, es war sinnlos, sie nach einer Besichtigung des Hofes zu fragen, denn so oder so hätte ich es mir niemals leisten können. Aber ich fragte trotzdem. Und wir fuhren hin.«

»Kam der alte Mann mit?«, fragte ich.

»Er hat das Auto gefahren, meins hatte ja einen leeren Tank«, schmunzelte sie. »Er ist sehr langsam gefahren, daran erinnere ich mich noch genau.«

»Wie bitte? Und zu mir hat er gesagt, er habe gar kein Auto. Dieser Schwindler! Aber egal. Erzähl weiter.«

»Als wir dort ankamen, spürte ich sofort, dass das meine neue Heimat sein könnte. Ich kann es mit Worten nicht beschreiben. Durch mich schoss einfach ein ganz intensives Gefühl von Glück. Ich muss erwähnen, dass das Haus alles andere als gut in Schuss war. Man musste da eine Menge Zeit und Geld reinstecken, aber als ich die Wiese neben dem Haus sah, mit all den Obstbäumen – alte Sorten, die noch richtig schmecken –, da fühlte ich es einfach. Und ich sah in Gedanken, wie die Pferde, die es natürlich noch nicht gab, glücklich auf der Koppel umherliefen. Ja, so sollte meine Tochter aufwachsen. Die spielte schon fröhlich auf der Wiese und machte Purzelbäume. Ich erzählte der alten Frau von meiner Idee, dort eine kleine Backstube zu errichten, in der ich aus dem Obst des Gartens Apfelkuchen, Pflaumenkuchen, Marillenkuchen und Birnenkuchen backen würde. Je nachdem, was die Bäume so hergeben würden. Und dass man dort Kindern das Reiten beibringen könnte und dass ich hier generell einen magischen Ort schaffen würde, wo Familien ihre Sommerferien verbringen könnten. Ich erzählte ihr, wie ich morgens die Kuchen backen und abends im Garten sitzen würde, um meine Kinderbücher zu schreiben, und wie ich diesen Hof ganz in ihrem Sinne weiterführen würde. Ich machte mir ehrlich gesagt keine Hoffnungen, denn, wie gesagt, ich hatte kaum Geld, nur meine ernst gemeinte Leidenschaft und meine ehrliche Freude an dem Ort. Ich dachte nicht nach, sondern plauderte einfach drauflos. Und was soll ich sagen: Die alte Dame hatte ein gutes Gefühl, und da sie auf das Geld nicht angewiesen war, nannte sie mir einen Preis und ich setzte alle Hebel in Bewegung, um ihn zahlen zu können. Ich lieh mir Geld, suchte mir einen Nebenjob und fing an, selbst Hand anzulegen, um das Haus wieder in Schuss zu bekommen. Man kann sagen, dass ich das Haus nicht mit Geld, sondern viel mehr mit Ehrlichkeit und Leidenschaft gekauft habe.«

»Und weil die alte Frau fühlte, dass ihr Haus bei dir in guten Händen ist und etwas Sinnvolles damit gemacht wird. Lebt sie denn noch?«

»Na klar, ich habe ihr gerade eben einen frischen Apfelkuchen vorbeigebracht, wie jede Woche.«

»Ich denke, in dieser Situation hast nicht nur du gewonnen, sondern auch die alte Dame. Geld schmeckt auch nicht so gut wie selbst gebackener Apfelkuchen, der auch noch persönlich vorbeigebracht wird. Es gibt Dinge, die einen größeren Wert haben, und an Menschlichkeit kannst du eben kein Preisschild hängen. Das vergessen so viele Menschen nur. Ich darf mir da gerne an die eigene Nase fassen.«

»Von Mensch zu Mensch. Das ist wirklich eine Lebensformel, an die man sich immer wieder erinnern sollte. Ich bin also zurück in die Stadt, mit meinem Konzept, Bildern vom Haus, meinem Ersparten und Geliehenen und habe bei meiner Bank einen Kredit aufgenommen. Denn auch da saß am Ende ein Mensch. Mein Ex war da schwerer zu überzeugen. Er ist es bis heute nicht, aber wir haben einen Weg gefunden, miteinander zurechtzukommen. Meine Tochter und ich sind dann sehr schnell hierhergezogen und na ja, das war dann der Anfang meines neuen Lebens.«

»Ich kann dir nur gratulieren«, sagte ich.

»Das erste Jahr hier war das anstrengendste meines Lebens. Ich habe das Haus ja fast komplett in Eigenregie renoviert, mit kleinem Kind, mit Nebenjob, mit der neuen Verantwortung und allem Drum und Dran.«

»Echt jetzt? Hattest du denn Vorkenntnisse? Ich meine, bist du handwerklich begabt?«

»Ich sag nur: YouTube-Tutorials«, lachte Ella.

»Ist nicht dein Ernst«, lachte ich zurück und konnte es fast nicht glauben. »Du hast Mut. Das muss man dir lassen. Wahnsinn, was für eine Story, vor allem, weil du ein kleines Kind hast. Die Stimme der großen Unbekannten muss immens laut gewesen sein.«

»Ah, der alte Mann hat dir auch von der großen Unbekannten erzählt. Natürlich hat er das. Ja, das war sie und manchmal fühlte ich mich so allein, dass ich wirklich dachte, die falsche Entscheidung getroffen zu haben. Weißt du, was ich dann gemacht habe? Ich bin einfach von Haus zu Haus und Laden zu Laden und Nachbar zu Nachbar gegangen. Ich meine, die Leute hatten natürlich schon alles mitbekommen, es ist ja ein kleiner Ort. Ich habe trotzdem geklingelt und mich vorgestellt. Überall habe ich erzählt, wer wir sind, was ich vorhabe und dass ich sehr große Mühe hätte, dieses Haus in Schuss zu kriegen. Ich war freundlich, verletzlich, aber vor allem war ich ehrlich. Du glaubst nicht, wie viele Menschen sofort bereit waren, mir zu helfen – mit Werkzeug, Material, Telefonnummern, Beziehungen oder auch ihrer Zeit und Arbeitskraft. Das hat mir wirklich den Glauben an das Gute im Menschen zurückgegeben.«

»Manchmal muss man einfach nur fragen«, sagte ich.

»Und sich verletzlich zeigen«, sagte Ella. »Das habe ich vom alten Mann gelernt. Ich glaube, dass das am Ende wirklich entscheidend war. Nichts vorgaukeln, nichts darstellen, was man nicht ist, sondern ehrlich und offen sein. So habe ich nicht nur die Herzen der Menschen hier erobert, sondern auch mein eigenes zurückgewonnen.«

»Das klingt wunderschön. Danke dafür, Ella.«

»Ich habe so viel über mich gelernt, Erik. Ich meine, ich wollte nie an so einem Ort wohnen, bis ich plötzlich davorstand. Nach einem Jahr habe ich dann ein großes Fest gemacht, habe alle Menschen aus dem Ort eingeladen und für alle Kuchen gebacken. Auch in den Wochen danach bin ich immer wieder zu den Menschen, die mir geholfen haben, und habe frischen Kuchen vorbeigebracht. So kannte irgendwann jeder hier im Ort meinen Namen und der Ruf meines leckeren Kuchens zog in der Region seine Kreise. Es kamen immer mehr Anfragen für Geburtstage und Feste und wann immer ich heute frisch gebackenen Kuchen habe, stehen die Menschen vor der Backstube Schlange, obwohl wir etwas außerhalb des Dorfes liegen. Zugegeben, ich backe nicht in Massen, so bleibt mein Kuchen immer etwas Besonderes. Mittlerweile habe ich ein kleines Team und auch einen süßen Pop-up-Store hier am Marktplatz, den ich mir mit der Eisdiele teile, aber als ich anfing, gab es nur mich. Ich wollte einfach wissen, wozu ich fähig bin. Es war zwar anstrengend und das ist es bis heute, denn ich habe ja immer noch ein Kind, mehre Jobs, viele Träume und bin alleinerziehend, aber ich habe es geliebt und liebe es immer noch.«

»Wenn ich dir so zuhöre, will ich sofort dein Nachbar werden«, lachte ich und warf neues Holz ins Feuer. »Ohne Witz, das hört sich alles nach einem riesengroßen Traum an. Und deine Kinderbücher? Wie hast du es mit ihnen gemacht?«

»Gemalt, gezeichnet und geschrieben habe ich immer abends, wenn alles ruhig war. Ganz konzentriert für zwei bis drei Stunden, jeden Tag. Bis heute mache ich das so.«

»Und wie hast du es geschafft, sie zu verkaufen? Ich habe auch mal ein Buch geschrieben und weiß, wie schwer das ist und wie viel Arbeit und Zeit man da reinstecken muss. Und ich habe das Buch bei einem großen Verlag veröffentlicht, du machst auch das selbst. Wie geht das, Ella?«

»Wie das geht?«, wiederholte sie meine Frage und atmete lange aus. »Mit sehr viel Fleiß, noch mehr Mut und der Bereitschaft, viele, viele, viele Kilometer zu fahren, um dann immer wieder ein Nein zu hören, und trotzdem weiterzumachen.«

»Erklär mir das!«, sagte ich und brannte darauf, ihr Geheimnis zu erfahren.

»Ich hatte drei fertige Geschichten. Ich schreibe und illustriere ja Kinderbücher, die auch für Erwachsene geeignet sind, das heißt, man kann sie sowohl einem Kind als auch einem Erwachsenen schenken. So habe ich schon mal eine größere Zielgruppe, was es ein bisschen leichter macht.«

»Trotzdem musst du sie erst mal verkaufen und zwanzig Stück am Tag sind 7300 Bücher pro Jahr. Ich habe das vorhin schon im Kopf durchgerechnet. Das ist richtig viel, vor allem, wenn du den Gewinn nicht teilen musst. Also, wie hast du das geschafft?«

»Ja, den Gewinn muss ich nicht teilen, aber ich trage auch alle Ausgaben und somit das Risiko selbst. Aber um zurück zu deiner Frage zu kommen: Eigentlich wollte ich mit meinen Geschichten zu einem richtigen Verlag gehen und ich habe mich auch bei vielen Verlagen beworben, wurde aber von allen abgelehnt. Irgendwann hatte ich sogar eine Lektorin am Telefon, die total nett war, mir aber sagte, dass ihr Verlag keine unbekannten Autorinnen mehr unter Vertrag nehmen würde und dass die anderen Verlage das ähnlich handhaben würden. Die Zeiten hätten sich eben geändert. Also habe ich mir mit diesen neuen Informationen neue Gedanken über meine Situation gemacht und es schließlich selbst durchgezogen.«

»Aber wie, Ella?«, bohrte ich nach.

»Als ich endlich eine gute Druckerei gefunden hatte, wollte ich eigentlich mit einem Buch starten und erst mal sehen, wie es anläuft. Aber dann bin ich mit dem freundlichen Mann, dem Chef der Druckerei, die Herstellungskosten durchgegangen und mir wurde klar: Je mehr Stückzahlen ich in Auftrag geben würde, desto weniger musste ich pro Buch bezahlen. Ich dachte kurz darüber nach und sagte mir: Wenn schon, denn schon! Und bestellte von allen drei Büchern tausend Stück. Ich habe einfach auf mich gewettet.«

»Du bist ja verrückt«, sagte ich.

»Das fand der Mann aus der Druckerei auch, denn er hat eigentlich alles getan, um mir das auszureden, obwohl er ja gut daran verdient hätte. Ich weiß noch genau, wie er mir am Telefon sagte: Wissen Sie, wie viel tausend Bücher sind? Das ist eine große Fünfhundert-Kilo-Palette. Haben Sie überhaupt Platz für drei Paletten? Ich beruhigte ihn und gab die Bestellung in Auftrag. Platz hatte ich auf dem Hof ja genug, das war nicht das Problem. Die Frage war: Wie bekomme ich die Bücher jetzt verkauft?«

»Die Frage der Fragen, ja!«, sagte ich und Ella grinste schon, denn sie kannte natürlich die Antwort.

»Was mögen die Menschen hier in der Region am liebsten?, überlegte ich mir. Das sind Feste. Also habe ich auf meinem Hof eine Buchparty veranstaltet. Auf dem Flyer stand: *Ellas Sommerfest mit Kuchen und Buchpremiere.* Ich wollte die Spannung etwas erhöhen und nicht gleich mit der Sprache rausrücken. Ich habe jedem von der Feier erzählt und überall die Werbetrommel gerührt. Sogar ein Radiosender und die lokale Presse haben vorab berichtet. Es kamen sehr viele Leute, wie gesagt, Feste sind hier sehr beliebt. Es gab Kuchen und Getränke, meine Freunde aus der Nachbarschaft halfen beim Ausschenken, das Wetter spielte mit, alles war perfekt. Am nächsten Tag zählte ich durch und hatte vom ersten Band 296 Stück verkauft. Das war schon unglaublich. Viele haben gleich für ihre Bekannten und Verwandten ein paar

Bücher mitgekauft, natürlich auch um mich zu unterstützen. Es war wirklich einer der schönsten Tage meines Lebens.«

»Wie heißt es noch mal? Wer nicht wagt, der nicht gewinnt«, sagte ich. »Aber wie ging es weiter? Von knapp dreihundert verkauften Büchern auf über siebentausend zu kommen, ist ein gewaltiger Sprung.«

»Angespornt von diesem ersten schönen Erfolg habe ich alle Buchläden der Region abgeklappert. Ein sehr spezielles Erlebnis hatte ich beim größten Buchhändler hier in der Gegend. Ich marschiere da also rein, selbstbewusst wie ich bin, halte dem Chef mein Buch vor die Nase und erzähle meine Geschichte. Doch der winkt nur ab und sagt: ›Hören Sie auf, gute Frau, das bringt doch nichts. Schauen Sie sich mal um: 100 000 Neuerscheinungen im Jahr, da warten wir sicher nicht auf ihr kleines Kinderbuch. Dazu haben wir kaum Platz im Geschäft. Da müssen wir uns auf die Bestseller der Verlage beschränken. Sorry, aber absolut keine Chance!‹ Ein bisschen enttäuscht war ich schon, das muss ich zugeben, aber aus wirtschaftlicher Sicht konnte ich den Buchhändler natürlich verstehen. Doch einen Versuch war es wert gewesen. So lief das am Anfang in den Buchläden fast überall. Was allerdings zum damaligen Zeitpunkt sehr gut klappte, war mein Kuchenverkauf. Also stellte ich meine Bücher neben die Kuchenbleche und empfahl jedem, der einen Apfelkuchen bei mir reserviert hatte, gleich eines meiner Bücher. Es klingt absurd, aber das hat funktioniert. Und fast jeder, dem der erste Band gefiel, kaufte danach auch die Folgebände. Das erinnerte mich an meine Mutter, die früher blindlings jedes Buch von *Donna Leon* und ihrem Commisario Brunetti gelesen hatte. So ähnlich war das bei mir auch. Dazu gab es die Bücher nur bei mir. Sie waren etwas Besonderes, wie mein Kuchen, weil man sie eben nicht überall im Buchhandel bestellen konnte. Über Mund-zu-Mund-Propaganda sprach es sich hier in der Region herum und die Bestellungen kamen nach und nach ganz von selbst. Zeitungen begannen über mich zu schreiben und irgendwann riefen die kleineren Buchhändler aus der Umgebung bei mir an, weil ihre Kunden meine Bücher bei ihnen bestellen wollten. Ich spürte, dass nun die Zeit meiner Kinderbücher dran ist, also stellte ich zwei Mädels ein – wieder ein finanzielles Risiko für mich –, die vor Ort mein Café betrieben, und ich selbst fuhr den Kuchen und die Bücher aus. Mittlerweile kannst du sie auch überall online bestellen. Aber so hat alles angefangen.«

»Wie viele Bände gibt es bis heute?«, fragte ich.

»Sieben und ich sitze gerade an Nummer acht. Das Schöne ist, dass neue Leser fast immer auch die alten Bücher nachkaufen, weswegen ich permanent am Nachdrucken bin.«

»Wahnsinn, ich kann dafür kein anderes Wort finden«, sagte ich und nickte anerkennend mit dem Kopf. »Du kannst zu Recht stolz auf dich sein. Es ist, ja, der Wahnsinn.«

»Natürlich hatte ich auch unzählige schlaflose Nächte, das möchte ich betonen, denn das wird in den Erzählungen ja oft weggelassen. Auch zahle ich immer noch meine Schulden bei der Bank ab, aber all das, was ich mir aufgebaut habe, bin zu 100 Prozent ich. Und ich bin unabhängig. Genau diese Werte gebe ich an meine Tochter weiter, und zwar nicht durch Worte, die schön klingen, sondern durch Taten, die sie jeden Tag sehen kann. Wenn mich meine Tochter im Alltag beobachtet, kann sie daraus ihre eigenen Schlüsse ziehen: Eine Frau kann alles schaffen, was sie will. Sie kann arbeiten, alles geben, Träume und Ziele haben und gleichzeitig eine liebevolle Mutter sein, die für ihr Kind sterben würde. Sich aber eben entschieden hat, für ihr Kind zu leben.«

»Hast du mit deinen Verkaufszahlen im Rücken noch mal einen Anlauf bei den großen Verlagen versucht?«, fragte ich.

»Nein«, sagte Ella und grinste wieder. »Das will ich gar nicht mehr. Jetzt brauche ich sie ja nicht mehr, denn das Risiko bin ich ja bereits eingegangen. Mir gefällt mein Leben. Ich muss auch nicht in allen Buchläden des Landes im Schaufenster stehen oder ins Fernsehen eingeladen werden oder so was. Ich brauche das nicht. Stell dir eine Frage, Erik: Wer willst du sein, ein kleiner

Fisch im großen Teich oder ein großer Fisch im kleinen Teich? Ich kann sagen, ich bin ein zufriedener Fisch in einem schönen und überschaubaren Teich. Das reicht mir. So fühlt es sich gut und natürlich an. Man sollte sein Glück nicht überstrapazieren. Wollen wir noch mein Lieblingslied hören, bevor ich gehe? Heute ist nämlich Mama-Tochter-Wohlfühltag. Wir wollen noch in die Therme schwimmen gehen.«

»Sehr gerne«, sagte ich.

Ella stand auf und kam wenig später mit einer EP namens *Covered Up with Flowers* zurück. Sie reichte sie mir herüber und ich sah, dass sich darauf fünf Coversongs befanden: *Bad Romance* von Lady Gaga, *Pursuit of Happiness* von Kid Cudi, *Games People Play* von Joe South, *The Ship Song* von Nick Cave und *Nothing Else Matters* von Metallica. Ich war gespannt, welcher davon ihr Favorit war, und gab ihr die Platte zurück.

»Ich liebe Lissie«, strahlte Ella und nahm die Platte aus der Hülle. »Das ist die Sängerin. Sie müsste ungefähr in deinem Alter sein, etwas jünger vielleicht.«

»Was ist so besonders an ihr?«, fragte ich, da ich noch nie etwas von ihr gehört hatte.

»Zum einen liebe ich ihre Stimme«, sagte Ella. »In ihr steckt so viel Zartheit. Ich weiß auch nicht, ich fühle sie einfach. Irgendwie ist da eine Verbindung. Und ich liebe es, dass sie so normal ist. Sie geht einfach mit ihrer Gitarre auf die Bühne und singt. Ohne Schnickschnack, verstehst du. Kein Make-up. Kein Verstecken hinter einer großen Show. Einfach nur sie. Das liebe ich.«

»Ja, das kann ich nachvollziehen«, sagte ich.

»Und sie ist ein kleines bisschen wie ich«, sagte Ella. »Auch sie wohnt auf einer Farm irgendwo im Mittleren Westen der USA. Lissie macht Musik, seit sie ein kleines Kind ist. Sie hatte nie den einen großen Hit, der sie weltweit berühmt machte, sie wurde nicht zum Mainstream-Superstar wie andere, hatte nie große Erfolge, aber alles, was sie tat, reichte, um ein gutes Leben zu führen. Sie spielt ihre Musik, hat eine kleine, aber treue Fangemeinde, gibt Konzerte und steht jeden Morgen glücklich auf, weil sie tun darf, was sie liebt. Wie gesagt, ein bisschen finde ich mich in ihr wieder.«

»Und welcher Song ist es?«, fragte ich.

»*Nothing Else Matters* von Metallica«, sagte Ella. »Aber es ist nicht so, wie du denkst.«

»Wie bitte? Ich denke überhaupt nichts.«

»Die meisten Menschen denken jedenfalls, wenn sie genau auf den Text hören, das Lied handle von einem Liebespaar, das sich vermisst. Aber das stimmt nicht. James Hetfield, der Sänger von Metallica, hat das Lied geschrieben, nachdem er von einer Tour nach Hause kam, plötzlich ganz allein war und seine Bandkollegen vermisste. Es ist eine Liebeserklärung, aber eben nicht, wie die meisten denken. Es ist ein Lied über Freundschaft und Zusammenhalt und Vertrauen und darüber, wie es ist, seinen Weg zu gehen, auch wenn diesen Weg sonst niemand versteht. *Forever trusting who we are. No, nothing else matters.*«

Auch ich begann leise zu singen: »*So close, no matter how far, it couldn't be much more from the heart.* Das ist auch eines meiner Lieblingslieder. Aber ich kenne es nur im Original.«

»Wenn man genau darüber nachdenkt, ist in dem Lied das ganze Glück für ein gutes Leben versteckt: Such dir eine Handvoll Menschen, mit denen du dein Leben teilen kannst. Und auch das habe ich auf meine Weise geschafft, denn in meinem Team sind nur Menschen, die ich liebe. Das ist meine Band.«

Der alte Mann tauchte plötzlich wieder aus seiner Küche auf und hielt gut gelaunt ein kleines Tablett mit drei Espressotassen in seinen Händen. Ich hatte total vergessen, dass er die ganze Zeit woanders war. Auch hatte ich keine Ahnung, wie lange er uns allein gelassen hatte.

»Na, habt ihr euch gut unterhalten?«, sagte er und mal wieder wusste ich nicht, wie er das meinte. Ganz sicher war er nicht ohne Grund so lange weggeblieben.

»Keine Sorge, er hat sich gut benommen«, lachte Ella und klopfte mir auf die Schulter.

»Wir haben die ganze Zeit nur über Ellas berühmten Apfelkuchen geredet«, sagte ich und verteilte die Tassen. »Apropos, gibt's noch welchen oder hast du schon alles aufgegessen, alter Mann?«

Ella lachte, leerte ihre Espressotasse in einem Zug aus und wickelte sich ihren gigantischen Schal wieder um den Hals.

»Den müsst ihr ohne mich essen. Ich muss jetzt los«, sagte sie und warf dem alten Mann einen Kussmund zu. »Und du, junger Mann, du erzählst mir deine Geschichte, wenn wir uns wiedersehen. Abgemacht?«

»Abgemacht«, sagte ich und sah zum alten Mann rüber, der einfach nur grinsend und nickend dastand und an seinem Espresso nippte.

Dann drückte Ella auf Play und ließ uns mit ihrem Lied allein.

No, nothing else matters.

15

DER ABSCHIED

Der frisch gebackene Apfelkuchen kam warm und saftig und trotzdem leicht knusprig aus dem Ofen und schmeckte grandios. Vielleicht war es sogar der beste Kuchen, den ich je gegessen hatte. Ich verstand jedenfalls sofort, warum die Menschen hier aus dem Ort verrückt danach waren. Jeder Biss glich einem Gedicht.

Dem alten Mann ging es wohl ähnlich, denn wir saßen uns in der Küche gegenüber, aßen Kuchen und sprachen kein einziges Wort.

Als unsere beiden Teller leer waren, fragte ich: »Woher weißt du eigentlich, welches Lied du spielen sollst, wenn ein fremder Mensch deinen Laden betritt?«

Der alte Mann sah mich an und antwortete: »Nicht ich spiele diese Lieder, die Menschen bringen sie mit. Das ist ein großer Unterschied.«

»Das verstehe ich nicht«, sagte ich.

»Man muss im Leben nicht alles verstehen«, antwortete der alte Mann. »Warum willst du alles verstehen? Lass das Leben einfach geschehen.«

Ich nickte und dachte an Ella und ihre Geschichte. Der alte Mann sagte: »Sie ist eine unglaubliche Frau. Menschen wie sie findet man nicht oft. Ihr Herz ist größer als die Welt, in der wir leben. Eine wunderschöne Seele.«

»Woher wusstest du, dass ich gerade an sie gedacht habe?«, fragte ich.

»Ich konnte es in deinen Augen sehen«, lächelte der alte Mann. »Was nicht sonderlich schwer war. Du bist ein offenes Buch, mein Junge. Bewahre dir das. Das ist gut.«

»Sie hat mir von ihrem Lied erzählt«, sagte ich. »Also, dem Lied, das lief, als sie hier durch deine Tür kam.«

Der alte Mann trank seinen Kaffee aus und schob das Geschirr zur Seite.

»Lass mich dir über *Running Up That Hill (A Deal With God)* eine Geschichte erzählen«, sagte er und kramte wieder in seinem Gedächtnis. »Kate Bush hat das Lied im Jahr 1985 veröffentlicht. Damals war das schon ein Hit, aber erst jetzt, fast vierzig Jahre später, schaffte der Song den Sprung in die Top 5 der amerikanischen Billboard-Charts und auf Platz 1 in England, ihrer Heimat. Somit wurde sie im Alter von dreiundsechzig Jahren die älteste Frau, die im Mutterland der Musik jemals einen Nummer-1-Hit hatte. Und wie gelang ihr das? Der Song, den sie übrigens selbst gesungen, selbst komponiert und selbst produziert hat, wurde mehrfach in der finalen Staffel der Netflix-Serie *Stranger Things* gespielt und landete so in den Playlisten von Millionen junger Menschen, die vorher womöglich noch nie etwas von Kate Bush gehört hatten. That's it! Genau das ist eine dieser magischen Türen, von denen ich immer spreche und von denen du nie weißt, wann sie sich öffnen werden. Gib der Welt die Chance, dir helfen zu dürfen. Auch wenn es vierzig Jahre dauert. Egal, welche Namen ich dir nenne, die Geschichten sind immer die gleichen. Wer durchhält und niemals aufhört, an sich zu glauben, wird früher oder später für seinen Mut belohnt werden. Wo wir schon dabei sind, bleiben wir doch kurz bei Netflix. Gerade habe ich die absolut empfehlenswerte Serie *Das Damengambit* zu Ende gesehen.«

»Du hast einen Netflix-Account?«, fragte ich verwundert, denn das passte gar nicht zu dem alten Mann.

»Ich weiß nicht, wie oft ich dir das noch sagen soll: Ich bin zwar alt, aber ich lebe nicht hinter dem Mond. Ich betrachte Netflix und Co. wie eine gute Flasche Wein. Hin und wieder ein Glas belebt dein Leben. Trinkst du jedoch jeden Tag unbewusst, weil dir langweilig ist, eine ganze Flasche aus, dann ist dein gutes Leben bald vorbei. *Das Damengambit* ist so ein gutes Glas Wein. Wow, was für eine grandiose Geschichte. Sie handelt, kurz gesagt, von einem außergewöhnlichen jungen Mädchen, das in einem Waisenhaus aufwächst, dort ihre Liebe zum Schach entdeckt und eine Welt aufmischt, die bis dahin hauptsächlich von Männern dominiert wurde. Wie gesagt, eine tolle Geschichte. Aber jetzt kommt's! Der Produzent der Serie, Allan Scott, hat dreißig Jahre lang versucht, diese Geschichte zu verfilmen, aber er erhielt von jedem Filmstudio nur Absagen. Insgesamt schrieb er in all den Jahren neun verschiedene Drehbuchversionen, aber immer wieder hörte er die gleiche Antwort: ›Tut uns wirklich sehr leid, aber kein Mensch interessiert sich heutzutage noch für Schach.‹ Dann kam Netflix und gab ihm eine Chance. Tja, du ahnst es bereits: *Das Damengambit* wurde im ersten Monat nach Veröffentlichung im Oktober 2020 fast siebzig Millionen Mal angesehen und wurde damit die erfolgreichste Netflix-Mini-Serie aller Zeiten. Erik, wenn du eine neue oder ungewöhnliche Idee hast und wirklich an sie glaubst, du lauter Absagen bekommst und Rückschläge einstecken musst, dann erinnere dich auch an diese Geschichte. Ein weiser Mann sagte einmal: Aufgeben ist keine Option! Auch wenn es über dreißig Jahre dauert! Leb dein Leben weiter, tu, was du tun musst, um zu essen, um zu trinken, um deine Rechnungen zu bezahlen. Aber vergiss niemals deinen Traum. Pflege ihn und denke an deine Leidenschaft. Und passe sie der Zeit an, in der du lebst. Verändere sie und komm wieder zum Ursprung zurück. Aber gib sie nicht auf. Und warum?«

»Weil der Weg und nur der Weg das Ziel ist«, antwortete ich.

»Jetzt hast du es wirklich verstanden«, sagte der alte Mann und ich konnte sogar etwas Stolz in seinem Gesicht erkennen.

Ich blickte aus dem Fenster in den Garten des Friedens, der bis auf den letzten Zentimeter mit Schnee bedeckt war. Die Sonne schien und der Himmel war strahlend blau. Das perfekte Wetter, um aufzubrechen und an einem neuen Ort wieder anzukommen. Das Chaos in meinem Kopf hatte sich gelichtet. Ich konnte befreit durchatmen.

»Du wolltest mir noch eine Geschichte über Nile Rodgers und Prince erzählen«, sagte ich zum alten Mann, der auf dem Holzstuhl saß und seine Augen geschlossen hielt.

»So, wollte ich das?«, antwortete er, ohne eine Miene zu verziehen. »Bist du denn bereit?«

»Ist man das jemals?«, fragte ich.

»Also, hör gut zu«, sagte er, rückte den Stuhl zu mir und sah mich mit funkelnden Augen an. »Prince träumte schon immer davon, einmal mit Nile Rodgers zusammen *Let's Dance* zu spielen. Du erinnerst dich, *Let's Dance* von David Bowie, komponiert von Nile Rodgers.«

Ich nickte und der alte Mann erzählte weiter.

»Prince liebte den Song und er liebte Nile Rodgers. Ich denke, er erkannte seine Genialität. Die gleiche Genialität, die auch in ihm steckte. Eines Abends, irgendwann Mitte der Achtzigerjahre, landete Nile Rodgers in einem kleinen Club in Camden. Das Londoner Viertel war damals ein kreativer Hotspot und berühmt für seine vielen Cafés, Plattenläden und Jazzclubs. Nile Rodgers geht also in den Club, um sich vom Zeitgeist inspirieren zu lassen, und wer steht auf der Bühne und spielt alte Blues Songs? Prince und Ron Wood, der Gitarrist der Rolling Stones.«

»Wahnsinn«, sagte ich.

»Ja, das musst du dir mal vorstellen«, sagte der alte Mann mit einer Begeisterung, als wäre er selbst dabei gewesen. »Als Prince Nile Rodgers dann im Publikum entdeckte, hörte er sofort auf zu spielen, holte ihn auf die Bühne und rief ins Publikum: ›Wow, Nile Rodgers is in the building. Now this man has the funk.‹ Prince gab ihm seine Gitarre, setzte sich ans Klavier und dann spielten Prince, Nile Rodgers und Ron Wood für die Menschen, die das Glück hatten, an jenem Abend an diesem Ort zu sein, Songs von James Brown, den Ohio Players und eine ganze Reihe weiterer

Funk-Klassiker. Ich bin mir sicher, dass keiner der Anwesenden diesen Abend je vergessen hat. Auch nicht Nile Rodgers, denn er erzählte mir, dass diese Jam-Session, in jenem winzigen Jazzclub in London, einer der Höhepunkte seines Lebens war. Alle drei Musiker, die zu der Zeit am Zenit ihrer Karriere waren, Giganten der Musikbranche, Weltstars, die jeder für sich die größten Stadien der Welt füllten, gingen an jenem Abend in einen kleinen Club, ohne Bezahlung, ohne Werbung, ohne Tamtam, einfach nur, um das zu tun, was sie am meisten liebten. Das Universum hatte für diesen Abend einen Plan: für alle Menschen, auch für die Musiker selbst, die das Schicksal an diesen Ort führte, einen magischen Moment zu erschaffen. Darum geht es im Leben, Erik. Schaffe dir magische Momente.«

»Aber *Let's Dance* haben sie an jenem Abend nicht gespielt, oder?«, fragte ich nach. »Ich meine, wenn es doch der Traum von Prince war.«

»Nein, nicht an diesem Abend, aber die Geschichte geht ja noch weiter«, sagte der alte Mann. »Ein paar Jahre später, irgendwo in Amerika, passierte wieder etwas Ähnliches. Es war Silvester und Nile Rodgers spielte mit seiner Band in einem kleinen Resort für die Gäste des Abends. Zweihundert Menschen, keine große Sache, doch vor dem Auftritt tauchte auf einmal Jon Bon Jovi im Backstage auf. *Livin' on a Prayer* war zu der Zeit der Megahit der Stunde und Bon Jovi die größte Rockband der Welt. Und wenig später stand plötzlich auch noch Prince vor ihnen. Alles klar? Es war die Nacht zum neuen Jahr, alle waren gut drauf und Prince freute sich, endlich *Let's Dance* mit Nile Rodgers spielen zu können. Es gab sogar noch einen spontanen Soundcheck für ihn. Alles war vorbereitet. Die Leute kamen, die Band begann zu spielen und irgendwann in der Mitte des Sets kündigte Nile seinen Überraschungsgast an: ›Ladies & Gentlemen, wir haben heute Abend einen besonderen Gast. Sie werden lieben, was gleich passiert. Herzlich willkommen auf unserer Bühne, Prince!‹ Tja, und Prince kam nicht. Die Band spielte weiter und Nile Rodgers machte einen zweiten Anlauf und kündigte ihn erneut an, aber weit und breit kein Prince in Sicht. Sie spielten den Song dann ohne ihn und die Gäste hatten auch so eine tolle Zeit, aber Prince war verschwunden. Später stellte sich heraus, dass er kein gutes Gefühl mehr dabei hatte und sich sogar versteckte, damit ihn niemand finden konnte. Wieder einige Jahre später spielte Nile Rodgers eine große Show im Superdome in Louisiana, New Orleans. Und auch für diesen Abend hatte sich Prince angekündigt. Ein ausverkauftes Stadion, 70 000 Menschen. Und wie einst in dem kleinen Resort gab es auch hier einen Soundcheck für Prince, aber Nile Rodgers machte nicht den gleichen Fehler zweimal, einen Superstar anzukündigen, der dann nicht auf der Bühne erscheint. Vor allem nicht vor 70 000 Menschen. Aber Prince kam, spielte *Let's Dance* mit Nile Rodgers, erfüllte sich damit endlich einen seiner großen Träume, und die Besucher des Konzerts flippten völlig aus.«

»Manchmal kann es sich also doch lohnen, etwas nicht zu tun und auf den richtigen Moment zu warten«, sagte ich.

»Das stimmt schon, manchmal kann es sich lohnen«, antwortete der alte Mann. »Aber viel zu oft eben auch nicht. An jenem Abend in Louisiana hat Nile Rodgers Prince zum letzten Mal gesehen, denn kurz darauf ist der gestorben.«

»Krass!«, sagte ich.

»Was ich dir damit sagen will: Auf den perfekten Moment zu warten, bedeutet für immer zu warten, denn nichts wird je schöner sein als der Augenblick, in dem du gerade bist, im Hier und Jetzt. So viele Menschen warten und warten und vergeuden somit ihr Leben, weil sie plötzlich alt sind und all die Dinge nicht mehr tun können, von denen sie immer geredet haben. Sie haben sich zu Tode gewartet. Im Alter bereut man meistens die Dinge, die man nicht getan hat. Merke dir das gut, mein Junge. Mach lieber einen Fehler, entschuldige dich und bügle ihn später wieder aus, als dich dein Leben lang mit der Frage zu quälen, was wohl passiert wäre, wenn du es getan hättest, als die Möglichkeit dazu bestand. Das Glück, das du suchst, entsteht nicht durch das Vermeiden von Unglück, sondern durch die vielen großen und kleinen Abenteuer, die du erlebst, die Orte, die du bereist, die Bücher, die du liest, die Musik, die du hörst, die Erfahrungen, die du machst, die Gefühle, die du fühlst, und die Menschen, die Tiere, die Seelen, die du triffst, wenn du auf deinem Weg bist. Aber *dein* Weg muss es sein. Ich denke, Prince hatte Angst, sich seinen Traum zu erfüllen, weil es für ihn verlockender war, den Traum, wie so viele Jahre seines Lebens, zu hegen und zu pflegen, sich vorzustellen, wie es sein *könnte*, diesen Song gemeinsam zu singen. Aber die Chance zu ergreifen, die zur Erfüllung des Traumes führt, das braucht Mut, denn dann hat man ja den Traum, den lieben Freund, an den man sich gewöhnt hat, nicht mehr. Die entscheidende Frage ist, willst du deine Träume träumen oder leben? Danach richtet sich alles in deinem Leben aus.«

»Ich verstehe, was du mir sagen willst. Es wird Zeit, hmm?«, sagte ich und starrte in die Luft.

»Wenn du das so fühlst, dann ist es so«, sagte der alte Mann. »Der nächste Bus fährt in einer Stunde, oben, am anderen Ende der langen Straße. Du musst ein bisschen laufen, aber es ist nicht weit. Der Bus wird dich direkt zum Bahnhof bringen, wo du wieder in einen Zug steigen kannst, der dich an jeden Ort bringt, an den du willst. Aber vorher müssen wir noch den heutigen *Song des Tages* zusammen hören.«

»Stimmt. Hast du schon eine Idee?«, fragte ich.

»Ich dachte mir, wir suchen ihn gemeinsam aus«, sagte der alte Mann und stand auf.

Ich folgte ihm, am Kamin vorbei, in den Hauptraum, und drehte mich einmal um meine eigene Achse.

»Wie hat das alles hier eigentlich angefangen?«, fragte ich den alten Mann.

»Mit einem einzigen Lied«, antwortete er.

»Ich glaube, ich kenne es«, sagte ich, sah mich um und versuchte, die Platte zu finden. »Hah«, triumphierte ich nach ein paar Minuten und hielt das Album, wie einen Schatz aus Gold, in meinen Händen. »Hier ist es, alter Mann: *Imagine* von John Lennon. Das muss es einfach sein.«

»Sehr gut kombiniert«, lächelte der alte Mann und nickte mir wissend zu. »Für mich ist und bleibt es das wichtigste Lied aller Zeiten.«

Ich ging mit dem Album zum Plattenspieler und legte das Vinyl vorsichtig auf den Teller. Es handelte sich um eine Originalpressung aus dem Jahr 1971 und ich wollte auf keinen Fall einen Kratzer darauf machen. Das Klavier setzte ein und ich ging wieder zum alten Mann, der im offenen Türeingang stand. John Lennon begann zu singen und wir blickten gemeinsam nach oben in die ewige Weite des Himmels. Dann umarmte mich der alte Mann und sagte: »Stell dir vor, alle Menschen würden für diesen Moment leben.«

Ich begann zu lächeln und der alte Mann lächelte zurück: »Vielleicht denkst du, ich bin ein Träumer. Aber weißt du, ich bin nicht der Einzige.«

Mir liefen die Tränen, aber ich antwortete nicht. Es war alles gesagt. Ich blieb noch für einen Augenblick neben dem alten Mann stehen. Dann ging ich rein, holte die Schallplattenhülle von John Lennon und stellte sie ins Schaufenster an ihren neuen Platz. Zumindest für diesen einen Tag. Ich zog meinen Mantel an und klemmte mir meine Tasche unter den Arm, die noch immer dort gelegen hatte, wo ich sie abgestellt hatte. Ich stand vor dem Schaufenster, blickte nach unten und erkannte die alten Abdrücke meiner Fußstapfen. Wie schnell sich alles ändern kann, dachte ich und setzte einen neuen Fußstapfen in den Schnee.

»Wie oft hast du heute schon dein gestriges Leben vermisst?«, hörte ich den alten Mann fragen und ich antwortete: »Nicht ein Mal.«

»Gut, dann habe ich hier etwas für dich.«

Er holte eine Kassette aus seiner Hosentasche und gab sie mir.

»Was ist das?«, fragte ich verblüfft und überlegte, ob ich noch irgendwo einen alten Kassettenrekorder hatte.

»Der Soundtrack deines bisherigen Lebens«, sagte der alte Mann und wand sich von mir ab.

»Der Soundtrack meines bisherigen Lebens«, murmelte ich und zeichnete mit meiner rechten Schuhspitze eine Linie in den Schnee, als würde sie die Grenze zwischen meinem alten und meinen neuen Leben bilden. Symbolisch stieg ich darüber, blickte zum alten Mann und sagte: »Ich frage mich, welche Lieder noch dazukommen werden.«

Es kam nicht sofort eine Antwort.

»Du allein wählst, wie dein Soundtrack klingen soll«, sagte er schließlich, ohne mir dabei in die Augen zu gucken. »Und jetzt geh endlich, sonst werde ich noch sentimental.«

Ich nickte und lief los, blieb aber nach einigen Schritten wieder stehen. Ich drehte mich um und winkte ein letztes Mal. Der alte Mann hob seine linke Hand und war schon dabei, wieder in seinem Laden zu verschwinden, da kam ich mit schnellen Schritten zurück und sagte: »Alter Mann, danke. Ich meine, *wirklich danke.* Du hast mir das Leben gerettet. Genau so fühlt es sich an.«

Der alte Mann schüttelte den Kopf und sagte: »Nein, nein. Die Musik war es, die dich gerettet hat. Ich war nur der Bote. Starthilfe habe ich geleistet, damit du dich selbst rettest. Mehr habe ich nicht getan. Ich bin nur ein Übersetzer.«

»Sag, alter Mann, was mir schon die ganze Zeit auf der Zunge liegt. Alle nennen dich *alter Mann*, ich ja auch, aber ich würde zu gerne wissen, wem ich den Anfang meines neuen Lebens verdanke.«

Der alte Mann schwieg eine Weile. Und wieder konnte ich nichts aus seinem Gesicht herauslesen. Er schien wohl zu überlegen, ob er, wie Rumpelstilzchen, seinen Namen für sich behalten sollte. Dann gab er sich aber einen Ruck und meinte mit fester Stimme: »Natürlich darfst du das wissen. Dein neues Leben soll schließlich nicht mit einem Fragezeichen beginnen. Mein Name ist Lars.«

»Ich danke dir, Lars. Danke für alles, ehrlich.«

Ich umarmte den alten Mann ein letztes Mal und ging nun endgültig und ohne mich erneut umzudrehen in eine mit Hoffnung, Freude und Aufregung erfüllte Zukunft. Und während meine Füße eine frische Spur im Schnee hinterließen, summte ich die schönste Melodie, weil ich wusste, dass mein innerer Kompass wieder repariert und der Heilungsprozess meiner Seele bereits im vollen Gange war. Ich spürte Frieden in meinem Herzen und schickte Nora einen Gruß in den Himmel. Ihre fünf Fragen, die sie mir während ihrer Beerdigung aus dem Jenseits geschickt hatte, kamen mir wieder in den Sinn. Kurz blieb ich stehen, um diesen Augenblick voll und ganz zu umarmen. Dann blickte ich nach oben und sagte: »Ich stehe hier und bin gerade erst am Anfang meines neuen Weges. Würde ich dennoch schon heute sterben, dann wäre mein Herz rein. Ich habe mir verziehen, Nora. Und wenn nicht heute, sondern morgen alles vorbei wäre, so hätte ich nichts zu bedauern, weil ich heute noch alles erleben darf, was dieser neue Weg zu bieten hat. In jedem Tag steckt ein ganzes Leben. Genau diese Erkenntnis hatte ich bei all meiner Arbeit, bei all dem Streben nach einem guten Leben, stets vergessen. Ich dachte immer nur an morgen, nie an heute. Ich glaubte, dass der nächste Moment immer noch besser sein müsste, also war ich, egal wo ich war, nie ganz da. Wie falsch ich doch lag. Du fragst, wann ich das letzte Mal so richtig glücklich war? Genau jetzt. Hier, in diesem Moment. Geweint habe ich viel seit gestern, so viel wie seit Jahren nicht. Tränen der Heilung. Laut gelacht, so wie wir damals, das muss ich zugeben, habe ich schon lange nicht mehr, aber daran arbeite ich. Kennst du vielleicht einen guten Witz? Ich werde an dich denken, wenn ich irgendwo am Boden liege und mich kringelig lache. Jede einzelne Freudenträne werde ich dir widmen. Versprochen. Noch gestern wären meine Antworten auf deine Fragen anders ausgefallen. Aber gestern ist vorbei und heute ein neuer Tag. Danke für deine Botschaft, Nora. Ab sofort singe ich nicht mehr die Lieder der anderen, sondern tanze zu meinen eigenen.«

Ich lächelte und blieb noch für einen Moment so stehen, meinen Kopf zum Himmel gerichtet. Dann hob ich meine Tasche auf und ging langsam weiter. Ich fühlte mich wohl mit dem Gedanken, nicht alles wissen zu müssen. Ich hatte Vertrauen in das, was jetzt auf mich wartete. Und zum ersten Mal seit langer Zeit war ich nicht mehr in Eile.

»Imagine all the people
Livin' life in peace
You may say I'm a dreamer
But I'm not the only one
I hope someday you'll join us
And the world will be as one«

Die Playlist zum Buch findest du auf Lars' Spotify Account unter dem Titel: **IMAGINE – Der Soundtrack deines Lebens**

Hier geht's zur Playlist:

Die Playlist

1. Ellie Goulding – Your Song
Musik und Text: Elton John, Bernie Taupin
Produzent: Ben Lovett
Album: Lights
Label: Polydor
Veröffentlicht: 2010

2. The Rolling Stones – You Can't Always Get What You Want
Musik und Text: Keith Richards, Mick Jagger
Produzent: Jimmy Miller
Album: Let It Bleed
Label: Decca Records
Veröffentlicht: 1969

3. Nirvana – Smells Like Teen Spirit
Musik und Text: Dave Grohl, Krist Novoselic, Kurt Cobain
Produzent: Butch Vig
Album: Nevermind
Label: Geffen Records
Veröffentlicht: 1991

4. Gap Band – Early In The Morning
Musik und Text: Charles Wilson, Lonnie Simmons, Rudolph Taylor
Produzent: Lonnie Simmons
Album: Gap Band IV
Label: Total Experience
Veröffentlicht: 1982

5. Sister Sledge – Lost In Music
Musik und Text: Bernard Edwards, Nile Rodgers
Produzenten: Nile Rodgers, Bernard Edwards
Album: We Are Family
Label: Cotillion
Veröffentlicht: 1979

6. Chic – Everybody Dance
Musik und Text: Bernard Edwards, Nile Rodgers
Produzenten: Bernard Edwards, Kenny Lehman, Nile Rodgers
Gesang: Norma Jean Wright
Background Vocals: Luther Vandross, Diva Gray, Robin Clark, David Lasley
Album: C'est Chic
Label: Atlantic
Veröffentlicht: 1978

7. Daft Punk – Giorgio by Moroder
Text: Giorgio Moroder
Musik: Thomas Bangalter, Guy-Manuel de Homem-Christo
Produzenten: Thomas Bangalter, Guy-Manuel de Homem-Christo
Album: Random Access Memories
Label: Columbia
Veröffentlicht: 2013

8. Michael Jackson – Man in the Mirror
Text: Siedah Garrett
Musik: Glen Ballard
Produzent: Quincy Jones
Co-Produzent: Michael Jackson
Album: Bad
Label: Epic Records
Veröffentlicht: 1987

9. Gang Starr – Moment Of Truth
Text und Musik: Keith Edward Elam (Guru), Christopher Edward Martin (Dj Premier)

Produzent: Christopher Edward Martin (Dj Premier)
Album: Moment Of Truth
Label: Noo Trybe Records
Veröffentlicht: 1998

10. Missy Elliott – The Rain (Supa Dupa Fly)
Text und Musik: Melissa Arnette »Missy« Elliott, Timothy Mosley (Timbaland), Ann Peebles, Bernhard Miller, Don Bryant, William Hart
Produzent: Timothy Mosley (Timbaland)
Album: The Rain (Supa Dupa Fly)
Label: The Goldmind Inc.
Veröffentlicht: 1997

11. Lonnie Liston Smith – A Garden Of Peace
Musik: Lonnie Liston Smith
Produzenten: Lonnie Liston Smith, Marcus Miller
Album: Dreams Of Tomorrow
Label: Doctor Jazz
Veröffentlicht: 1983

12. Otis Redding – Cigarettes And Coffee
Musik und Text: Eddie Thomas, Jay Walker, Jerry Butler
Produzent: Booker T. & the M.G.'s
Album: The Soul Album
Label: Volt Records
Veröffentlicht: 1966

13. Bob Dylan – One More Cup Of Coffee
Musik und Text: Bob Dylan
Produzent: Don DeVito
Album: Desire
Label: Columbia
Veröffentlicht: 1976

14. Joan Baez – Diamonds And Rust
Musik und Text: Joan Baez
Produzenten: David Kirschenbaum, Joan Baez
Album: Diamonds And Rust
Label: A&M
Veröffentlicht: 1975

15. Lana Del Rey – Blue Jeans
Musik und Text: Dan Heath, Emile Haynie, Lana Del Rey
Produzent: Emile Haynie
Album: Born To Die
Label: Polydor Records
Veröffentlicht: 2012

16. Seawind – Follow Your Road
Musik und Text: Bob Wilson
Produzent: Tommy Lipuma
Album: Light The Light
Label: Horizon Records
Veröffentlicht: 1979

17. Frankie Goes To Hollywood – The Power Of Love (Leave The Rest To The Gods)
Musik und Text: Brian Philip Nash, Holly Johnson, Mark O'Toole, Peter Gill
Produzent: Trevor Horn
Album: Welcome to the Pleasuredome
Label: ZTT Records
Veröffentlicht: 1984

18. Burial – In McDonalds
Musik und Text: William Emmanuel Bevan
Produzent: William Emmanuel Bevan
Album: Untrue
Label: Hyperdub
Veröffentlicht: 2007

19. Bicep – Glue
Musik: Andrew Ferguson, Matthew McBriar
Produzenten: Andrew Ferguson, Matthew McBriar
Album: Bicep
Label: Ninja Tune
Veröffentlicht: 2017

20. Paul Kalkbrenner – Dockyard
Musik und Text: Paul Kalkbrenner
Produzent: Paul Kalkbrenner
Album: Self
Label: BPitch Control
Veröffentlicht: 2004

21. Swedish House Mafia feat. John Martin – Don't You Worry Child
Musik und Text: Axel Hedfors, John Martin Lindstrom, Michel Zitron, Sebastian Ingrosso, Steve Angello
Produzenten: Axwell, Sebastian Ingrosso, Steve Angello
Album: Until Now
Label: Virgin Records
Veröffentlicht: 2012

22. Stormzy feat. India.Arie – I Got My Smile Back
Musik und Text: Jacob Collier, Debbie Ehirim, Michael Ebenezer Kwadjo Omari Owuo Jr., Richard Olowaranti Mbu Isong
Produzenten: Joel Peters, P2J, PRGRSHN
Album: This Is What I Mean
Label: 0207 Def Jam Recording
Veröffentlicht: 2022

23. Stormzy feat. Debbie & Jacob Collier – Give It To The Water
Musik und Text: Jacob Collier, Debbie Ehirim, Dion Wardle, Michael Ebenezer Kwadjo Omari Owuo Jr.
Produzent: Dion Wardle
Album: This Is What I Mean
Label: 0207 Def Jam Recording
Veröffentlicht: 2022

24. Andreas Bourani – Hey
Musik und Text: Andreas Bourani, Jasmin Shakeri, Julius Hartog, Philipp Steinke
Produzenten: Philipp Steinke, Andreas Bourani, Julius Hartog
Album: Hey
Label: Vertigo Berlin
Veröffentlicht: 2014

25. Kate Bush – Running Up That Hill (A Deal With God)
Musik und Text: Kate Bush
Produzentin: Kate Bush
Album: Hounds of Love
Label: EMI Records
Veröffentlicht: 1985

26. Lissie – Nothing Else Matters
Musik und Text: James Hetfield, Lars Ulrich
Produzent: Bill Reynolds
Album: Covered Up with Flowers EP
Label: Fat Possum Records
Veröffentlicht: 2011

27. John Lennon – Imagine
Musik und Text: John Lennon
Produzenten: John Lennon, Yoko Ono, Phil Spector
Album: Imagine
Label: EMI
Veröffentlicht: 1971

Die Lieder deines Lebens

Hier ist Platz für die Lieder deines Lebens: